OEUVRES
COMPLÈTES
DE BERQUIN.

1

PARIS, IMPRIMERIE DE E. POCHARD,
RUE DU POT-DE-FER, N. 14.

Voyez, voyez, mon petit violon..... il est tout en pièces.

OEUVRES
COMPLÈTES
DE BERQUIN

NOUVELLE ÉDITION

REVUE ET CORRIGÉE

PAR M. F. RAYMOND

AVEC UNE NOTICE SUR BERQUIN

PAR

M. BOUILLY

Auteur des *Conseils à ma Fille*, etc.

Ornée de quarante jolies Gravures.

AMI DES ENFANS.

TOME I.

PARIS

MASSON ET YONET, LIBRAIRES,

RUE HAUTEFEUILLE, N° 14.

1829

AVERTISSEMENT

DE L'AUTEUR.

―――

Cet ouvrage a le double objet d'amuser les enfans, et de les porter naturellement à la vertu en ne l'offrant jamais à leurs yeux que sous les traits les plus aimables. Au lieu de ces fictions extravagantes et de ce merveilleux bizarre dans lesquels on a si long-temps égaré leur magination; on ne leur présente ici que des aventures dont ils peuvent être témoins chaque jour dans leur famille. Les sentimens qu'on cherche à leur inspirer ne sont point au-dessus de leur âme : on ne les met en scène qu'avec eux-mêmes, leurs parens, les compagnons de leurs jeux, les domestiques qui les entourent, les animaux dont la vue leur est familière. C'est dans leur langage simple et naïf qu'ils s'expriment. Intéressés dans tous les évènemens, ils s'y abandonnent à la franchise des mouvemens de leurs petites passions. Ils trouvent leur punition dans leur propre faute, et leur reconnaissance dans le charme de leur bonne action. Tout y concourt à leur faire aimer le bien pour leur bonheur, et à les éloigner du mal, comme d'une source d'humiliation et d'amertume.

Il est inutile d'observer que cet ouvrage convient également aux deux sexes. La différence de leurs goûts et de leurs caractères n'est pas encore assez marquée à cet âge pour exiger des traits différens. D'ailleurs on a eu l'attention de les réunir, le plus souvent qu'il a été possible, pour contribuer à faire naître cette union et cette intimité qu'on aime tant à voir régner entre des frères et des sœurs.

On a cherché à répandre de la variété entre les divers morceaux qui doivent composer chaque volume. Il n'en est aucun dont on ait d'abord essayé l'effet sur des enfans d'un âge et d'une intelligence plus ou moins avancés; et l'on la retranché tous les traits qui semblaient ne pas les intéresser assez vivement.

Il y aura dans chacun des volumes, un et quelquefois plusieurs petits drames, dont les principaux personnages seront des enfans, afin de pouvoir leur faire acquérir de bonne heure une contenance assurée, des grâces dans leurs gestes et dans leur maintien, et une manière aisée de s'énoncer en public. La représentation de ces drames sera de plus une fête de famille qui servira à leur amusement. Les parens, ayant toujours un rôle à y jouer, goûteront le charme si doux de partager les divertissemens de leur jeune famille; et ce sera un nouveau lien qui les attachera plus tendrement les uns aux autres par la reconnaissance et par le plaisir.

NOTICE
SUR BERQUIN,

PAR M. BOUILLY.

« *Ætatis cujusque notandi sunt tibi mores,* » dit Horace, « Il faut étudier avec soin les mœurs « de chaque âge. »

C'est, en effet, le premier devoir de tout moraliste qui veut peindre d'après nature, gagner la confiance de ses lecteurs, et voir ses écrits répandus dans les différentes classes de la société.

Honneur au savant dont les découvertes contribueront à la gloire, à la prospérité de sa patrie! Honneur à l'historien impartial, dont le burin grave au temple de Mémoire les grandes leçons des peuples et des rois! Honneur au poëte dignement inspiré qui, soit au temple de Melpomène ou de Thalie, soit au cirque académique, enrichit notre domaine littéraire de nouveaux chefs-d'œuvre, et corrige les mœurs en tourmentant le vice, en se jouant des ridicules! Mais comment refuser son estime et sa reconnaissance à l'écrivain modeste, laborieux, dont la seule ambition est d'être utile; qui consacre ses forces, ses veilles, à semer dans les jeunes intelligences tout ce qui peut les épurer, les agrandir; et parvient, sous l'attrait irrésistible d'une narration variée, attachante, à conduire l'enfance par des sentiers couverts de fleurs, à cette dignité d'homme, à ces hautes qualités de citoyen, source intarissable de la propriété publique et de la gloire nationale !

Tel fut l'auteur de tant d'ouvrages recueillis par tous les chefs de famille, et déposés avec sécurité dans les mains du premier âge. Tel fut cet *Ami des Enfans*, dont le nom chéri ne périra jamais. Il faut avoir connu Berquin dans sa vie privée, avoir étudié son caractère et ses douces habitudes, pour savoir tout ce qu'il valait, pour se faire une juste idée de cette angélique philanthropie, de cet inaltérable amour de l'enfance, de cet entier dévouement à l'amélioration de ses semblables, qui l'inspirèrent constamment et le guidèrent dans ses nombreux travaux. Plusieurs écrivains, d'un mérite reconnu, ont retracé avec plus ou moins de fidélité, la vie de ce conteur ingénieux, de ce premier guide de l'enfance : pour moi qui eus l'avantage d'habiter le même toit que lui ; moi qu'il honora de son amitié, à qui il révéla plus d'une fois ses secrets de bonheur, je laisserai tout bonnement ma plume obéir à ma mémoire, et je raconterai, s'il m'est possible, avec cette simplesse et cette vérité dont il était le modèle accompli, ce qu'il a fait pour vivre à jamais dans l'estime et la vénération de tous ceux qui reçurent du ciel le don d'aimer et de sentir.

Arnaud-Berquin reçut le jour à Bordeaux en 1749, d'une famille honorable. J'ai connu plusieurs de ses parens qui remplissaient différens emplois, soit au barreau, soit dans l'armée. l'Ami des enfans avait à peine vingt-quatre ans, lorsqu'il débuta, dans le monde littéraire, par des idylles et des romances pleines de grâce et de sentiment. La France entière répétait alors :

« *Dors, mon enfant, clos ta paupière*......

Tout jeune amant, quelque passionné qu'il fût, apprenait à respecter l'objet de son amour, en chantant :

« *O lit charmant où ma Myrthé !*....

Et la femme de bien que la calomnie voulait atteindre, bravait ses traits en répétant avec Geneviève de Brabant :

« Tel qui vous les peint infidèles,
« Ne se plaint que de leurs vertus.

L'âme et l'imagination de Berquin ne pouvaient se borner à exprimer d'aimables pensées;

à faire des tableaux de genre : la nature l'avait doué d'une conception plus étendue, et surtout d'un amour du travail qui cherchait un aliment ; il traduisit donc *les Tableaux anglais* dans lesquels il puisa cette douce jouissance d'instruire en amusant. Bientôt il imita la majeure partie des ouvrages de *Veiss*, moraliste allemand. Il s'appropria si bien les charmes de son style et la candeur de ses sentimens, qu'il répandit en France avec un succès prodigieux, ces écrits périodiques qu'on attendait avec impatience dans l'humble foyer du simple artisan, comme dans le palais des rois ; et qui, sous le titre heureux de l'Ami des enfans, portèrent dans toutes les classes du peuple ces douces émotions, ces utiles leçons cachées sous le prestige de scènes familières ; en un mot, ce besoin de bien faire et de devenir meilleur ; et cela par le seul instinct de la nature ; et cela sans les remontrances toujours infructueuses du pédantisme et de l'intolérance, qui ne font bien souvent que rétrécir l'âme, abrutir la pensée, et détruire le germe du génie et des plus hautes vertus.

L'Ami des enfans (car à cette époque Berquin n'était plus désigné que sous ce titre honorable et flatteur). L'ami des enfans recueillait chaque jour le digne prix de ses veilles. Il ne pouvait sortir du modeste asile qu'il habitait, sans trouver sur son passage un grand nombre de jeunes habitans du quartier qui, pour jouir de sa présence, se formaient en groupes et provoquaient son regard, son serrement de main. « *Notre ami!* c'était le seul nom que lui donnaient tous ses lecteurs dont il lui fallait recevoir les hommages, les félicitations. L'un lui disait qu'il n'avait pu lire *Jacquot* sans pleurer. L'autre soutenait que son chef-d'œuvre était *le petit joueur de violon;* celui-ci préférait le *nid de moineaux;* celui-là ne pouvait se lasser de relire *la petite glaneuse.* Les aînés lui parlaient de ses contes les plus étendus; et chacun d'eux, par sa prédilection particulière, donnait à l'heureux auteur de tant d'ingénieuses productions la plus douce récompense qu'il pût ambitionner.

Ce fut à cette époque où le nom de Berquin était parvenu au plus haut rang parmi les moralistes modernes, qu'une maladie grave mit ses jours en danger. Il faut avoir été témoin de la douleur et de la tendre sollicitude de tous les enfans du voisinage pour décrire les scènes touchantes auxquelles donna lieu cet évènement. Je les ai retracées dans la première anecdote des *Encouragemens de la Jeunesse;* et je demande à mes lecteurs la permission de les y renvoyer, n'ayant ni l'habitude, ni la patience de me répéter. Je me contenterai de dire ici que jamais homme de lettres ne reçut des preuves plus flatteuses de l'estime publique ; et qu'il n'est aucun rang dans le monde, aucunes prérogatives sociales qui puissent être comparées aux touchans honneurs, aux preuves d'attachement et de respect que reçut dans cette circonstance l'ami des enfans, non-seulement de ses nombreux élèves, mais de leurs familles qui semblaient alors n'en former qu'une seule, pour en conserver le chef adoré.

Cette impression ne s'effacera jamais de mon souvenir. Je lui dois sans doute ce désir secret d'être à mon tour de quelque utilité morale ; cette ambition d'entendre mon nom prononcé par la jeunesse du jour, et cet espoir enivrant de laisser quelques traces de mon passsage sur la terre. Ce que je dois surtout à Berquin, c'est ce calcul de jouissances inaperçues, ce besoin d'indépendance, qui faisaient l'aliment de sa vie, et formaient la base de toutes ses spéculations. Parvenu, à force d'économie et par le juste prix de ses œuvres, à une honnête aisance qui lui procurait souvent le bonheur de donner; aussi simple dans ses goûts que dans ses manières; il n'eût pas échangé son humble retraite contre le plus riche palais. Je ne puis, à cet égard, passer sous silence le tourment qu'il éprouva du choix que fit de lui l'opinion publique, pour remplir un poste honorable, important, que briguaient alors l'orgueil et l'ambition. Jamais Berquin ne me fit mieux connaître toute la pureté de son âme, et ne me parut plus digne de tout mon attachement.

Nous habitions le même hôtel : c'était une retraite solitaire près de la rue Montmartre et donnant sur des jardins. Un jour que nous nous entretenions sous le feuillage, lui des nouvelles productions qu'il méditait encore, et moi du désir ardent que j'éprouvais de l'imiter, entre haletant et hors d'haleine, Ginguené, son ami, qui lui annonce que l'Académie française venait de lui décerner le prix d'utilité. Berquin, qui n'avait aucunement sollicité ce triomphe, ne put s'empêcher, malgré sa modestie, d'en être flatté. Son visage, d'une expression douce et pénétrante, se colora de cet incarnat que produit la vive émotion de l'âme; il avoua sans détour que ce prix, librement décerné, lui devenait d'autant plus cher, qu'il croyait l'avoir mérité. Il appartient au vrai talent de savoir s'apprécier soi-même; la noble candeur peut se rendre justice, sans être soupçonnée de vanité.

La renommée de Berquin était alors dans tout son éclat. A l'*Ami des enfans*, il avait fait succéder l'*Ami des adolescens*, l'*Instruction familière à la connaissance de la nature*, *Sandford et Merton*, le *Petit Grandisson* et le *Livre de Fa-*

mille, ouvrages d'un mérite rare et d'une morale attachante; tableaux charmans où la grande scène du monde est représentée frappante de vérité, où le mouvement des premières passions humaines est retracé avec un talent remarquable, et produit tout l'effet que s'était promis son auteur. Aussi l'ai-je plus d'une fois surpris heureux et satisfait de son utile et honorable carrière. Je crois le voir jouant avec les enfans du voisinage dans le jardin de l'hôtel que nous habitions, provoquer les épanchemens de leurs âmes toutes neuves, diriger leurs premiers penchans, sans qu'ils pussent s'en apercevoir; et, bientôt me rejoignant chargé de leurs bénédictions et couvert de leurs innocentes caresses, il me disait alors avec une espèce de fierté qui dans ce moment échappait à sa modestie naturelle : « *Quel doux encouragement pour mon cœur,* « *lorque je me représente, dans la génération* « *qui s'élève, des milliers d'êtres attachés à mon* « *souvenir!* »

Nous étions arrivés à cette époque où l'anarchie commençait à disséminer ses poisons destructeurs. Déjà les amis d'une sage liberté, les dignes co-opérateurs de l'égalité des droits civiques, se trouvaient en butte aux pièges funestes, aux attaques virulentes de cette faction dévastatrice qui voulait tout renverser, pour reconstruire à sa manière, et faire de notre belle France, encore si féconde en hommes célèbres, un repaire affreux de brigands sans courage, de magistrats sans justice, d'administrateurs sans savoir, et d'administrés sans aucun frein. La famille royale avait quitté son séjour ordinaire, ou plutôt elle en avait été enlevée par une populace audacieuse, pour être exposée dans Paris aux dédains, aux insultes, aux menaces de ceux-là même qu'elle avait comblés de bienfaits. Louis XVI, en un mot, habitait le château des Tuileries avec la reine et ses enfans. L'héritier de son nom, celui à qui le ciel semblait alors destiner la plus belle couronne, et qui mourut dans une prison, de misère et de stupeur; le jeune Dauphin comptait à peine huit printemps. Tous les jours sur la partie des jardins, au bas de son appartement, et qu'entourait une balustrade, le royal enfant s'amusait aux exercices de son âge; il s'occupait le plus souvent à rouler dans une brouette un monceau de sable, pour le transport duquel il obtenait une récompense de son auguste mère, qui le provoquait elle-même à ces jeux, pour développer les forces de son corps et l'habituer à supporter les peines de la vie. La figure du royal enfant était ravissante : il y avait dans son regard céleste je ne sais qu'elle expression qui pénétrait le cœur. Berquin et moi nous

nous étions plus d'une fois arrêtés, comme tant d'autres, à contempler cet héritier du trône; et lorsque, assis sur sa brouette, il se reposait en essuyant la sueur qui coulait sur sa figure charmante, et qu'alors, avec cette grâce de l'enfance et cette bonté naïve empreinte sur tous ses traits, il nous honorait d'un sourire, nous éprouvions ce dévouement français, cet élan d'un intérêt irrésistible qui, dans ce moment, nous aurait fait sacrifier notre vie pour défendre le rejeton de nos rois.

Cependant la tourmente populaire augmentait sans cesse; et le souverain perdait par degrés son pouvoir et ses prérogatives. Son adversion pour le moindre coup d'état, si nécessaire alors, et l'extrême timidité de son caractère enhardissaient l'intrigue audacieuse, et donnaient un champ vaste à l'insatiable ambition. Bientôt enfin le roi de France ne fut plus maître dans son palais; et les sections de Paris s'arrogèrent le droit de contrôler, de gouverner sa maison. On prétendait que le jeune héritier de la couronne devait être élevé dans les principes de popularité; et l'on s'occupa de lui désigner un instituteur.

Un soir que Berquin s'entretenait avec moi, dans notre paisible asile, des progrès effrayans de l'anarchie, et des maux que produit la faiblesse des rois, accourt le propriétaire de l'hôtel, qui apprend, ivre de joie, à l'Ami des Enfans, que sur la proposition de la section de Saint-Joseph, il vient d'être désigné, par toutes les autres, pour être le précepteur du fils de Louis XVI. Berquin pâlit de frayeur, et me serrant la main, il laisse échapper ces mots : « Je « suis perdu ; car j'aimerai cet auguste enfant. » Paroles mémorables et touchantes ! admirable aveu de l'âme la plus noble et la plus dévouée à l'honneur de son pays !

Bientôt, cette nouvelle, répandue dans tout le quartier, attire un grand concours d'habitans chez Berquin. Les uns le félicitent de la justice qu'on a rendue à son mérite; les autres félicitent plus encore le monarque d'avoir, pour guide et pour instituteur du jeune Dauphin, le plus habile interprète de la nature et le meilleur des hommes. Mais de tous ces hommages, ce qui flattait le plus celui-ci, c'était la joie, c'était le triomphe des enfans dont il était environné, et qui répétaient à l'envi les éloges les plus ingénus, et formaient les vœux les plus sincères, pour la gloire et le bonheur de leur ami.

Berquin passa le reste du jour dans la plus cruelle agitation : il se voyait déjà placé entre les anarchistes et le jeune prince royal, cherchant à le garantir de leurs atteintes dangereuses, et résolu de lui servir de bouclier dans tous les dan-

gers dont il serait environné: « Ah! pourquoi,
« me disait-il, est-on venu m'arracher à ma vie
« solitaire, à mes chères habitudes? je suis si
« peu fait pour la cour! j'y serai si gauche et si
« mal à mon aise! » — « Rassurez-vous, lui dis-
« je : Le poste éminent où l'on vous appelle,
« est de nature à exciter l'envie, à chatouiller
« l'ambition. Ne faites aucune démarche; ne
« vous montrez point en public d'ici à quelques
« jours; et peut-être, malgré votre renommée
« et le choix libre du peuple, vous échapperez
« à l'honneur qu'on veut vous faire; et vous
« éviterez le dépôt sacré qu'on voudrait vous
« confier. »

En effet, l'Ami des enfans, retiré dans son humble retraite, évitant avec soin tout ce qui pouvait le remettre au grand jour, apprit bientôt qu'on avait mis auprès du fils de Louis XVI un autre instituteur que lui : le calme aussitôt revint dans son âme; il reprit avec sécurité ses travaux chéris; mais la bonté de son cœur lui faisait dire quelquefois tout en se félicitant de n'être point chargé de l'instruction du Dauphin : « Pourvu
« qu'on ait mis un honnête homme auprès de
« ce royal enfant! »

J'ai cru devoir rapporter fidèlement cette anecdote, en offrir tous les détails; parce qu'elle seule donne une juste idée de Berquin; parce qu'elle prouve que l'Ami des enfans fut toujours sans ambition, comme sans envie. Le vrai mérite, qui sent toute son influence et son utilité, craint d'être distrait de ses occupations qu'il n'échangerait pas contre les emplois les plus élevés, contre les honneurs les plus séduisans. Rien ne peut remplacer, pour le vrai sage, l'indépendance et la célébrité que lui produit son travail, que lui donnent ses propres forces; rien n'élève l'âme et ne fait sentir à l'homme tout ce qu'il vaut, comme le droit inappréciable de pouvoir dire avec Tacite : « *Ex me natus.* — Je suis le « fils de mes œuvres. »

Berquin fut un des premiers rédacteurs du *Moniteur*, de ce redoutable et précieux dépôt de tous les événemens et de toutes les opinions, de cette galerie parlante de tant d'hommes d'état, victimes de leur zèle ; de publicistes égarés; d'orateurs corrompus; d'intrigans démasqués ; en un mot, de ces annales civiques où l'impartiale vérité fait justice de chaque réputation; assigne les rangs, et donne à chacun le prix du bien ou du mal qu'il a fait. L'Ami des enfans, en traçant pour la postérité ces grands mouvemens historiques, éprouvait une souffrance, une terreur dont souvent il me faisait part. Sa plume, si naïve et si naturelle, vacillait dans sa main, quand il lui fallait peindre le flux et reflux des passions qui, à cette époque, faisaient présager les plus horribles tempêtes : il ne put résister à voguer au milieu de tant d'orages, il reprit ses pinceaux, ses couleurs accoutumées; il se joignit à *Ginguené*, à *Grouvellé*, pour fonder un écrit périodique dont la couleur et les principes pussent contraster avec les vociférations et les grossières esquisses du *Père Duchêne*; il essaya de neutraliser les poisons que répandaient parmi le peuple les feuilles impudiques de cet éhonté Saltimbanque, en créant la *Feuille villageoise* qui, pendant qu'on exaspérait les habitans des villes, porterait du moins dans les campagnes cet esprit de concorde et ce respect pour les mœurs, qui les préserveraient de la contagion générale. Berquin se livrait à cette honorable entreprise avec tout le zéle dont il était capable. Son som, son style toujours simple, attachant; son aimable philanthropie donnèrent à ce nouvel écrit périodique une vogue qui semblait s'accroître chaque jour, lorsque les fauteurs de l'anarchie, déjà tout puissans, arrêtèrent le cours de ces feuilles qui répandaient dans les hameaux les principes d'une morale pure et d'une sage liberté. Berquin fut dénoncé comme *Girondin*, parce qu'il recevait chez lui plusieurs députés de Bordeaux, ses dignes compatriotes. On l'accusa de s'entendre avec eux pour s'opposer au renversement de l'aristocratie ; on lui fit même un crime d'avoir été désigné pour le précepteur du jeune Dauphin ; on chercha, par la plus atroce calomnie, à décolorer ses ouvrages si répandus, non-seulement en France, mais dans l'Europe entière ; on leur attribua des idées nuisibles à la cause du peuple, un attachement coupable aux anciens préjugés, une tendance évidente à soutenir les droits sacrés de l'autel et du trône : enfin sa personne fut menacée ; et il ne put, que par la fuite, se soustraire aux fureurs de ceux-là même dont les enfans lisaient encore ses ouvrages.

Le chagrin qu'il éprouva fut profond : il épuisa ses forces qu'avaient affaiblies ses efforts généreux et surtout un travail assidu. Les enfans qui l'aimait tant, ne s'arrêtaient plus sur son passage ; quelques-uns même, pour obéir à leurs parens, tournaient la tête à son aspect, pour éviter de le saluer. L'âme aimante du conteur fut déchirée ; il prit un dégoût de la vie, où il ne trouvait plus d'affections ; et bientôt il la termina sans se plaindre, laissant aux indigens ses modiques économies, gémissant en secret sur le sort de la France, et se confiant à la justice divine avec cette pieuse résignation que donne une vie utile, sans reproche, et qu'éprouve à ses derniers momens celui qui, comme Berquin, peut dire avec Salluste : « *Neque ingenium ad male faciendum*

« *exercui.* » — « Je n'ai jamais employé mon « talent à nuire. »

Noble et touchant exemple à suivre! souvenir ineffaçable pour l'écrivain qui consacre sa vie à l'amusement, à l'instruction de la jeunesse! but constant que doit se proposer le moraliste qui met sa richesse dans son indépendance, et son ambition dans l'estime de ses lecteurs! Celui-là, quel que soit le petit coin qu'il occupe sur la scène du monde, peut répéter avec Tacite : « *Quandocumque fatalis et meus dies veniet, sta-* « *tuar tumulo, non mœstus et atrox, sed hilaris* « *et coronatus : et pro memoriâ meî, nec con-* « *sulat quisquam, nec roget.* » — « Et lorsque « ma dernière heure arrivera, je ne descendrai « point dans la tombe avec tristesse, avec in- « quiétude; mais gaiement et couronné de fleurs, « sans qu'il faille après moi délibérer, ni inter- « céder pour ma mémoire. »

Bouilly.

L'AMI DES ENFANS.

L'HOMME EST BIEN COMME IL EST.

M. DE LEYRIS *porte un perroquet empaillé ; et, montant sur un fauteuil, il l'accroche à un cordon déjà suspendu au plancher.*

Je ne crois pas que cet espiègle de Frédéric puisse maintenant y atteindre. On ne peut avoir rien en sûreté contre ce petit garçon. (*Il remet le fauteuil à sa place, et sort.*)

FRÉDÉRIC, *entrant un moment après.*

Où est-ce donc que mon papa vient de fourrer notre pauvre défunt de Jacquot ? Il l'avait dans les mains lorsqu'il est entré ici, et je l'ai vu sortir les mains vides. (*Il regarde de tous côtés ; enfin, levant les yeux, il aperçoit le perroquet suspendu au plancher.*) Ah ! bon ! le voilà ! (*Il prend aussitôt sa course, et bondit de toutes ses forces ; mais il s'en faut de plus de trois pieds qu'il ne s'élève à la hauteur de l'oiseau.*) Si j'étais aussi leste que notre minet ! (*Il va prendre un fauteuil ; il monte dessus, et se trouve trop court. Il se dresse sur la pointe des pieds, il saute ; tout cela inutilement. Il descend, court chercher un gros volume in-folio de Plutarque, le met sur le fauteuil, grimpe sur le livre, tend le bras.*) Je ne saurai jamais l'attraper. J'aurais pourtant bien voulu voir comment on lui a rempli le ventre de paille. Essayons en sautant. (*Au moment où il plie sur ses jambes pour s'enlever, Maurice entre dans le salon, l'aperçoit, et lui chante :*) Oh! comme il y viendra! oh! comme il y viendra! Je te le donne en mille. — Un petit bout d'homme comme toi, atteindre là-haut! Allons, descends, que je monte. Je n'aurai pas besoin de Plutarque, moi. (*Il le tiraille par le pan de son habit, le fait descendre, monte à sa place, élève les deux bras, et se voit encore fort loin de Jacquot.*)

FRÉDÉRIC, *poussant un grand éclat de rire.*

Eh bien! toi qui faisais le fier, je t'aurais cru aussi grand que le Saint-Christophe de Notre-Dame, à t'entendre.

MAURICE.

Oui; mais si je montais sur le livre? (*Il y monte, se trouve un peu plus près du perroquet, mais pas assez pour le saisir. Frédéric saute autour du fauteuil en se moquant de lui.*) Ce n'est pas ma faute; c'est que ce gros Plutarque n'est pas encore assez gros. Voyez pourtant; s'il y avait eu quelques grands hommes de plus dans l'antiquité, Jacquot était à moi.

FRÉDÉRIC.

Je l'aurais bien eu le premier.

MAURICE.

Ce n'est pas que je m'en soucie beaucoup.

FRÉDÉRIC.

Oh! non; pas plus que le renard de la fable ne se souciait des raisins. Le perroquet est peut-être trop vert, n'est-ce pas?

MAURICE.

Je le vois aussi-bien d'ici.

FRÉDÉRIC, *ironiquement.*

Oui, c'est le vrai point de vue. Écoute, mon frère, je ne crois pas qu'il y ait bien de la différence entre nous deux, au moins, et tu es plus vieux de trois ans.

MAURICE.

Voyez donc la vanité de ce petit mirmidon! Est-ce que tu voudrais te mesurer avec moi?

FRÉDÉRIC.

Voyons un peu. (*Ils se mettent sur la même ligne devant un miroir et tendent leurs membres autant qu'ils peuvent. Frédéric se hausse sur la pointe des pieds. Maurice, étonné de le voir de sa taille, regarde en bas, et s'aperçoit de la supercherie.*)

MAURICE.

Ah! le fripon : je le crois bien, de cette manière. Appuie les talons à terre.

FRÉDÉRIC *paraît alors bien au-dessous de son frère, et dit avec humeur, en frappant du pied :*

C'est bien triste d'être si petit!

M. DE LEYRIS, *qui est rentré depuis un moment.*

Parce qu'on ne peut pas atteindre le perroquet, n'est-ce pas, Frédéric?

FRÉDÉRIC.

Vous nous avez donc vu faire, mon papa?

M. DE LEYRIS.

Non; mais tes pieds l'ont écrit sur la couverture de mon Plutarque.

MAURICE.

Si nous avions été aussi grands que vous, nous aurions vu de plus près notre pauvre Jacquot.

M. DE LEYRIS.

Oui, pour le tourmenter jusqu'après sa mort comme vous l'avez fait pendant sa vie. Il n'y a pas de mal que vous ne soyez pas assez grands pour cela.

MAURICE.

Oh! quel plaisir, mon papa, si j'étais de votre taille!

M. DE LEYRIS.

Je te connais : alors même tu ne serais pas content.

MAURICE.

Il est vrai que j'aimerais encore bien mieux être comme le géant qu'on montrait cet hiver à la foire.

FRÉDÉRIC.

Le beau Ragotin, vraiment! Quand on fait des souhaits, et qu'il n'en coûte rien, il ne faut pas se ménager. Tu sais notre plus haut cerisier? Voilà comme je voudrais être grand, moi.

M. DE LEYRIS.

Et pourquoi donc?

FRÉDÉRIC.

C'est que je n'aurais besoin ni d'échelle ni de perche lorsque les cerises viendraient à mûrir. Imagines-tu, mon frère, comme il serait doux de porter sa tête au-dessus des arbres en se promenant dans le verger, et de pouvoir cueillir les poires et les pêches comme nous cueillons les groseilles ? cela ne serait pas malheureux, au moins !.

MAURICE.

On pourrait aussi regarder par la fenêtre les gens qui demeurent au troisième. (*En souriant.*) Il y aurait de quoi leur faire de belles frayeurs !

FRÉDÉRIC.

Je ne craindrais plus les voitures quand j'irais dans les rues. Je n'aurais qu'à écarter les jambes, tiens, comme cela (*il les écarte*), je verrais passer là-dessous les chevaux, le cocher, le carrosse, les domestiques, et je leur sourirais de pitié.

MAURICE.

Tu sais la petite rivière qui coule au bas du jardin ? On a besoin d'un canot pour la traverser, ou il faut aller chercher à un quart de lieue le pont du village. Peste ! d'une enjambée ou d'un saut à pieds joints, on se trouverait de l'autre côté.

FRÉDÉRIC.

Et puis l'on serait bien plus fort, si l'on était si grand. Qu'il vînt un ours à ma rencontre en traversant la forêt ; je lui tordrais le cou comme à un pigeon, ou je le jetterais à deux cents pieds en l'air ;

et il serait si occupé de sa chute en retombant, qu'il oublierait de se relever.

MAURICE.

Il ne faudrait plus aussi de bœufs pour labourer la terre : on tirerait la charrue soi-même, et en dix pas on serait au bout du champ. Tenez, encore, je vis l'autre jour plus de cinquante hommes qui enfonçaient des pilotis pour faire une chaussée. Comme ils travaillaient ! Eh bien ! avec un grand marteau, comme on pourrait alors en porter, un homme seul aurait fait toute leur besogne en un jour. N'est-il pas vrai, mon papa ?

M. DE LEYRIS.

Voilà qui est fort bon à dire ; mais avec tous ces beaux souhaits, vous n'êtes que des fous.

MAURICE.

Comment, des fous ?

M. DE LEYRIS.

Oui, de croire que vous seriez alors plus heureux que vous ne l'êtes.

MAURICE.

Mais si nous devenions capables de faire plus de choses que nous n'en faisons à présent ?

FRÉDÉRIC.

Par exemple, ne serait-ce pas fort commode de pouvoir atteindre bien haut, et de faire d'un seul pas bien du chemin ?

M. DE LEYRIS.

Avant que je te réponde, dis-moi : en te donnant cette taille prodigieuse, voudrais-tu que tout ce qui

t'entoure demeurât aussi petit qu'il est aujourd'hui ?
FRÉDÉRIC.
Sans doute, mon papa.
MAURICE.
Oui ; rien que nous trois de géans.
M. DE LEYRIS.
Grand merci ; je suis content de ma taille, et je m'y tiens.
FRÉDÉRIC.
Il faudrait pourtant que vous fussiez toujours plus grand que nous : autrement ce serait aux enfans de donner le fouet à leur père.
M. DE LEYRIS.
Je vois qu'il est fort heureux pour moi de ne pas être exposé à ce danger.
FRÉDÉRIC.
Oh ! non ; je vous ferais grâce. Je me souviendrais que vous m'en avez fait si souvent !
MAURICE.
Vous ne voulez donc pas grandir avec nous autres !
M. DE LEYRIS.
Non. Parlons pour vous seuls, et voyons ce qui en résulterait. D'abord, Frédéric, si comme tu le désirais tout à l'heure, tu étais aussi grand que notre plus haut cerisier, dis-moi, comment pourrais-tu te glisser dans notre verger qui est si plein ? Il te faudrait donc marcher à quatre pattes, et encore aurais-tu bien de la peine à y pénétrer.
FRÉDÉRIC.
Bon ! je n'aurais qu'à mettre le pied contre le pre-

mier arbre qui me gênerais, je le briserais comme un tuyau de blé pour me faire place.

M. DE LEYRIS.

Voilà un parti bien sensé. A mesure qu'il te faudrait plus de fruits pour satisfaire ton appétit, tu détruirais les arbres qui les portent. Mais, sortons de chez nous. La plupart des chemins sont bordés d'ormeaux, dont les branches les plus élevées se joignent et s'entrelacent. Les hommes d'une taille ordinaire peuvent y passer à leur aise, et ils trouvent ces berceaux de verdure bien agréables dans les ardeurs du midi : pour toi, tu serais obligé d'aller sans ombrage à travers les champs. Et puis, que deviendrais-tu, quand il se présenterait une épaisse forêt sur ton passage ? C'est là que tu aurais un furieux abatis à faire pour t'y frayer une route.

FRÉDÉRIC.

Il ne m'en coûterait pas plus que de faire à présent un trou dans la haie.

MAURICE.

Je déracinerais les chênes, comme ce Roland le furieux dont vous m'avez conté l'histoire.

M. DE LEYRIS.

Je plaindrais fort les hommes condamnés à vivre dans le même siècle que vous. Poursuivons. Avec les grandes jambes dont vous seriez pourvus, il vous viendrait sans doute dans la tête de voyager.

FRÉDÉRIC.

Comment donc, mon papa ! je voudrais aller au bout de l'univers.

M. DE LEYRIS.

Tout d'une haleine, sans doute, car où trouverais-tu sur la route une maison, une chambre, un lit assez grands pour te recevoir? Il te faudrait coucher à la belle étoile, sur une meule de foin, dans les nuits les plus orageuses. Cela serait-il bien agréable? Qu'en penses-tu, Frédéric?

FRÉDÉRIC.

Hélas! je me trouverais comme le pauvre Gullivert à Lilliput.

MAURICE.

Ce n'est pas encore tout-à-fait bien arrangé. Non, il faudrait que tous les autres hommes fussent aussi grands que nous.

M. DE LEYRIS.

Voilà qui est plus généreux. Mais comment la terre suffirait-elle à nourrir tant de monstrueux colosses? Dans une contrée où mille personnes subsistent aujourdhui, à peine pourrait-il en subsister vingt. Nous mangerions chacun notre bœuf en deux jours, et il nous faudrait une demi-tonne de lait pour notre déjeûner seulement.

MAURICE.

Oh! c'est que je voudrais que les bœufs devinssent plus gros aussi.

M. DE LEYRIS.

Et de ces bœufs-là, combien en pourrais-tu faire paître dans notre prairie?

MAURICE.

Vraiment, fort peu.

2.

M. DE LEYRIS.

Je vois que, faute de place, nous manquerions bientôt de bétail.

MAURICE.

Il n'y a qu'une chose à faire ; c'est d'agrandir en même temps l'univers.

M. DE LEYRIS.

Rien ne t'embarrasse, à ce qui me semble. Pour te hausser de quelques coudées, tu étends d'un seul mot toute la nature. C'est d'une fort belle imagination : malgré cela, je pense toujours que tu n'y trouverais pas un grand avantage.

MAURICE.

Comment donc, s'il vous plaît !

M. DE LEYRIS.

Sais-tu ce que c'est que la proportion ?

MAURICE.

Non, mon papa.

M. DE LEYRIS.

Mets-toi près de ton frère. Qui est le plus grand de vous deux ?

MAURICE.

Vous le voyez bien ; il ne me va pas à l'oreille.

M. DE LEYRIS.

Viens maintenant à mon côté. Qui est le plus petit ?

MAURICE.

C'est moi, par malheur.

M. DE LEYRIS.

Tu es donc à la fois grand et petit ?

MAURICE.

Non, je ne suis ni grand ni petit, à proprement parler. Je suis grand pour Frédéric, et petit pour vous.

M. DE LEYRIS.

Et si nous devenions tous les trois ensemble dix fois plus grands que nous le sommes, ne serais-tu plus petit pour moi, ou plus grand pour ton frère, que tu ne l'es à présent pour l'un et pour l'autre?

MAURICE.

Non, mon papa; ce serait toujours la même différence.

M. DE LEYRIS.

Eh bien! voilà ce que c'est que la proportion, une gradation proportionnelle.

MAURICE.

Ah! je conçois à présent.

M. DE LEYRIS.

En ce cas, revenons à ton idée. Si tout devient à proportion plus grand dans la nature, tu te retrouveras toujours au point d'où tu es parti. Tu ne seras pas assez grand pour faire peur aux gens du troisième, en les regardant par la fenêtre; tu ne pourras ni enjamber les rivières, ni enfoncer les pilotis à coups de marteau, encore moins tordre le cou à un ours, ou le jeter à deux cents pieds en l'air. Il serait toujours beaucoup plus gros que toi.

MAURICE.

J'en conviens.

M. DE LEYRIS.

Frédéric, nous as-tu écoutés?

FRÉDÉRIC.

Oui, mon papa.

M. DE LEYRIS.

Et as-tu bien compris ce que c'est que la proportion?

FRÉDÉRIC.

Oh oui! c'est lorsque l'on devient grand, et que l'autre grandit aussi; ensorte que cela ne fait jamais ni plus ni moins.

M. DE LEYRIS.

Pourrais-tu m'en donner un exemple?

FRÉDÉRIC.

Je crois bien qu'oui. (*Après avoir réfléchi un moment.*) Tenez, j'aurais beau avoir trois ans de plus dans trois ans, mon frère sera toujours l'aîné, parce qu'il aura encore trois ans de plus que moi.

M. DE LEYRIS.

A merveille, mon fils. Ainsi, quand tu serais devenu aussi grand que notre cerisier, le cerisier aurait grandi à son tour de toute la différence qui est actuellement entre vous deux.

FRÉDÉRIC.

C'est clair.

M. DE LEYRIS.

Pourrais-tu alors cueillir les cerises avec la main comme tu cueilles les groseilles?

FRÉDÉRIC.

Non, mon papa, il me faudrait reprendre ma

perche et mon échelle; non pas les mêmes, car il faudrait qu'elles fussent aussi plus grandes à proportion.

M. DE LEYRIS.

Et les voitures passeraient-elles toujours entre tes jambes.

FRÉDÉRIC.

Non certes. Je serais encore obligé de me ranger contre la muraille pour leur céder le milieu du pavé.

M. DE LEYRIS.

Quels avantages auriez-vous donc retirés de ce bouleversement général que votre orgueil aurait introduit dans l'univers?

MAURICE.

Je ne sais guère.

M. DE LEYRIS.

Vos souhaits étaient donc insensés, puisque leur accomplissement n'aurait pu vous rendre plus heureux?

MAURICE.

Vraiment, mon papa, vous avez raison. Il aurait mieux valu souhaiter être petits, petits, tout-à-fait petits.

FRÉDÉRIC.

Quoi! mon frère, comme les petits hommes de Gulliver?

MAURICE.

Certainement.

M. DE LEYRIS.

Ha, ha, voilà encore une étrange fantaisie. Et quels seraient tes motifs pour cette réduction?

MAURICE.

D'abord, c'est qu'on n'aurait jamais à craindre de disette. Une poignée de grain suffirait pour faire subsister pendant vingt-quatre heures toute une famille.

M. DE LEYRIS.

Effectivement, ce serait une grande économie.

MAURICE.

Et puis, il ne resterait plus aucun sujet de guerre. Une place comme notre jardin serait assez étendue pour bâtir une ville considérable. Les hommes, ayant mille fois plus d'espace qu'il ne leur en faudrait pour se mettre bien à leur aise, ne chercheraient plus à s'égorger pour quelques pouces de terrain.

M. DE LEYRIS.

Je n'en répondrais guère, connaissant leur folie. Mais ne troublons point par des craintes funestes un si bel arrangement. Je vois refleurir la paix et l'abondance ; et, grâce à tes soins, l'âge d'or est ramené sur la terre.

MAURICE.

Oh! ce n'est pas tout. Notre précepteur dit que les petites créatures ont quelque chose de plus délicat et de plus parfait que les grandes; que leur vue est bien plus perçante, leur ouïe plus fine, leur odorat plus sûr et plus exquis. Cela est-il vrai, mon papa?

M. DE LEYRIS.

Oui, en général.

MAURICE.

Ainsi l'homme verrait, entendrait, sentirait une infinité de choses dont il ne se doute pas avec ses sens grossiers.

M. DE LEYRIS.

Ces avantages sont assez précieux ; je t'avoue cependant que j'aurais du regret de renoncer, pour les acquérir, à cet empire universel que nous nous sommes établis sur tout ce qui respire.

MAURICE.

Il ne serait pas perdu pour cela. Vous m'avez dit souvent que l'homme règne encore plus par son intelligence que par sa force.

M. DE LEYRIS.

Il est vrai, parce que sa force est exactement combinée avec son intelligence. Mais donne à un Lilliputien le génie le plus vaste et le plus hardi; donne-lui même nos inventions et nos arts au point de perfection où ils sont portés : crois-tu qu'il fût en état de se servir de nos instrumens les plus souples, et d'imprimer le premier mouvement à notre plus légère machine. Comment pourrait-il se défendre contre les bêtes sauvages, lorsque son chien même l'écraserait innocemment sous ses pieds?

MAURICE.

Oui; mais si tout devient à proportion plus petit autour de lui? C'est là que je vous attends.

M. DE LEYRIS.

Pour te confondre toi-même; car, dès ce moment il perd les avantages que tu voulais lui procurer. Ses petites moissons ne le garantiraient plus de la famine; ses guerres, sans être ni moins fréquentes, ni moins acharnées, n'en seront que plus ridicules : les animaux inférieurs auront toujours des organes plus fins et des sensations plus délicates; et peut-être qu'avec sa petitesse ridicule, il voudra s'aviser encore, comme toi, de réformer la création.

MAURICE.

Mon papa, vous êtes aussi trop difficile : on ne peut rien ajuster avec vous.

FRÉDÉRIC.

C'est que tu n'y entends rien, mon frère. Il n'y aurait qu'un moyen de mettre les choses au mieux.

M. DE LEYRIS.

Est-ce que tu t'en mêles aussi, toi?

FRÉDÉRIC.

Tout aussi bien qu'un autre.

M. DE LEYRIS.

Voyons ton plan, je te prie; cela doit être curieux.

FRÉDÉRIC.

Il ne s'agirait que d'avoir un corps plus dur, dur comme du fer.

M. DE LEYRIS.

Pourquoi donc?

FRÉDÉRIC.

Voyez la piqûre que je me suis faite au doigt; cela

ne paraît rien, et je ne puis vous dire combien elle m'a fait souffrir.

M. DE LEYRIS.

Je te plains, mon pauvre ami.

FRÉDÉRIC.

Et ce trou que je me fis, il y a un mois, à la tête, en tombant sur l'escalier; il n'y a pas huit jours qu'il est fermé. Tenez, tâtez, c'est ici.

M. DE LEYRIS.

Il est vrai.

FRÉDÉRIC.

Oh! quel plaisir ce serait de pouvoir jouer avec Azor sans qu'il me mordît, et avec Minet sans craindre ses égratignures! Ensuite, quand je serais grand, et que j'irais à la guerre, je me moquerais des balles et des boulets; et les sabres se briseraient sur ma tête, au lieu de l'entamer. Ne serait-ce pas fort heureux?

M. DE LEYRIS.

J'en conviens.

FRÉDÉRIC.

Il ne manquerait plus rien à l'homme : il serait parfait alors. Qu'en dites-vous, mon papa?

M. DE LEYRIS, *tirant une orange de sa poche.*

Tiens, Frédéric, sens cette orange.

FRÉDÉRIC.

Oh! quelle bonne odeur! Elle doit être excellente à manger. Est-ce que vous me la donnez pour avoir arrangé les choses mieux que mon frère?

M. DE LEYRIS.

Non, elle n'est pas pour toi.

MAURICE.

Pour moi, donc?

M. DE LEYRIS.

Non plus. Je la destine à quelqu'un de plus parfait que vous deux.

MAURICE.

Et à qui donc, s'il vous plaît?

M. DE LEYRIS.

A cette figure de nègre qui est sur ma cheminée.

FRÉDÉRIC.

Vous voulez rire, mon papa; elle ne peut ni voir, ni manger, ni sentir.

M. DE LEYRIS.

Elle est pourtant de bronze.

FRÉDÉRIC.

Et c'est précisément pour cela.

M. DE LEYRIS.

Quoi donc! tu aurais sacrifié la douceur de sentir, de manger et de voir, à la satisfaction de ne pas de te casser la tête en tombant de dessus ma cheminée? car tu n'aurais été bon qu'à y figurer?

FRÉDÉRIC.

Ce n'est pas ainsi que je l'entends. J'aurais voulu être vif avec mon corps de fer.

M. DE LEYRIS.

Et comment un corps de fer pourrait-il être animé par le sang et par ces liqueurs qui sont la source de la vie? Comment ces nerfs pourraient-ils avoir cette souplesse et cette sensibilité qui nous rendent l'usage de nos membres si facile, et le plaisir de nos sens si délicieux?

FRÉDÉRIC.

C'est triste. Je vois que mon arrangement ne vaut pas mieux que celui de mon frère.

MAURICE.

Mais, mon papa, vous qui vous entendez si bien à détruire nos systèmes, faites-nous-en donc qui soient plus raisonnables que les nôtres?

M. DE LEYRIS.

Et pourquoi veux-tu que j'en fasse? je suis très-satisfait de celui que je trouve établi. Oui, mes enfans, je vois l'homme pourvu de tout ce qui peut servir à son bonheur; d'une conformation supérieure à celle de tous les animaux, il dompte, avec son génie, le petit nombre de ceux dont les forces surpassent les siennes. S'il n'a pas reçu en partage la rapidité du cerf ni du cheval, il forge des traits qui devancent l'un dans sa course, et il monte sur le dos de l'autre pour le diriger. Privé de l'aile de l'oiseau, il en donne à l'arbre immobile qui végète dans les forêts, et s'en fait porter jusqu'aux bornes du monde. Sa vue, moins perçante que celle de l'insecte, n'est pas aussi bornée à l'espace où il se meut; ses regards peuvent embrasser un immense horizon, et contempler les grandes merveilles de la nature. Comme l'aigle, il ne fixe pas le soleil; mais il invente des instrumens qui semblent le rapprocher de cet astre pour mesurer sa distance, et observer sa position au milieu d'une foule innombrable d'étoiles obscurcies par sa splendeur. Tous ses autres sens lui procurent aussi des jouissances continuelles, et veillent également à ses plaisirs et à sa sûreté. Un noble sentiment de son génie lui fait tenter chaque jour, avec succès, de nouvelles découvertes. Il désarme le tonnerre, ou lui marque la place qu'il doit frapper. Il combat les élémens l'un par l'autre, oppose la douce chaleur du feu au souffle glacé de l'air, et défend la terre de la fureur des eaux. Tantôt il descend dans les plus ténébreuses profondeurs de son séjour, pour en rapporter de riches métaux qu'il épure, et dont il forme, par un mélange ingénieux, des substances nouvelles. Tantôt il gravit les rochers informes suspendus sur sa tête, les précipite dans les vallées, et les relève en édifices somptueux, ou en pyramides hardies, qui vont cacher leurs sommets dans les nues. La société qu'il forme avec ses semblables, pour la satisfaction réciproque de leurs besoins, le faire jouir, en récompense de son travail, des travaux de cent millions de bras empressés à lui procurer les douceurs de la vie. Il trouve à chaque pas, sous sa main les productions de tout l'univers. Les sciences élèvent son âme, et agrandissent son esprit; les beaux arts adoucissent ses peines et le délassent de ses labeurs. La mémoire et la réflexion lui forment une expérience de celle de tous les siècles qui se sont écoulés. Avec le doux sentiment de son existence personnelle, son cœur jouit encore dans les autres par la compassion et la bienfaisance, les liaisons du sang et de l'amitié. Sa félicité ne dépend que de lui seul au milieu de tout ce qui l'entoure, puisqu'on la trouve dans l'exercice modéré de ses forces, et l'usage constant de sa raison. S'il la trouble quelquefois en cherchant à s'élancer trop loin de lui-même, il n'en doit accuser que sa folie. Ce n'est plus un enfant comme vous, qui, au lieu de jouir paisiblement des douceurs attachées à sa condition, et d'en supporter les maux avec courage, se tourmente par des prétentions désordonnées, ou se dégrade par une honteuse pusillanimité.

PERSONNAGES.

M. DE MELFORT.
CHARLES, son fils.
SOPHIE, sa fille.
SAINT-FIRMIN, son neveu.
CHARLOTTE }
AGATHE } DE SAINT-FÉLIX, amies de SOPHIE.
JONAS, petit joueur de violon.

La scène est à Paris, chez M. de Melfort.

LE PETIT JOUEUR DE VIOLON.

Drame.

SCÈNE PREMIÈRE.

CHARLES, SAINT-FIRMIN.

CHARLES.

Écoute, mon petit cousin, il faut que tu me fasses un plaisir?

SAINT-FIRMIN.

Voyons; de quoi s'agit-il? tu as toujours quelque chose à me demander.

CHARLES.

C'est parce que tu es le plus habile de nous deux. Tu sais bien la version de cette fable de Phèdre, que notre précepteur m'a donnée à faire?

SAINT-FIRMIN.

Est-ce que tu ne l'as pas encore finie?

CHARLES.

Comment aurais-je pu l'achever? je ne l'ai pas commencée.

SAINT-FIRMIN.

Tu n'as donc pas eu le temps d'y travailler, depuis onze heures jusqu'à trois?

CHARLES.

Tu vas voir si cela était possible. A onze heures j'avais besoin de courir un peu dans le jardin afin de gagner de l'appétit pour dîner. Nous sommes restés à table depuis midi jusqu'à une heure. S'asseoir et s'appliquer tout de suite après le repas, tu sais combien le médecin de papa dit que c'est dangereux. Ainsi, comme j'avais bien mangé, il m'a fallu faire long-temps de l'exercice pour ma digestion.

SAINT-FIRMIN.

Mais, au moins, à présent la voilà faite, et jusqu'à la nuit tu as plus de temps qu'il ne t'en faut.

CHARLES.

Est-ce que ce temps n'est pas marqué pour ma leçon d'écriture.

SAINT-FIRMIN.

Mais puisque ton maître n'est pas venu?

CHARLES.

Je l'attendrai. Je fais tout de travers lorsque mes heures sont dérangées.

SAINT-FIRMIN.

Tu auras encore, après la leçon, un petit reste d'après-midi, et toute la soirée.

CHARLES.

Je n'aurai pas une minute. Ma sœur attend aujourd'hui la visite des deux demoiselles de Saint-Félix.

SAINT-FIRMIN.

Est-ce pour toi qu'elles viennent?

CHARLES.

Non; mais il faut que j'aide ma sœur à les amuser.

SAINT-FIRMIN.

Et qui t'empêchera, lorsque ces demoiselles seront retirées?

CHARLES.

Oui-dà! travailler aux lumières, pour me gâter la vue! Cependant il faut que demain au matin ma version se trouve prête.

SAINT-FIRMIN.

Eh bien! qu'elle le soit ou qu'elle ne le soit pas, que m'importe?

CHARLES.

Tu voudrais donc me voir réprimander par notre précepteur et par mon papa!

SAINT-FIRMIN.

Tu sais toujours me prendre par mon faible. Voyons, où est cette version?

CHARLES.

Là-haut dans notre chambre, sur ma table. Je vais te la chercher; ou plutôt viens avec moi.

SAINT-FIRMIN.

Va le premier : je te suis à l'instant. Je vois venir ta sœur qui voudrait me parler.

CHARLES.

Ne va pas, au moins, lui rien dire de tout ceci, entends-tu?

SCÈNE II.

SOPHIE, SAINT-FIRMIN.

SOPHIE.

Eh bien ! mon petit cousin, quel démêlé avais-tu là avec mon frère ? Il t'a sûrement joué quelque tour de son métier.

SAINT-FIRMIN.

Ce n'est pas un tour de son métier, c'est une demande de sa façon. Il veut que je lui fasse, à l'ordinaire, son devoir pour demain.

SOPHIE.

Et mon papa ne sera jamais instruit de sa paresse ?

SAINT-FIRMIN.

Ce n'est pas moi qui me chargerai de l'en avertir. Tu sais que depuis la mort de ta maman, mon oncle est d'une santé si faible, que la moindre émotion le rend malade pour plusieurs jours. D'ailleurs, je vis de ses bienfaits, et il pourrait croire que je cherche à perdre son fils dans son esprit.

SOPHIE.

Eh bien ! j'attends mon frère à la première occasion... Mais sais-tu pourquoi je voulais te parler ? C'est que les demoiselles de Saint-Félix viennent aujourd'hui me voir; il faut que tu nous aides à nous bien amuser.

SAINT-FIRMIN.

Oh! je ferai de mon mieux, ma petite cousine.

SOPHIE.

Ah! les voici.

SCÈNE III.

SAINT-FIRMIN, SOPHIE, AGATHE et CHARLOTTE DE SAINT-FÉLIX.

SOPHIE.

Bonjour, mes bonnes amies. (*Elles s'embrassent l'une et l'autre, et font la révérence à Saint-Firmin, qui leur baise la main avec respect.*)

CHARLOTTE.

Il me semble qu'il y a un an que je ne t'ai vue.

AGATHE.

Mais il y a déjà bien long-temps.

SOPHIE.

Il y a, je crois, plus de trois semaines. (*Saint-Firmin range la table et dispose les siéges.*)

CHARLOTTE.

Ne vous donnez pas cette peine, M. de Saint-Firmin.

SAINT-FIRMIN.

Mademoiselle, je ne fais que mon devoir.

SOPHIE.

Oh! je suis bien sûre que Saint-Firmin le fait avec plaisir. (*Elle lui tend la main.*) Je voudrais que mon frère eût un peu de sa complaisance.

SCÈNE IV.

SAINT-FIRMIN, SOPHIE, AGATHE, CHARLOTTE, CHARLES.

CHARLES, *sans faire la moindre attention aux demoiselles de Saint-Félix.*

C'est bien mal à toi, Saint-Firmin, de me faire si long-temps attendre, pour faire ici le damoiseau.

SAINT-FIRMIN.

Je croyais être le dernier de la compagnie à qui tu adresserais tes complimens.

CHARLES.

Oh! n'en soyez pas fâchées, mesdemoiselles, je vais être bientôt à vous.

AGATHE.

Ne vous pressez pas, au moins, M. Charles. (*Charles mène à l'écart Saint-Firmin; et, tandis que les jeunes demoiselles s'entretiennent ensemble, il tire de sa poche le papier de la version, et le donne à Saint-Firmin.*) La voilà, tu m'entends.

SAINT-FIRMIN.

Six lignes? C'est bien la peine! N'as-tu pas de honte?

CHARLES.

Chut. Tais-toi.

SAINT-FIRMIN.

Mesdemoiselles, si vous le permettez, je sors pour un demi-quart d'heure.

CHARLOTTE.

Nous vous attendrons avec impatience.

SOPHIE.

Puisque tu sors, mon petit cousin, fais-moi le plaisir de dire à Justine de nous servir le thé.

SCÈNE V.

CHARLES, SOPHIE, AGATHE, CHARLOTTE.

CHARLES, *se jetant dans un fauteuil.*
Allons ; c'est ici que je m'établis.

SOPHIE.

Je pense qu'il aurait été à propos d'en demander la permission.

CHARLES.

A toi, peut-être ?

SOPHIE.

Je ne suis pas seule ici.

CHARLOTTE.

Je vois que ton frère nous compte pour rien.

AGATHE.

C'est qu'il s'imagine apparemment nous honorer beaucoup en restant avec nous.

CHARLES.

Oh ! je sais bien que vous pourriez vous passer de ma compagnie ; mais, moi, je ne me priverais pas si aisément de la vôtre.

SOPHIE.

Voilà au moins une apparence de compliment. Il

est vrai que tu aurais dû y faire entrer le thé pour quelque chose.

CHARLES.

Mais vraiment, ma chère sœur, ne te figure pas que je suis ici pour toi.

SOPHIE.

Oh! pour cela, je pense trop humblement de mon mérite. Tout ce qui pourrait me donner de l'orgueil, c'est d'être la sœur d'un garçon aussi honnête. (*Justine apporte le thé, et le met à côté de Sophie.*)

CHARLES.

Laisse-moi le verser, je te prie.

SOPHIE.

Non, non, c'est mon affaire; tu es un peu trop gauche. Si tu veux te charger de quelque soin, présente les tasses à ces demoiselles.

AGATHE.

Pas tant de sucre pour moi.

SOPHIE.

Prends toi-même ce qu'il te faut, mon cœur. (*Elle lui présente le sucrier et une tasse. Charles en prend une pour lui, et s'empare du sucrier.*) (*A Charles.*) Tu as déjà trois gros morceaux.

CHARLES.

Mais ce n'est pas trop. J'aime à boire un peu doux. (*Il prend plusieurs morceaux de sucre l'un après l'autre, jusqu'à ce que sa sœur lui tire le sucrier des mains.*)

SOPHIE.

N'as-tu pas de honte, mon frère? tu vois bien qu'il n'en restera pas pour nous.

CHARLES.

Ne sais-tu pas où est le buffet?

SOPHIE.

Mon frère se reprocherait d'épargner une peine à sa sœur.

CHARLES.

C'est que par-là tu me procurerais le plaisir d'être seul auprès de ces demoiselles.

AGATHE.

Tu l'entends, Sophie, Dis-nous maintenant que ton frère n'est pas un garçon bien galant.

SOPHIE, *après avoir rassemblé près d'elle toutes les tasses pour verser une seconde fois du thé.*

Charles, présente cette tasse à Agathe. (*Charles prend la tasse, et, en la présentant à Agathe, il la verse sur sa robe. Elles se lèvent toutes avec précipitation.*)

SOPHIE.

Voilà une preuve de sa galanterie. (*Bas à Charles.*) Je parierais, méchant, que tu l'as fait à dessein.

AGATHE.

Ah Dieu! que dira maman? et qu'allons-nous faire?

CHARLOTTE.

C'est la seconde fois qu'elle met cette robe. Allons vite, un verre d'eau fraîche.

SOPHIE.

Non, j'ai ouï dire qu'il était mieux de frotter avec un linge sec. Voici un mouchoir tout blanc. (*Elles vont à Agathe. Charlotte tient la robe, et Sophie frotte. Pendant ce temps, Charles reste à table, et boit tout à son aise.*)

CHARLOTTE.

Bon, bon, cela passe; il faut le laisser sécher.

AGATHE.

Par bonheur, c'est dans un pli où l'on ne va pas s'aviser de regarder.

CHARLES, *à part*.

Ce n'est pas ma faute.

SOPHIE.

Tiens, vois, Charlotte, je ne crois pas qu'il y paraisse.

CHARLOTTE.

Si je n'avais pas vu d'abord la tache....

AGATHE.

A la bonne heure. Mais, monsieur Charles, une autre fois je vous prie de vous épargner la peine de me servir.

SOPHIE.

Remettons-nous, mes bonnes amies. (*Elle veut verser du thé, et elle trouve la théière vide. Elle regarde Charles avec indignation.*) Non, cela est d'une grossièreté qu'on ne saurait imaginer. Croiriez-vous bien, mesdemoiselles, que, dans le temps que nous étions si fort en peine, il a pris tout le thé? Je vais dire qu'on en fasse d'autre; attendez un moment.

CHARLOTTE.

Non, c'est assez; je n'en boirai plus une goutte.

AGATHE.

Le malheur qui est arrivé à ma robe m'a ôté la soif.

CHARLES.

Mais ne vous gênez pas. On peut en faire une seconde fois.

AGATHE.

Effectivement, tu aurais dû prévoir que ton frère serait notre convive.

SOPHIE.

Ceux qui ne sont pas invités devraient au moins attendre que ce fût leur tour.

CHARLOTTE.

N'en parlons plus; je n'y ai pas le moindre regret.

SOPHIE.

Eh bien! à présent qu'allons-nous faire? Ah! voici notre ami Saint-Firmin; il nous aidera à choisir quelque jeu.

CHARLES, *d'un ton moqueur.*

Notre ami Saint-Firmin... Mesdemoiselles, il faut que je lui parle avant vous. (*Il va au-devant de Saint-Firmin, tandis que les jeunes demoiselles s'entretiennent ensemble.*)

SCÈNE VI.

AGATHE, CHARLOTTE, SOPHIE, SAINT-FIRMIN, CHARLES.

CHARLES, *à Saint-Firmin.*

Eh bien! as-tu fini?

SAINT-FIRMIN.

La voilà; prends et rougis de ta paresse... Eh bien! mesdemoiselles, avez-vous quelque jeu d'arrêté?

AGATHE.

Nous vous attendions pour décider notre partie.

SAINT-FIRMIN.

J'ai là-bas un petit musicien à vos ordres; si vous me le permettez, je vais l'appeler pour vous chanter quelque chanson, ou pour vous faire danser.

SOPHIE.

Un petit musicien! où est-il? où est-il?

CHARLOTTE.

Il faut convenir que M. de Saint-Firmin s'entend bien à amuser sa société.

SAINT-FIRMIN.

Nous ferons, en nous amusant, un acte de charité, car le pauvre petit musicien ne possède rien sur la terre que son violon.

CHARLES.

Et qui le payera, M. de Saint-Firmin? Il parle et

il agit toujours comme si le Roi était son parrain, et il n'a pas une maille.

SOPHIE.
Ne rougis-tu pas, mon frère ?....

SAINT-FIRMIN.
Laissez-le dire, ma cousine, il ne m'offense point; ce n'est pas un crime d'être pauvre : je ressemble par-là à mon petit musicien, qui est un très-bon enfant. Je lui donnerai douze sous qui me restent dans ma bourse ; et il m'a promis de jouer, à ce prix, toute la soirée.

CHARLOTTE.
Nous nous cotiserons toutes pour le payer.

AGATHE
Oui, oui, nous boursillerons.

SAINT-FIRMIN.
Voulez-vous que j'aille le chercher ? Il attend là-bas à la porte.

SOPHIE.
Sûrement, mon cher petit cousin, et dépêche-toi. (*Saint-Firmin sort. En même temps Justine apporte un gâteau sur un plat.*)

SCÈNE VII.

AGATHE, CHARLOTTE, SOPHIE, CHARLES,
(*Charles veut prendre le plat des mains de Justine. Sophie l'en empêche.*)

CHARLES.
C'est que je voulais faire les portions.

SOPHIE.

Je vais t'en épargner la peine : tu pourrais les faire si bien, qu'il ne nous resterait pas plus du gâteau que du thé. (*Elle fait le partage, et présente les morceaux à la ronde.*)

CHARLES, *après avoir pris sa portion.*

Pour qui donc le morceau qui reste ?

SOPHIE.

Est-ce que mon petit cousin n'en aurait pas ?

AGATHE.

J'aimerais mieux lui donner ma portion.

CHARLOTTE.

Et moi aussi la mienne.

CHARLES, *avec aigreur.*

Il est bien heureux !

SOPHIE.

Tu ne vois que sa portion de gâteau à lui envier ?

SCÈNE VIII.

AGATHE, CHARLOTTE, SOPHIE, CHARLES, SAINT-FIRMIN, *tenant par la main le petit Jonas, qui a un violon sous son bras.*

SAINT-FIRMIN.

J'ai l'honneur de vous présenter mon petit virtuose.

CHARLOTTE et AGATHE.

Il est tout-à-fait gentil !

SOPHIE.

De quel pays es-tu, mon enfant?

JONAS.

Je suis des montagnes de la Bresse.

AGATHE.

Et pourquoi viens-tu de si loin?

JONAS.

C'est que mon pauvre père est aveugle; il ne peut plus travailler: nous courons le pays, et il faut que je lui gagne du pain avec mon petit violon.

SOPHIE.

Eh bien! veux-tu nous faire connaître ton savoir-fraie?

JONAS.

Ce sera de bon cœur; mais mon talent n'est pas grand'chose.

SAINT-FIRMIN.

Joue de ton mieux : ce sera toujours assez bien pour moi; et ces demoiselles seront assez bonnes pour te pardonner quelque faux ton, si tu en fais. (*Jonas accorde son violon. Agathe en même temps prend l'assiette avec le reste du gâteau, et le présente à Saint-Firmin. Il la remercie, prend l'assiette, et la tient à la main sans toucher au gâteau, pour écouter Jonas. Celui-ci commence d'abord à jouer sur son violon l'air de la chanson suivante; ensuite il chante:*)

1.

Plaignez le sort d'un petit malheureux,
Chargé tout seul du soin de son vieux père;

Ils n'ont, hélas! pour se nourrir tous deux,
Que la pitié qu'inspire leur misère.

2.

Plaignez leur sort, prêtez-leur vos secours :
C'est à regret que leur voix vous implore.
De longs travaux, l'un a rempli ses jours :
Pour travailler, l'autre est trop faible encore.

3.

Soyez touchés de leur sort malheureux ;
Ayez pitié de l'enfant et du père,
Ils n'ont, hélas! pour se nourrir tous deux,
Qu'un peu de pain qu'on donne à leur misère.

SAINT-FIRMIN, *lui tendant la main.*

Mon cher enfant vous, êtes donc bien pauvres ?

JONAS.

Hélas! oui, mais avec mon violon, j'espère que nous ne manquerons pas. Si nous sommes malades, le bon Dieu aura soin de nous ; et, si nous mourons, nous n'avons besoin que d'un petit coin de terre que l'on trouve partout.

SAINT-FIRMIN.

Mais, mon petit malheureux, peut-être que tu as faim? Tiens, tiens, voici mon gâteau.

JONAS.

Nenni, mon beau monsieur, mangez-le vous-même : un peu de pain est tout ce qu'il me faut.

SAINT-FIRMIN.

Non, tu prendras ceci ; je sais manger du pain aussi bien que toi.

JONAS.

Eh bien! je vous remercie; mais je ne le mangerai pas à présent : je veux le partager avec mon pauvre père; il n'est pas accoutumé à manger de si bonnes choses.

SOPHIE.

— Mon pauvre père, dis-tu? tiens, ma portion est pour lui.

CHARLOTTE.

Voici encore la mienne.

AGATHE

Prends la mienne aussi.

JONAS.

Nenni, nenni, gardez votre gâteau, mes jolies demoiselles; j'en ai assez d'un morceau : ce n'est pas avec ces friandises qu'on se rassasie.

CHARLES, *ironiquement.*

Il a raison; cela lui ferait perdre sa belle voix.

SOPHIE, *à Charles.*

Personne ne t'a demandé ta portion.

CHARLES.

Oh! il y a long-temps que je l'ai croquée.

SAINT-FIRMIN, *à Jonas.*

Allons, mon ami, veux-tu goûter d'abord de ton gâteau?

JONAS.

Nenni, mon beau monsieur; puisque vous voulez bien me le donner, souffrez que je l'enveloppe dans mon mouchoir pour l'emporter avec moi.

SOPHIE.

Attends un peu, je te donnerai un morceau de linge plus propre; tu peux, en attendant, mettre le morceau sur la fenêtre.

JONAS.

Oui, ma petite demoiselle; je suis ici pour jouer du violon, et non pour manger.

AGATHE.

Je voudrais bien danser un menuet avec M. de Saint-Firmin. En sais-tu quelqu'un?

JONAS.

Tout ce qu'il vous plaira : un menuet, une allemande, une ronde.

AGATHE.

Voyons d'abord le menuet. (*Saint-Firmin prend la main d'Agathe, et se prépare à danser.*)

CHARLOTTE.

Pourquoi n'en danserions-nous pas deux à la fois. (*Elle s'avance vers Charles.*), M. Charles?

CHARLES.

Excusez-moi, mademoiselle; je ne sais pas danser.

SOPHIE.

Il a pourtant appris deux ans entiers.

CHARLES.

C'est que je ne suis pas d'humeur fringante aujourd'hui.

CHARLOTTE, *lui faisant la révérence.*

Ainsi me voilà refusée.

SOPHIE.

Mon petit cousin, prête-même ton chapeau. (*d*

Charlotte.) J'aurai l'honneur, mademoiselle, d'être votre cavalier.

AGATHE.

Et si nous dansions un menuet à quatre ?

SAINT-FIRMIN.

Mademoiselle, je suis à vos ordres. (*Elles dansent un menuet à quatre ; et, lorsqu'il est fini, Charlotte va prendre Saint-Firmin.*)

CHARLOTTE.

M. de Saint-Firmin, je veux aussi danser avec vous.

SAINT-FIRMIN.

Je serai ravi, mademoiselle, d'avoir cet honneur.

AGATHE.

Je veux maintenant être ton cavalier, Sophie.

SOPHIE.

Je perds à tout cet arrangement mon petit cousin ; mais il faut bien que je fasse à ces demoiselles les honneurs de ta complaisance. (*Elles dansent un second menuet. Pendant ce temps, Charles s'approche de la fenêtre, prend le gâteau de Jonas, et se glisse hors de la chambre.*)

SOPHIE, *à Saint-Firmin, qui s'essuie le front.*

Ah ! te voilà rendu ! il faut convenir que nous autres demoiselles, nous sommes dix fois plus fortes sur nos jambes que vous, messieurs.

SAINT-FIRMIN.

C'est que vous avez bien plus d'agilité.

AGATHE, *à Saint-Firmin.*

Si votre cousin était aussi complaisant que vous,

nous vous aurions bientôt mis sur les dents; car l'une de nous pourrait reprendre haleine, tandis que les deux autres danseraient. (*Elles cherchent Charles de tous côtés.*)

CHARLOTTE.

Ah! il s'en est allé! tant mieux.

JONAS.

Jouerai-je encore un petit air?

SAINT-FIRMIN.

Non, c'en est assez; à moins que vous n'en demandiez davantage, mesdemoiselles? Le pauvre malheureux ne sera pas fâché d'aller gagner ailleurs quelque chose. Je vous ai déjà dit le peu que j'avais dans ma bourse; et Charles a esquivé sa contribution.

CHARLOTTE.

Nous voulons toutes contribuer avec vous.

AGATHE.

Cela va sans dire. (*Elle tire sa bourse.*) Tenez, M. de Saint-Firmin, voilà mes douze sous.

CHARLOTTE.

Voilà aussi les miens.

SOPHIE.

Tiens, mon petit cousin, voici une pièce de vingt-quatre sous : garde ton argent; ce sera pour nous deux.

SAINT-FIRMIN.

Non, non, Sophie; je dois être le premier à payer (*Il rassemble toutes les pièces, et les donne à Jonas.*)

JONAS.

Je ne prendrai jamais tout cela : ce beau petit monsieur ne m'a promis que douze sous.

SAINT-FIRMIN.

Prends tout, mon ami ; nous avons tant de plaisir de pouvoir te faire du bien !

JONAS.

Que le bon Dieu vous en récompense ! (*à Sophie.*) A présent, mademoiselle, si vous vouliez avoir la complaisance de me donner un mauvais morceau de linge pour envelopper le gâteau que vous m'avez fait prendre.

SOPHIE.

Je l'avais oublié. (*Elle court à une petite commode, et en tire un mouchoir.*) Tiens, il est un peu usé ; mais il servira bien pour cela.

JONAS.

Voyez, il n'est encore que trop bon. Je n'ose pas le recevoir.

SOPHIE.

Je ne puis plus m'en servir, et je l'aurais donné à un autre.

JONAS.

Que le bon Dieu vous récompense de votre générosité ! (*Il va à la fenêtre pour prendre le gâteau.*)

SOPHIE.

Donnez-le-moi, que je l'enveloppe. (*On cherche inutilement le gâteau.*)

JONAS, *tristement.*

Il n'y est plus.

SOPHIE.

C'est un bien mauvais garnement! Il aura pris la portion du petit malheureux!

JONAS.

N'en soyez pas fâchée, ma petite jolie demoiselle; je ne le regrette que par rapport à mon pauvre père.

SAINT-FIRMIN.

Si Charles n'était pas ton frère, sa gourmandise lui coûterait cher; mais il ne faut pas que le père de Jonas en souffre. Ma chère Sophie, si tu voulais me prêter les douze sous que tu voulais donner pour moi tout à l'heure?

SOPHIE.

Non, mon cousin; je veux en avoir le mérite à moi seule. (*A Jonas.*) Tiens, voilà douze sous; achète à ton père un autre morceau de gâteau. (*Charlotte et Agathe fouillent dans leurs bourses.*)

CHARLOTTE.

Tiens, voici encore quelque monnaie.

AGATHE.

Prends donc.

JONAS.

Bon Dieu! bon Dieu! non; c'est trop.

SAINT-FIRMIN, *lui tendant la main avec attendrissement.*

Que je suis malheureux de n'avoir rien de plus à te donner! Mais je suis orphelin; et je vis comme toi, des bienfaits des autres.

JONAS, *à Saint-Firmin.*

Je voudrais que vous ne m'eussiez pas amené ici, ou que vous reprissiez votre argent.

SAINT-FIRMIN.

Ne te mets pas en peine de moi. Adieu; va chercher à gagner ta vie.

JONAS, *en sortant, à Sophie.*

Voilà votre mouchoir, ma jolie demoiselle.

SOPHIE.

Garde-le, si tu en as besoin.

JONAS.

Que le ciel vous conserve toutes en santé, et vous rende encore plus jolie. (*Il sort.*)

SCÈNE IX.

SOPHIE, CHARLOTTE, AGATHE, SAINT-FIRMIN.

SOPHIE.

Concevez-vous quelque chose de plus indigne que la conduite de Charles?

AGATHE.

Il ne s'aviserait pas de ces tours, si j'étais sa sœur.

CHARLOTTE.

Je suis affligée qu'il ait détruit toute la joie que nous avions de faire du bien à ce petit malheureux.

AGATHE.

Il n'est pas maintenant trop à plaindre; le gâteau lui a été bien payé.

SAINT-FIRMIN.

Il est vrai, grâce à votre générosité : mais cela ne justifie pas l'action de Charles; et le pauvre Jonas aurait pu avoir l'un sans perdre l'autre.

SOPHIE.

C'est toi, mon petit cousin, qui en souffres le plus. Tu t'es privé de ta portion; et c'est mon vaurien de frère qui l'a mangée. (*On frappe à la porte.*)

SCÈNE X.

AGATHE, CHARLOTTE, SOPHIE, SAINT-FIRMIN, JONAS.

SAINT-FIRMIN.

Voici encore notre petit violon. Que nous veux-tu, mon ami?

JONAS, *en pleurant.*

Ah! Dieu! Dieu! secourez-moi; je suis perdu. (*Les enfans s'assemblent autour de lui.*)

SOPHIE.

Que t'est-il donc arrivé?

JONAS.

Toute ma pauvre richesse... avec laquelle je me nourrissais moi et mon père... Voyez, voyez... mon petit violon... il est tout en pièces; et votre mouchoir, votre argent... tout est perdu... il m'a tout pris...

SAINT-FIRMIN.

Et qui t'a brisé ton violon? qui t'a pris ton argent?

JONAS.

Celui..... celui qui m'avait déjà pris mon gâteau.

SOPHIE.

Mon frère? est-il possible!

SAINT-FIRMIN.

Charles?

CHARLOTTE.

C'est incroyable!

AGATHE.

Oh! le scélérat!

JONAS.

Oui, c'est lui, c'est lui. Je passais le seuil de la porte : voilà qu'il s'approche de moi, et qu'il me demande si j'avais été payé de ma musique, sans quoi il allait me payer. Oh! oui, je l'ai été, lui ai-je répondu; sûrement je n'ai été que trop bien payé. Où prennent-ils donc cet argent? a-t-il dit. Voyons un peu ce qu'on t'a donné. Et moi, imbécile que je suis! j'aurais dû penser au gâteau; mais je n'y pensais plus. J'étais si joyeux d'apporter tant d'argent à mon père! Je n'en avais pas fait le compte, j'étais bien aise de le savoir. Je pose mon violon à terre, à côté de moi. Je tire ensuite le mouchoir. Voilà qui est encore par-dessus le marché, lui ai-je dit; c'est une des petites demoiselles qui me l'a donné. J'avais mis dedans tout mon argent. Quand j'ai voulu le dénouer, il a sauté dessus. J'ai deviné sa malice. Il tire à lui; je tire à moi. Tout-à-coup il aperçoit que mon violon est par terre; il y met ses deux pieds en trépignant. Les bras me sont tombés. J'ai lâché le mouchoir, il l'a pris, et s'est enfui. Mon violon et l'archet sont tout brisés, et je n'ai plus ni le mouchoir, ni l'argent. O mon père! mon pauvre père! qu'allons-nous devenir?

SOPHIE.

Mais effectivement, je ne le sais pas... je n'ai plus rien du tout. O mon cher cousin!

CHARLOTTE, *à Jonas.*

Voici quelques petites pièces; c'est tout ce que j'ai sur moi.

JONAS.

Ma belle demoiselle, je vous remercie; mais pour cela je ne puis pas avoir un violon. O mon pauvre père! il y a plus de quinze ans qu'il l'avait.

AGATHE.

Prends encore ceci; c'est le fond de ma bourse.

SOPHIE, *court à sa commode.*

Voilà mon dé; il est d'or : cours le vendre, mon pauvre ami; j'en ai un d'ivoire qui me servira à la place.

SAINT-FIRMIN.

Non, garde ton dé, ma petite cousine. Attends, mon ami; je puis te tirer d'embarras. (*Il se baisse, ôte ses boucles, et les lui donne.*) J'en ai une autre paire de similor. Tu auras sûrement douze francs de celles-ci. Elles sont bien à moi ; c'est mon parrain qui me les a données pour le jour de ma fête. (*Sophie lui présente son dé, et Saint-Firmin ses boucles : Jonas hésite à les prendre.*)

JONAS.

Non, je ne veux rien prendre de cela, mon père croirait que je l'ai dérobé.

SOPHIE.

Prends au moins mon dé.

SAINT-FIRMIN.

Veux-tu prendre mes boucles ? Tu me mettrais en colère, prends, te dis-je.

JONAS.

Ah ! Dieu de bonté, vous voulez que je vous prive de vos bijoux ?

SAINT-FIRMIN.

Ne t'en mets pas en peine. Dieu me rendra peut-être plus que je ne te donne. Ton père a besoin de pain ; moi, je n'ai pas de père à nourrir.

SOPHIE.

Va, va, et prends garde à bien faire tes petites affaires.

JONAS.

Reprenez au moins votre dé.

SOPHIE.

Je n'y pense plus.

CHARLOTTE.

Si tu passe jamais devant chez nous j'aurai soin de toi.

AGATHE

C'est à la place Royale, tout vis-à-vis la Tête du cheval. Tu n'as qu'à demander les demoiselles de Saint-Félix, au premier.

JONAS.

Oh! les gens qui demeurent au premier me renvoient toujours; je ne monte jamais que tout-à-fait dans le haut de la maison.

SOPHIE.

C'en est assez; ton père est peut être inquiet sur ton compte, et le nôtre pourrait venir.

JONAS.

Comment, monsieur votre père? est-ce que vous l'attendez tout à l'heure?

SOPHIE.

Oui, va-t'en; et puis le coquin qui ta enlevé ton mouchoir et ton argent, pourrait encore t'enlever ceci.

JONAS.

Vous êtes bien sûrs au moins qu'on ne vous grondera pas?

SAINT-FIRMIN.

Non, ne crains rien. Adieu.

JONAS, *en sortant.*

Les bons petits cœurs!

SCÈNE XI.

SOPHIE, CHARLOTTE, AGATHE, SAINT-FIRMIN.

CHARLOTTE.

Je suis bien fâchée que vous vous soyez défait de vos boucles, M. de Saint-Firmin.

AGATHE.

Vous me donnez là un bel exemple.

SAINT-FIRMIN.

C'est celui que j'ai reçu de Sophie. Si je n'avais pas vu faire à Charles une si vilaine action, je me réjouirais d'avoir trouvé l'occasion de faire une bonne œuvre. Que je vais regarder mes boucles de similor avec plaisir !

SCÈNE XII.

M. DE MELFORT, SOPHIE, AGATHE, CHARLOTTE, SAINT-FIRMIN, JONAS.

(*Les enfans s'assemblent en peloton; Sophie et Saint-Firmin regardent un peu de travers le petit Jonas, et se parlent à l'oreille.*)

M. DE MELFORT, *aux demoiselles de Saint-Félix.*

Bonjour, mesdemoiselles ; je vous remercie de l'honneur que vous avez fait à ma fille ; mais permettez-moi, je vous prie, d'écouter en votre présence ce petit garçon. Il m'attendait sur l'escalier ; et il ne veut pas me quitter sans m'avoir parlé devant vous. (*A Jonas.*) Voyons, qu'as-tu à me dire?

JONAS, *à Sophie et à Saint-Firmin.*

Mes bonnes petites personnes, je vous prie, pour l'amour de Dieu, de ne m'en vouloir pas de mal : mais je ne puis me taire, et ce serait mal fait à moi si je gardais ce que vous m'avez fait prendre, sans le consentement de votre père. Je sais que les enfans n'ont rien à donner.

M. DE MELFORT.

Qu'est-ce donc que ceci.

JONAS.

Je vais vous le dire. Ce jeune monsieur m'appelle par la fenêtre, pour amuser, avec mon violon, ces petites demoiselles. Il y avait encore un autre petit monsieur bien joli, mais un bien méchant coquin.

M. DE MELFORT.

Quoi! mon fils?

JONAS.

Pardonnez-moi, cela m'est échappé. Je joue de mon mieux les airs que je sais ; et ces bonnes petites personnes me font la grâce de me donner un morceau de gâteau, et un mouchoir pour l'envelopper, avec une poignée de petites pièces : je ne sais pas ce qu'il y avait.

M. DE MELFORT.

Eh bien !

JONAS.

Eh bien ! le méchant petit monsieur m'a pris le

gâteau que je voulais porter à mon pauvre père, qui est aveugle. Passe pour cela. Mais il sort de la chambre en cachette ; et, lorsque je me retire tout joyeux avec mon petit paquet, il me guette au passage, me prend le mouchoir avec tout l'argent, et met mon violon en pièces. Tenez, le voyez-vous ? (*Il se met à pleurer.*) Toute ma richesse, avec laquelle je me nourrissais, moi et mon père.

M. DE MELFORT.

Dis-tu vrai ? Ce serait une effroyable méchanceté. Quoi ! mon fils...

CHARLOTTE.

Sa conduite, dans tout le reste, rend ceci très-croyable. Demandez à Sophie elle-même.

M. DE MELFORT.

Va, mon ami, ne t'afflige pas ; je saurai te dédommager : mais est-ce là tout ?

JONAS.

Non, monsieur ; écoutez seulement. Dans le chagrin où j'étais, je suis rentré pour raconter l'aventure à ces bonnes petites personnes. Elles n'avaient pas assez d'argent pour payer le dommage. Voilà cette jolie demoiselle qui me donne son dé d'or, et ce jeune monsieur ses boucles d'argent. Je ne pouvais pas les prendre : mon père aurait cru que je les aurais volées. Je savais que vous alliez revenir ; je vous ai attendu pour vous les rendre : les voici....
Mais je n'ai donc plus de violon. O mon violon ! ô mon pauvre père !

M. DE MELFORT.

Que viens-tu de me raconter? Est-ce toi; est-ce vous, mes braves enfans, que je dois le plus admirer! Excellente petite créature! dans une extrême indigence tout perdre; et, dans la crainte de faire le mal, courir le risque de laisser mourir de faim un père que tu aimes!

JONAS.

Est-ce donc si beau de ne pas être un méchant? Non, le pain mal gagné ne profite pas : c'est ce que mon père et ma mère m'ont toujours dit. Si vous vouliez seulement m'acheter un violon, tout serait réparé. Ce que le dé et les boucles m'auraient valu de plus, c'est le bon Dieu qui m'en tiendra compte.

M. DE MELFORT.

Il faut que ton père et toi, vous ayez une droiture bien extraordinaire, pour ne pas soupçonner seulement la corruption des autres hommes! Dieu veut se servir de moi pour répandre sur vous ses bienfaits. Reste avec nous. Je veux d'abord te mettre auprès de Saint-Firmin; nous verrons ensuite ce que nous aurons de mieux à faire.

JONAS.

Quoi! auprès de ce petit ange? oh! je suis transporté de joie. (*Il baise la main de Saint-Firmin.*) Mais non (*avec tristesse*), je ne veux pas laisser mon père tout seul. Sans moi comment ferait-il pour vivre? Quoi! je serais dans la richesse, et il mourrait de faim! Oh! non.

M. DE MELFORT.

Excellent enfant! et qui est ton père?

JONAS.

Un vieux paysan aveugle que je nourrissais avec mon violon. Il est vrai qu'il ne mange, comme moi, qu'un morceau de pain avec du lait cru. Mais le bon Dieu nous en donne toujours assez pour la journée; et nous ne nous mettons pas en peine du lendemain : il y pourvoit aussi.

M. DE MELFORT.

Eh bien! je veux prendre soin de ton père; et, s'il y consent, je le ferai entrer dans une maison de charité, où l'on a une attention extrême pour les vieillards et les infirmes. Tu pourras l'y aller voir quand tu voudras. (*Jonas pousse un cri de joie, et court tout autour de la chambre, comme hors de lui-même.*)

JONAS.

O Dieu! mon pauvre père! non, cela va le faire mourir de plaisir. Je ne puis rester plus long-temps; il faut que je l'aille chercher, et que je vous l'amène ici. (*Il court vers la porte. Sophie et Saint-Firmin prennent la main de M. de Melfort, et s'essuient les yeux.*)

SCÈNE XIII.

M. DE MELFORT, SOPHIE, AGATHE, CHARLOTTE, SAINT-FIRMIN.

M. DE MELFORT.

O mes chers enfans! que ce jour aurait été heureux pour moi, si, en admirant la générosité de vos sentimens, la pensée de l'indignité de mon fils ne venait empoisonner mon bonheur! Mais non, il ne doit pas l'empoisonner. Dieu m'a fait présent d'un autre fils en toi, mon cher Saint-Firmin : si tu ne l'es pas par la naissance, tu l'es par les liens du sang, et par un cœur digne de moi. Oui, tu seras seul mon fils.... Mais, où est Charles? va le chercher, et amène-le-moi tout de suite ici. (*Saint-Firmin sort.*)

SOPHIE.

Il y a près d'une heure que nous ne l'avons vu. Pendant que le petit garçon nous faisait danser un menuet, il a disparu avec sa portion de gâteau.

SAINT-FIRMIN, *en rentrant.*

On l'a vu entrer ici près, chez un confiseur. J'ai dit à Lafleur de l'aller chercher.

M. DE MELFORT.

Mes enfans, passez dans mon cabinet; je veux savoir ce qu'il aura l'effronterie de me répondre. Quand j'aurai besoin de témoins, je vous appellerai.

CHARLOTTE ET AGATHE.

En ce cas, nous allons nous retirer.

M. DE MELFORT.

Non, mes enfans; je vais envoyer dire à vos parens que vous passerez ici le reste de la soirée. Vraisemblablement le vieux Jonas et son digne fils seront nos convives. J'ai besoin de quelque baume pour la cruelle blessure que Charles a faite à mon cœur; et je n'en connais point de plus salutaire que l'entretien d'aimables enfans comme vous.

SOPHIE, *prêtant l'oreille.*

Je croix entendre venir Charles. (*M. de Melfort ouvre la porte de son cabinet; les enfans s'y retirent.*)

SCÈNE XIV.

M. DE MELFORT.

Il y a long-temps que je craignais cette affreuse découverte; mais je ne l'aurais jamais soupçonné de pareilles horreurs. Il est peut-être encore temps de le guérir de ses vices. Hélas! pourquoi faut-il y employer des remèdes désespérés?

SCÈNE XV.

M. DE MELFORT, CHARLES.

CHARLES.

Que me voulez-vous, mon papa?

4.

M. DE MELFORT.

D'où viens-tu? n'étais-tu pas dans ta chambre?

CHARLES.

Notre précepteur est sorti; Saint-Firmin était descendu. Après avoir travaillé tout l'après-midi, je me suis ennuyé d'être seul.

M. DE MELFORT.

Que n'es-tu allé joindre, comme Saint-Firmin, la petite société que j'ai trouvée chez ta sœur?

CHARLES.

C'est ce que j'ai fait aussi; mais ces demoiselles se sont si mal comportées envers moi....

M. DE MELFORT.

Comment donc? tu m'étonnes.

CHARLES.

D'abord elles ont pris du thé, mais sans vouloir m'en donner une goutte : elles m'ont fait, au contraire, toutes sortes de malices. Saint-Firmin a ramassé dans la rue un petit mendiant pour leur jouer du violon. Il lui a donné du gâteau qu'on leur avait servi; à moi, pas un morceau. On a dansé; aucune de ces demoiselles n'a voulu danser avec moi, quoiqu'elles fussent trois, et qu'il n'y eût d'autre cavalier que Saint-Firmin. Q'aurais-je fait ici? je suis descendu sur la porte, pour voir passer le monde.

M. DE MELFORT.

Sur la porte seulement! Que s'est-il donc passé au coin de la rue, entre le petit musicien et toi? Certaines gens m'ont dit que tu l'avais battu, que tu avais brisé son violon, et qu'il s'en était allé en pleurant.

CHARLES.

Cela est vrai, mon papa; et, si je n'avais pas eu le cœur aussi bon, j'aurais appelé la garde pour le faire mettre au cachot. Écoutez-moi un peu. Lorsque je l'ai vu sortir d'ici, je me suis dit : Il faut que tu donnes aussi quelque chose à ce petit malheureux pour sa peine; car je sais que Saint-Firmin n'a rien à lui, et qu'un mendiant n'est pas bien payé avec un morceau de gâteau. J'ai pris dans ma bourse quelque monnaie que je lui ai donnée; il a tiré un mouchoir pour l'y mettre. Je m'aperçois que c'est un mouchoir de ma sœur; voyez la marque. Je l'ai prié de me le rendre de bonne grâce; il ne l'a pas voulu. Je l'ai pris au collet, et, par hasard, j'ai mis le pied sur son violon.

M. DE MELFORT, *avec ma colère.*

Cessez, lâche menteur; je ne veux plus vous écouter.

CHARLES *s'approche de lui, et veut lui prendre la main.*

Mais, mon papa, pourquoi êtes-vous fâché?

M. DE MELFORT.

Fuis, méchant; ôte-toi de mes yeux : tu me fais horreur. (*Il fait sortir les enfans du cabinet.*)

SCÈNE XVI.

M. DE MELFORT, SOPHIE, AGATHE, CHARLOTTE, CHARLES, SAINT-FIRMIN.

M. DE MELFORT.

Venez, mes chers enfans, je ne veux plus voir que ceux qui méritent mon amour; et toi, sors pour jamais de ma présence. Mais non, demeure; il faut que tu reçoives auparavant ton arrêt. (*A Sophie et à Saint-Firmin.*) Vous avez entendu ses accusations contre vous?

SOPHIE.

Oui, mon papa; et, si cela n'était pas nécessaire pour notre justification, je ne dirais pas un mot contre lui, de peur d'augmenter votre colère.

CHARLES.

Ne croyez rien de ce qu'elle va vous dire.

M. DE MELFORT.

Tais-toi; j'ai déjà la preuve que tu es un détestable menteur. Le mensonge conduit au vol et au meurtre. Tu as déjà commis le premier crime; et il ne te manque peut-être que des forces pour commettre le second. Parle, ma fille.

SOPHIE.

Premièrement, il ne s'est occupé de rien cet après-midi; c'est Saint-Firmin qui lui a fait sa version.

M. DE MELFORT.
Cela est-il vrai?
SAINT-FIRMIN.
Je ne puis en disconvenir.
SOPHIE.
Ensuite il a jeté une tasse de thé sur la robe d'Agathe; et, tandis que nous étions occupées à l'essuyer, il est resté à table, et a vidé toute la théière: il ne nous en est pas resté une goutte. En voici des témoins (*montrant les demoiselles de Saint-Félix.*) A l'égard du gâteau....
M. DE MELFORT.
C'en est assez; toutes tes méchancetés sont découvertes : monte dans ta chambre pour aujourd'hui; dès demain au matin je te chasse de la maison. Je te laisserai le temps de te corriger avant que tu y rentres; et, si cela ne réussit pas, il ne manque pas de cachots où l'on renferme les scélérats qui troublent la société par leurs crimes. Saint-Firmin, dis à Lafleur de le garder à vue dans sa chambre : tu recommanderas en même temps qu'on m'envoie le précepteur aussitôt qu'il sera de retour.
SOPHIE et SAINT-FIRMIN, *intercédant pour lui.*
Mon cher papa, mon cher oncle....
M. DE MELFORT.
Je ne veux rien entendre en sa faveur. Celui qui est capable d'arracher au pauvre le salaire qu'il a gagné, de lui briser l'instrument de ses travaux, et de chercher à se justifier de ces atrocités par le mensonge et par la calomnie, doit être retranché de la

société des hommes. Je loue le ciel de ce qu'il me laisse encore de braves enfans comme vous : c'est vous qui serez ma consolation ; et c'est avec vous que je veux me réjouir ce soir, autant que peut le faire un père qui a un fils d'un si mauvais naturel.

LE FOURREAU DE SOIE.

La jeune Marthonie avait porté, jusqu'à l'âge de huit ans, de simples fourreaux de toile blanche. Des souliers unis de maroquin chaussaient ses pieds mignons. Sa chevelure d'ébène, abandonnée à ses caprices, flottait en boucles naturelles sur ses épaules.

Elle se trouva un jour en société avec d'autres petites demoiselles de son âge, qu'on avait déjà parées comme de grandes dames, et la richesse de leur habillement réveilla dans son cœur un premier sentiment de vanité.

Ma chère maman, dit-elle en rentrant au logis, je viens de rencontrer les demoiselles de Floissac, dont l'aînée est encore plus jeune que moi. Ah ! comme elles étaient joliment adonisées ; leurs parens doivent avoir bien du plaisir de les voir si brillantes. Vous êtes aussi riche que leur mère. Donnez-moi aussi un fourreau de soie et des souliers brodés, et permettez qu'on donne un tour de frisure à mes cheveux.

Mme de JONCOURT.

Je ne demande pas mieux, ma fille, si cela fait ton bonheur; mais je crains bien qu'avec toute cette élégance, tu ne sois plus aussi heureuse que tu l'as été jusqu'à présent dans la simplicité de tes habits.

MARTHONIE.

Et pourquoi donc, maman, je vous prie?

Mme DE JONCOURT.

C'est qu'il te faudra vivre dans une frayeur continuelle de salir ou même de chiffonner tes ajustemens. Une parure aussi recherchée que celle que tu désires, demande la plus excessive propreté pour faire honneur à celle qui la porte : une seule tache en ternirait tout l'éclat. Il n'y a pas moyen d'envoyer un fourreau de soie au blanchissage pour lui rendre son premier lustre : et, quelques richesses que tu me supposes, elles ne suffiraient pas à le renouveler tous les jours.

MARTHONIE.

Oh! si ce n'est que cela, maman, soyez tranquille! j'y veillerai de tous mes yeux.

Mme DE JONCOURT.

A la bonne heure, ma fille. Mais souviens-toi que je t'ai prévenue des chagrins que peut te coûter ta vanité.

Marthonie, insensible à la sagesse de cet avis, ne perdit pas un moment à détruire tout le bonheur de son enfance. Ses cheveux qui, jusqu'alors, avaient joui de leur aimable liberté, furent emprisonnés en d'étroites papillottes qu'on mit encore à la presse entre deux fers brûlans ; et leur beau noir de jais, qui relevait avec tant d'éclat la blancheur de son front, disparut sous une couche de poudre cendrée.

Deux jours après, Marthonie eut un fourreau de taffetas du plus joli vert-de-pomme, avec des nœuds de ruban rose-tendre, et des souliers de la même couleur, brodés en paillettes. Le goût qui régnait dans ses habits, leur fraîcheur et leur propreté charmaient les regards ; mais tous les membres de Marthonie y paraissaient à la gêne : ses mouvemens n'avaient plus leur aisance accoutumée ; et sa physionomie enfantine, au milieu de tout cet appareil, semblait avoir perdu les grâces de la candeur et de la naïveté.

La petite fille était cependant enchantée de cette métamorphose. Ses yeux se promenaient avec complaisance le long de toute sa petite personne, et ne s'en écartaient que pour aller chercher à la dérobée, dans l'appartement, une glace qui pût lui retracer son idole.

Elle avait eu l'adresse de faire inviter ce jour-là, par sa maman, toutes ses jeunes amies, pour jouir de leur surprise et de leur admiration. Elle se pavanait fièrement devant elles, comme si elle était parvenue à la royauté, et qu'elles fussent soumises à son empire. Hélas ! ce règne brillant eut une bien courte durée, et fut semé de bien des soucis !

On avait proposé aux enfans une promenade hors

des murs de la ville ; Marthonie se mit à leur tête, et l'on arriva bientôt dans une campagne délicieuse.

Une prairie verdoyante s'offrit la première à leurs regards. Elle était émaillée des plus jolies fleurs, autour desquelles voltigeaient des papillons, peints de couleurs bigarrées. Les petites demoiselles allèrent à la chasse des papillons. Elles les attrapaient avec adresse sans les blesser ; et, lorsqu'elles avaient admiré leurs couleurs, elles les laissaient s'envoler, et suivaient des yeux leur vol inconstant. Elles cueillirent aussi des fleurs choisies, dont elles composaient les plus jolis bouquets.

Marthonie qui, par fierté, avait d'abord dédaigné ces amusemens, voulut bientôt prendre sa part de la joie qu'ils inspiraient. Mais on lui représenta que le gazon pouvait être humide, et qu'il gâterait ses souliers et son fourreau.

Elle fut donc obligée de rester toute seule et sans bouger, tandis qu'elle voyait folâtrer ensemble ses heureuses compagnes. Le plaisir de contempler sa robe vert-de-pomme était bien triste en comparaison.

Au bout de la prairie s'élevait un joli bosquet. On entendait, avant d'y arriver, le chant des oiseaux, qui semblaient inviter les voyageurs à venir y goûter la fraîcheur de son ombrage. Les enfans y entrèrent en sautant de joie. Marthonie voulait les suivre ; mais on lui dit que sa garniture de gaze serait déchirée par tous les buissons. Elle voyait ses amies jouer aux quatre coins, et se poursuivre légèrement entre les arbres. Plus elle entendait de cris de plaisir, plus elle ressentait de dépit et d'humeur.

Sophie, la plus jeune de ses compagnes, qui la voyait de loin se désoler, eut pitié de sa peine. Elle venait de trouver un endroit couvert de fraises sauvages, d'un goût exquis; elle lui fit signe de la venir joindre pour en manger avec elle. Marthonie voulut l'aller trouver; mais, au premier pas qu'elle fit, un cri de douleur remplit tout le bosquet. On accourut, et on trouva Marthonie accrochée par les rubans et la gaze de son chapeau à une branche d'aubépine, dont elle ne pouvait se débarrasser. On se hâta de détacher les longues épingles qui retenaient le chapeau sur sa tête; mais, comme ses cheveux crêpés se trouvaient aussi mêlés dans l'aventure, il lui en coûta une boucle presque entière, et l'édifice élégant de sa coiffure fut absolument renversé.

On n'aura pas de peine à imaginer combien ses amies, qu'elle se plaisait à humilier par le faste de sa parure, furent peu attristées de ce fâcheux évènement. Au lieu des consolations qu'elle aurait dû en attendre dans son malheur, mille brocards malins furent lancés contre elle. On la quitta bientôt pour aller chercher de nouveaux plaisirs sur une colline qui se présentait de loin à la vue.

Marthonie eut bien de la peine à y parvenir. Ses souliers étroits gênaient sa marche, et son corset embarrassait sa respiration. Elle aurait bien souhaité alors être déjà rentrée à la maison pour se mettre à son aise; mais il n'était pas raisonnable d'exiger que toutes ses amies fussent privées, pour elle, de leurs amusemens.

Elles étaient déjà montées sur le sommet de la colline, et jouissaient de la charmante perspective qu'un vaste horizon présentait à leurs yeux enchantés. On découvrait de toutes parts de vertes prairies, des champs couverts de riches moissons, des ruisseaux qui serpentaient dans la plaine, et dans l'éloignement une large rivière, dont les bords étaient couronnés de superbes châteaux. Ce spectacle magnifique charmait leurs regards. Elles se récriaient de joie et d'admiration, tandis que la pauvre Marthonie, assise au pied de la colline, et n'ayant devant les yeux que d'horribles rochers, était rongée de tristesse et d'ennui.

Elle eut le temps de faire, dans sa solitude, des réflexions bien amères. Ah! se disait-elle en elle-même, à quoi me servent maintenant ces beaux habits? Quels doux plaisirs ils m'empêchent de goûter! et quelles douleurs ils me font souffrir!

Elle s'abandonnait à ces affligeantes pensées, lorsqu'elle entendit ses compagnes descendre précipitamment, et lui crier de loin : Viens, Marthonie, sauvons-nous, sauvons-nous; voilà un orage terrible qui s'élève derrière la colline. Ta robe va être abîmée, si tu ne te dépêches de courir.

Marthonie sentit ses forces renaître par la crainte du malheur dont on la menaçait. Elle oublia sa fatigue, ses meurtrissures et ses étouffemens, pour hâter sa course. Mais, malgré l'aiguillon dont elle était pressée, elle ne pouvait suivre que de loin ses compagnes vêtues bien plus légèrement. D'ailleurs, elle était à tout moment arrêtée, tantôt par son panier dans les sentiers étroits, par sa queue traînante à travers les pierres et les ronces; tantôt par l'échafaudage de sa chevelure, sur laquelle l'impétuosité du vent faisait courber les branches des arbustes et des buissons.

Au même instant l'orage éclata dans toute sa fureur, et il tomba une pluie mêlée d'une grêle épaisse, au moment précis où les enfans venaient de regagner la maison de leurs pères.

Enfin, Marthonie arriva trempée jusqu'aux os. Elle avait laissé en chemin un de ses souliers dans la fange, et la tempête avait emporté son chapeau dans le milieu d'un bourbier.

On eut toutes les peines du monde à la déshabiller, tant la sueur et la pluie avaient collé sa chemise sur son corps; et sa parure se trouva perdue sans ressource.

Veux-tu que je te fasse faire demain un autre fourreau de soie, lui dit froidement sa mère, en la voyant noyée dans les larmes?

Oh! non, non, maman, répondit-elle en se jetant dans ses bras. Je sens bien maintenant qu'une élégante parure ne rend pas plus heureux. Laissez-moi reprendre mes premiers habits, et pardonnez-moi ma folie.

Marthonie, avec les vêtemens de l'enfance, reprit sa modestie, ses grâces, sa liberté ; et sa maman n'eut point de regret à une perte qui rendait à sa fille le bonheur que son imprudence et sa vanité allaient peut-être lui ravir sans cette malheureuse leçon.

PERSONNAGES.

M. D'ORVAL.
AUGUSTE, son fils.
HENRIETTE, sa fille.
RENAUD, l'aîné,
RENAUD, le cadet,
DUPRÉ, l'aîné,
DUPRÉ, le cadet,
} amis d'Auguste.
CHAMPAGNE, domestique de M. d'Orval.

La scène est à Paris, dans l'appartement d'Auguste.

L'ÉPÉE.

Drame.

SCÈNE PREMIÈRE.

AUGUSTE.

Ah! c'est aujourd'hui ma fête! On a bien fait de m'en avertir; je ne m'en serais jamais avisé. Bon! cela me vaudra encore quelque chose de mon papa. Mais, quoi? voyons; que me donnera-t-il? Champagne avait quelque chose sous son habit lorsqu'il s'est présenté chez mon papa. Il n'a pas voulu me laisser entrer avec lui. Ah! s'il ne fallait avoir aujourd'hui l'air un peu composé, je lui aurais bien fait montrer de force ce qu'il portait! Mais, chut, je vais le savoir. Voici mon papa.

SCÈNE II.

M. D'ORVAL, *tenant à la main une épée avec le ceinturon;* AUGUSTE.

M. D'ORVAL.

Te voilà, Auguste? J'ai déjà eu le plaisir de t'annoncer ta fête; mais ce n'est pas assez, n'est-ce pas?

AUGUSTE.

Oh! mon papa..... Mais qu'avez-vous donc à la main?

M. D'ORVAL.

Quelque chose qui ne te siéra pas trop mal; une épée, vois-tu?

AUGUSTE.

Quoi! c'est pour moi! Oh! donnez, mon cher papa : je veux être à l'avenir si obéissant, si appliqué.....

M. D'ORVAL.

Ah! si je le croyais! Mais sais-tu bien qu'une épée demande un homme; qu'il ne faut plus être un enfant pour la porter; qu'on doit se conduire avec réflexion et décence; enfin, que ce n'est pas à l'épée de parer son homme, mais à l'homme de parer son épée.

AUGUSTE.

Oh! ce n'est pas l'embarras; je saurai bien parer la mienne, et je n'aurai plus rien de commun avec ces petites gens.....

M. D'ORVAL.

Que veux-tu dire par ces petites gens?

AUGUSTE.

J'entends de ceux qui ne sont pas faits pour porter une épée et un plumet au chapeau; ceux qui ne sont pas nobles, comme vous et moi.

M. D'ORVAL.

Pour moi, je ne connais de petites gens que ceux

qui pensent mal, et ne se conduisent pas mieux; qui sont désobéissans envers leurs parens, grossiers et impolis envers les autres. Ainsi, je vois bien des petites gens parmi les nobles, et bien des nobles parmi ce que tu appelles les petites gens.

AUGUSTE.

Oui; c'est aussi ce que je pense.

M. D'ORVAL.

Que parlais-tu donc tout à l'heure d'épée et de plumet au chapeau? crois-tu que les vraies prérogatives de la noblesse consistent dans ces misères-là? Elles servent à distinguer les états, parce qu'il faut bien que les états soient distingués dans le monde. Mais l'état le plus élevé n'en avilit que davantage l'homme indigne de l'occuper.

AUGUSTE.

Je le crois, mon papa. Mais ce n'est point m'avilir que d'avoir une épée et de la porter.

M. D'ORVAL.

Non. Je veux dire que tu ne te rendras digne de cette distinction que par ta bonne conduite. Voici ton épée, mais souviens-toi.....

AUGUSTE.

Oui, mon papa; vous verrez. (*Il veut mettre l'épée à son côté, et ne peut en venir à bout. M. d'Orval l'aide à la ceindre.*)

M. D'ORVAL.

Comment donc! Elle ne te va pas si mal!

AUGUSTE.

N'est-ce pas? Oh! j'en étais bien sûr!

M. D'ORVAL.

A merveille. Mais n'oublions pas surtout ce que je t'ai dit. Adieu. (*Il fait quelques pas pour sortir, et revient.*) A propos, je viens d'envoyer chercher ta petite société, pour passer ce jour de fête avec toi. Songe à te comporter comme il convient.

AUGUSTE.

Oui, mon papa.

SCÈNE III.

AUGUSTE.

(*Il se promène avec un air de gravité sur la scène, et de temps en temps regarde derrière lui si son épée le suit.*)

Bon! me voici enfin un parfait chevalier. Qu'il me vienne maintenant de ces petits bourgeois! plus de familiarité, dès qu'ils n'ont pas d'épée; et, s'ils le prennent mal, allons, flamberge au vent! Mais, halte-là. Voyons d'abord si elle a une bonne lame. (*Il tire son épée, et prend un air furibond.*) Je crois que tu te moques de moi, mon petit bourgeois? Une, deux! Ah! tu veux te défendre! A mort, canaille.

SCÈNE IV.

HENTIETTE, AUGUSTE.

(*Henriette, qui a entendu les derniers mots, pousse un cri.*)

HENRIETTE.

Eh bien! Auguste, es-tu fou?

AUGUSTE.

C'est toi, ma sœur?

HENRIETTE.

Oui, comme tu vois. Mais que fais-tu de cet outil-là? (*en montrant son épée.*)

AUGUSTE.

Ce que j'en fais? ce qu'un gentilhomme doit en faire.

HENRIETTE.

Et quel est celui que tu veux renvoyer de ce monde?

AUGUSTE.

Le premier qui s'avisera de croiser mon chemin!...

HENRIETTE.

Voilà bien des vies en danger. Et si c'était moi, par hasard?

AUGUSTE.

Si c'était toi!... Je ne te le conseille point. Tu vois que j'ai maintenant une épée. C'est mon papa qui m'en a fait présent.

HENRIETTE.

Apparemment pour aller tuer les gens à tort et à travers ?

AUGUSTE.

Est-ce que je ne suis pas chevalier ? Si l'on ne me rend pas tous les respects qui me sont dus, *pan*, un soufflet ! et si le petit bourgeois veut faire le méchant, l'épée à la main ! (*il veut la tirer du fourreau.*)

HENRIETTE.

Oh ! laisse-la en repos, mon frère. De peur de m'exposer à te manquer involontairement, je voudrais savoir en quoi consiste le respect que tu demandes ?

AUGUSTE.

Tu le sauras bientôt. Mon père vient d'envoyer chercher ma petite société. Que ces polissons ne se conduisent pas respectueusement, et tu verras comme je me comporterai !

HENRIETTE.

Fort bien ! mais je te demande ce qu'il faut faire pour se conduire respectueusement envers toi ?

AUGUSTE.

D'abord, je veux qu'on me fasse de profonds, profonds saluts.

HENRIETTE, *lui faisant d'un air moqueur une profonde révérence.*

Votre servante très-humble, monseigneur mon frère. Est-ce bien comme cela ?

AUGUSTE.

Point de moquerie, s'il te plaît, Henriette; autrement.....

HENRIETTE.

Mais, c'est très-sérieux, je t'assure. Il faut bien savoir remplir ses devoirs envers les personnes respectables. Il ne sera pas mal d'en instruire aussi tes petits amis.

AUGUSTE.

Oh! je veux bien me moquer de ces petits drôles; tirailler l'un, pincer l'autre, les houspiller de toutes les manières.

HENRIETTE.

C'est encore là apparemment un des devoirs de la chevalerie. Mais, si ces drôles ne trouvent pas le jeu plaisant, et qu'ils donnent sur les oreilles à monsieur le chevalier?

AUGUSTE.

Bon! c'est de vil sang bourgeois. Cela n'a ni cœur ni épée.

HENRIETTE.

Vraiment, notre papa ne pouvait te faire un cadeau plus utile. Il a bien vu quel digne chevalier était caché dans son fils, et qu'il ne fallait qu'une épée pour le faire paraître au grand jour.

AUGUSTE.

Écoute, ma sœur : c'est ma fête; il faut bien nous divertir. Au moins, tu n'en diras rien à notre papa?

HENRIETTE.

Pourquoi non? Il ne t'aurait pas donné une épée, s'il n'avait attendu quelque exploit de cette espèce, d'un chevalier tout frais armé. Est-ce qu'il t'aurait recommandé autre chose?

AUGUSTE.

Certainement, oui. Tu sais qu'il me prêche toujours?

HENRIETTE.

Que t'a-t-on donc prêché?

AUGUSTE.

Que sais-je, moi! que c'était à moi de parer mon épée, et non à mon épée de me parer.

HENRIETTE.

En ce cas, tu l'as compris à merveille. Parer son épée, c'est savoir s'en servir : tu veux déjà montrer que tu possèdes ce talent.

AUGUSTE.

Fort bien, ma sœur. Tu penses te moquer? mais je veux bien que tu saches...

HENRIETTE.

Je sais à merveille tout ce que tu peux me dire. Mais sais-tu bien, toi, qu'il manque quelque chose de fort essentiel à l'ornement de ton épée?

AUGUSTE.

Eh quoi donc? (*Il détache son ceinturon et regarde l'épée de tous côtés.*) Je ne vois pas qu'il y manque la moindre chose.

HENRIETTE.

Vraiment, tu es un habile chevalier! Et une rosette? Ah! comme un nœud bleu et argent irait bien sur cette poignée!

AUGUSTE.

Tu as raison, Henriette. Écoute; tu as dans ta toilette un magasin de rubans : ainsi...

HENRIETTE.

J'y pensais : pourvu que tu ne viennes pas, en récompense, me jouer des tours de chevalier et me porter quelque coup d'estramaçon.

AUGUSTE.

La folle! Voici ma main, tope là. Tu n'as rien à craindre. Mais vite, un beau nœud! Lorsque ma petite compagnie viendra, je veux qu'elle me voie dans toute ma gloire.

HENRIETTE.

Donne-la-moi donc.

AUGUSTE, *lui donnant son épée.*

Tiens, la voici. Dépêche-toi. Tu la mettras dans ma chambre, sur la table, pour que je la trouve au besoin.

HENRIETTE.

Repose-t'en sur moi.

SCÈNE V.

AUGUSTE, HENRIETTE, CHAMPAGNE.

CHAMPAGNE.

Les deux messieurs Dupré et les deux messieurs Renaud sont en bas.

AUGUSTE.

Eh bien! ne peuvent-ils pas monter? faut-il que j'aille les recevoir au bas de l'escalier?

CHAMPAGNE.

Madame votre mère m'a ordonné de vous dire de les venir joindre.

AUGUSTE.

Non, non; il est mieux de les attendre ici.

HENRIETTE.

Mais, puisque maman veut que tu descendes!

AUGUSTE.

Ils valent bien la peine qu'on ait pour eux ces égards! Allons, j'y vais tout à l'heure. Eh bien! toi, que fais-tu là? Et mon nœud d'épée? Va, cours; et que je le trouve tout arrangé sur ma table : (*en sortant*) m'entends-tu?

SCÈNE VI.

HENRIETTE.

Le petit insolent! de quel ton il me parle! Par bonheur, j'ai l'épée. C'est un instrument bien placé dans la main d'un petit garçon aussi querelleur! Oui, oui, attends que je te la rende. Mon papa ne te connaît pas comme moi; il faut que j'aille lui conter..... Ah! le voici.

SCÈNE VII.

M. D'ORVAL, HENRIETTE.

HENRIETTE.

Vous venez bien à propos, mon papa ; je courais vous chercher.

M. D'ORVAL.

Qu'as-tu donc de si pressé à me dire ?..... Mais que fais-tu donc de l'épée de ton frère ?

HENRIETTE.

Je lui ai promis d'y mettre un beau nœud ; mais c'était pour tirer de ses mains cette arme dangereuse. N'allez pas la lui rendre, au moins.

M. D'ORVAL.

Pourquoi reprendrais-je un cadeau que je lui ai fait ?

HENRIETTE.

Ayez au moins la bonté de la retenir jusqu'à ce qu'il soit devenu moins turbulent. Je viens de le trouver ici comme Don Quichotte, s'escrimant tout d'estoc et de taille, menaçant de faire ses premières armes contre ses camarades qui viennent le voir.

M. D'ORVAL.

Le petit écervelé ! s'il veut s'en servir pour ces premiers exploits, ils ne tourneront pas à sa gloire, je t'en réponds. Donne-moi cette épée.

HENRIETTE, *lui donnant l'épée.*

Le voici : je l'entends sur l'escalier.

5.

M. D'ORVAL.

Cours faire son nœud, et tu me l'apporteras, lorsqu'il sera prêt. (*Ils sortent.*)

SCÈNE VIII.

AUGUSTE, DUPRÉ l'aîné, DUPRÉ le cadet, RENAUD l'aîné, RENAUD le cadet.

(*Auguste entre le premier, et le chapeau sur la tête; les autres marchent derrière lui la tête découverte.*

DUPRÉ l'aîné, *bas à Renaud l'aîné.*
Voilà une réception bien polie.

RENAUD l'aîné, *bas à Dupré l'aîné.*
C'est apparemment la mode aujourd'hui de recevoir sa compagnie le chapeau sur la tête, et d'entrer chez soi le premier.

AUGUSTE.
Que bredouilles-tu là?

DUPRÉ l'aîné.
Rien, M. d'Orval, rien.

AUGUSTE.
Est-ce quelque chose que je ne dois pas entendre?

RENAUD l'aîné.
Cela pourrait être.

AUGUSTE.
Je veux pourtant le savoir.

RENAUD l'aîné.
Quand vous aurez le droit de me le demander.

DUPRÉ l'aîné.

Doucement, Renaud; il ne nous convient pas dans une maison étrangère.....

RENAUD l'aîné.

Il convient encore moins d'être impoli lorsqu'on est chez soi.

AUGUSTE, *avec hauteur.*

Impoli, moi, impoli? Est-ce parce que je marchais devant vous?

RENAUD l'aîné.

C'est cela même. Lorsque nous avons l'honneur de recevoir votre visite ou celle de toute autre personne, nous cédons toujours le pas.

AUGUSTE.

Vous ne faites que votre devoir. Mais de vous à moi.....

RENAUD l'aîné.

Eh bien! de vous à moi?...

AUGUSTE.

Est-ce que vous êtes noble?

RENAUD l'aîné, *aux deux Dupré et à son frère.*

Laissons-le s'ennuyer avec sa noblesse, si vous m'en croyez.

DUPRÉ l'aîné.

Fi, monsieur d'Orval! Si vous trouvez au-dessous de votre dignité de vous entretenir avec nous, pourquoi nous faire inviter? Nous n'avions pas désiré cet honneur.

AUGUSTE.

Ce n'est pas moi qui vous ai fait venir; c'est mon papa.

RENAUD l'aîné.

Fort bien. Ainsi nous allons trouver monsieur votre père, et le remercier de son honnêteté. En même temps nous lui ferons entendre que son fils tient à déshonneur de nous recevoir. Suis-moi mon frère.

AUGUSTE, *l'arrêtant*.

Vous n'entendez pas le badinage, M. Renaud; je suis charmé de vous voir. Mon papa a voulu me faire plaisir en vous invitant; car c'est aujourd'hui ma fête. Restez, je vous en prie, avec moi.

RENAUD l'aîné.

A la bonne heure. Mais soyez à l'avenir plus poli. Si je ne suis pas aussi noble que vous, je ne me laisse pas offenser impunément.

DUPRÉ l'aîné.

Calme-toi, Renaud; il faut rester bons amis.

DUPRÉ le cadet.

C'est donc aujourd'hui votre fête, M. d'Orval?

DUPRÉ l'aîné.

Je vous en fais mon compliment.

RENAUD l'aîné.

Et moi aussi, monsieur, je vous souhaite toutes sortes de prospérités; (*à part*) et je souhaite surtout que vous deveniez un peu plus honnête.

RENAUD le cadet.

Vous devez avoir reçu de bien jolis cadeaux?

AUGUSTE.

Oh ! sûrement !

DUPRÉ le cadet.

Bien des bonbons sans doute ?

AUGUSTE.

Ah ! ah ! des bonbons. Ce serait beau vraiment. J'en ai tous les jours.

RENAUD le cadet.

Ah ! c'est de l'argent, je parie. (*Il compte dans sa main.*) Deux ou trois écus, n'est-ce pas ?

AUGUSTE, *avec fierté.*

Quelque chose de mieux, et que moi seul ici, oui, moi seul, j'ai le droit de porter. (*Renaud l'aîné et Dupré l'aîné sont à l'écart, et se parlent tout bas.*)

RENAUD le cadet.

Si j'avais ce qu'on vous a donné, je pourrais bien le porter comme un autre, peut-être !

AUGUSTE, *le regardant d'un air de mépris.*

Pauvre petit ! (*Aux deux aînés.*) Que marmottez-vous encore tous deux ? Il me semble que vous devriez m'aider à me divertir.

DUPRÉ l'aîné.

Fournissez-nous-en l'occasion.

RENAUD l'aîné.

C'est à celui qui reçoit ses amis de s'occuper de leur amusement.

AUGUSTE.

Qu'entendez-vous par là, monsieur Renaud ?

SCÈNE IX.

RENAUD l'aîné, RENAUD le cadet, DUPRÉ l'aîné, DUPRÉ le cadet, AUGUSTE, HENRIETTE.

HENRIETTE, *tenant une assiette de gâteaux.*
Je vous salue, messieurs; vous vous portez bien, à ce que je vois?

RENAUD l'aîné.
Prêt à vous rendre mes respects, mademoiselle. (*Il lui baise la main.*)

DUPRÉ l'aîné.
Nous sommes charmés de vous voir tous les jours plus jolie. (*Il lui baise aussi la main.*)

HENRIETTE.
Vous êtes bien honnête, messieurs. (*A Auguste.*) Mon frère, maman t'envoie ceci pour régaler tes amis, en attendant que l'orgeat soit prêt. Champagne va bientôt le servir, et j'aurai le plaisir de vous le verser.

RENAUD l'aîné.
Ce sera beaucoup d'honneur pour nous, mademoiselle.

AUGUSTE.
Nous n'avons pas besoin de toi ici... A propos, et mon nœud d'épée?

HENRIETTE.
Tu trouveras l'épée et le nœud dans ta chambre. Adieu, messieurs, jusqu'au plaisir de vous revoir.

(*Elle sort en leur faisant une petite révérence d'amitié.*)
RENAUD l'aîné, *la suivant.*

Mademoiselle, aurons-nous bientôt l'honneur de votre compagnie?

HENRIETTE.

Je vais en demander la permission à maman.

SCÈNE X.

RENAUD l'aîné, RENAUD le cadet, DUPRÉ l'aîné, DUPRÉ le cadet, AUGUSTE.

AUGUSTE, *s'asseyant.*

Allons, prenez des siéges, et asseyez-vous. (*Ils se regardent les uns les autres, en s'asseyant en silence. Auguste sert quelque chose aux deux petits, après s'être servi lui-même si copieusement qu'il ne reste plus rien pour les deux aînés.*) Un moment : on va en apporter d'autres; je vous en donnerai.

RENAUD l'aîné.

Nous n'attendons plus rien.

AUGUSTE.

A la bonne heure.

DUPRÉ l'aîné.

Si c'est là une politesse de gentilhomme...

AUGUSTE.

C'est bien avec de petites gens comme vous qu'il faut se gêner! je vous ai déjà dit qu'on nous servirait autre chose. Vous en prendrez, ou vous n'en prendrez pas; m'entendez-vous?

RENAUD l'aîné.

Oui, cela est assez clair. Nous voyons aussi-bien clairement avec qui nous sommes.

DUPRÉ l'aîné.

Allez-vous encore recommencer vos querelles, monsieur d'Orval? Renaud si... (*Auguste se lève, les autres se lèvent aussi.*)

AUGUSTE, *s'avançant vers Renaud l'aîné.*

Avec qui êtes-vous donc, mon petit bourgeois?

RENAUD l'aîné, *d'un ton ferme.*

Avec un petit noble, bien grossier et bien impudent, qui s'estime plus qu'il ne vaut, et qui ne sait pas la manière dont les gens bien élevés doivent se comporter les uns envers les autres.

DUPRÉ l'aîné.

Nous pensons tous comme lui.

AUGUSTE

Moi, grossier, impudent? Me dire cela, à moi, qui suis gentilhomme!

RENAUD l'aîné

Oui, je vous le répète; un petit noble grossier et impudent, quand vous seriez comte, quand vous seriez prince.

AUGUSTE, *le frappant.*

Je vais t'apprendre à qui tu as à faire. (*Renaud l'aîné veut le saisir. Auguste s'échappe, sort, et tire la porte après lui.*)

SCÈNE XI.

RENAUD l'aîné, RENAUD le cadet, DUPRÉ l'aîné, DUPRÉ, le cadet.

DUPRÉ l'aîné.

Mon Dieu! Renaud, qu'as-tu fait! il va trouver son père, et lui forger mille menteries; pour qui nous prendra-t-il?

RENAUD l'aîné.

Son père est un homme d'honneur. J'irai le trouver si Auguste n'y va pas. Il ne nous a sûrement pas engagés à venir, pour nous faire maltraiter par son fils.

DUPRÉ le cadet.

Il va nous renvoyer à nos parens, et leur porter des plaintes contre nous.

RENAUD le cadet.

Non, mon frère s'est bien conduit. Mon papa approuvera tout ce qu'il a fait, lorsque nous lui en ferons le récit. Il n'entend pas qu'on maltraite ses enfans.

RENAUD l'aîné.

Suivez-moi. Il faut aller tous ensemble chez M. d'Orval.

SCÈNE XII.

RENAUD l'aîné, RENAUD le cadet, DUPRÉ l'aîné, DUPRÉ le cadet, AUGUSTE.

(*Auguste rentre, tenant à la main son épée dans le fourreau. Les deux petits se sauvent, l'un dans un coin, l'autre derrière un fauteuil. Renaud l'aîné et Dupré l'aîné l'attendent de pied ferme.*)

AUGUSTE, *s'avançant vers Renaud l'aîné.*

Attends, je vais t'apprendre, petit insolent.... (*Il dégaîne son épée, et au lieu d'une lame, il tire du fourreau une longue plume de dinde. Il s'arrête, confondu. Les petits poussent un grand éclat de rire et se rapprochent.*)

RENAUD l'aîné.

Avance donc. Voyons la force de ton épée.

DUPRÉ l'aîné.

N'ajoute pas à sa honte. Il ne mérite que du mépris.

RENAUD le cadet.

Ah! voilà donc ce que vous aviez vous seul le droit de porter?

DUPRÉ le cadet.

Il ne fera pas de mal à personne avec ses armes terribles.

RENAUD l'aîné.

Je pourrais maintenant te punir de ta grossièreté; mais je rougirais de ma vengeance.

Il ne fera de mal à personne avec ses armes terribles.

DUPRÉ laîné.

Il ne mérite pas notre société; il faut l'abandonner à lui-même.

RENAUD le cadet.

Adieu, monsieur le chevalier à l'épée de plume.

DUPRÉ le cadet.

Nous ne reviendrons plus que vous ne soyez désarmé; car vous êtes trop redoutable. (*Ils veulent sortir.*)

RENAUD l'aîné, *les arrêtant*.

Restons ici; ou plutôt, allons rendre compte à son père de notre conduite. Autrement, toutes les apparences seraient contre nous.

DUPRÉ l'aîné.

Tu as raison. Que pourrait-il penser, si nous sortions de sa maison sans prendre congé de lui?

SCÈNE XIII.

M. D'ORVAL, AUGUSTE, RENAUD l'aîné, RENAUD le cadet, DUPRÉ l'aîné, DUPRÉ le cadet.

(*Ils prennent tous un maintien respectueux à l'aspect de M. d'Orval. Auguste s'écarte et pleure de rage.*)

M. D'ORVAL, *à Auguste, en jetant sur lui un regard d'indignation*.

Qu'est-ce donc que j'entends, monsieur? (*Les sanglots empêchent Auguste de répondre.*)

RENAUD l'aîné.

Pardonnez, monsieur, le désordre dans lequel nous

paraissons à vos yeux : ce n'est pas nous qui l'avons causé. Dès le premier instant de notre arrivée, monsieur votre fils nous a si mal reçus...

M. D'ORVAL.

Rassurez-vous, mon cher ami; je suis instruit de tout. J'étais dans la chambre voisine, et j'ai entendu dès le commencement les indignes propos de mon fils. Il est d'autant plus coupable qu'il venait de me faire les plus belles promesses. Il y a long-temps que je soupçonnais son impudence; mais je voulais voir par moi-même à quel excès il pouvait la porter. De crainte qu'il n'arrivât quelque malheur, j'ai mis, comme vous voyez, à son épée une lame qui ne fera jamais couler de sang. (*Les enfans poussent un éclat de rire.*)

RENAUD l'aîné.

Pardonnez-moi, monsieur, la liberté que j'ai prise de lui dire un peu crûment ses vérités.

M. D'ORVAL.

Je vous en dois plutôt des remercîmens. Vous êtes un brave jeune homme, et vous méritez mieux que lui de porter cette marque d'honneur. Pour gage de mon estime et de ma reconnaissance, acceptez cette épée; mais je veux d'abord y remettre une lame plus digne de vous.

RENAUD l'aîné.

Je suis confus de vos bontés, monsieur; mais permettez-nous de nous retirer. Notre compagnie pourrait ne pas être agréable aujourd'hui à monsieur votre fils.

M. D'ORVAL.

Non, non, restez, mes chers enfans. La présence de mon fils ne troublera point vos plaisirs. Vous pouvez vous divertir ensemble; et ma fille aura soin de pourvoir à tout ce qui pourra vous amuser. Venez avec moi dans un autre appartement. Pour vous, monsieur (*en s'adressant à Auguste*) ne vous avisez pas de sortir d'ici; vous pouvez y célébrer tout seul votre fête. Vous n'aurez jamais d'épée que vous ne l'ayez bien méritée, quand il vous faudrait vieillir sans la porter.

L'OISEAU

DU BON DIEU.

Mme DE MONVAL, PAULINE et EUGÉNIE, ses filles.

Mme DE MONVAL.

Ou as-tu donc mis ton argent, Eugénie ?

EUGÉNIE.

Je l'ai donné, maman.

Mme DE MONVAL.

Et à qui, ma fille ?

EUGÉNIE.

A un méchant petit garçon.

Mme DE MONVAL.

Pour qu'il devînt meilleur, sans doute ?

EUGÉNIE.

Oui, maman. N'est-il pas vrai que les oiseaux appartiennent au bon Dieu ?

Mme DE MONVAL.

Oui ; comme nous-mêmes, et toutes les autres créatures qu'il a fait naître.

EUGÉNIE.

Eh bien ! maman, ce malin garçon avait dérobé

un oiseau au bon Dieu, et il le portait pour le vendre. Le pauvre oiseau criait de toutes ses forces; et le petit méchant l'a pris par le bec pour l'empêcher de crier. Apparemment qu'il avait peur que le bon Dieu ne l'entendît, et ne le châtiât lui-même pour sa méchanceté.

Mme DE MONVAL.

Et toi, Eugénie?

EUGÉNIE.

Moi, maman, j'ai donné mon argent au petit garçon, afin qu'il rendît au bon Dieu son oiseau. Je crois que le bon Dieu en aura été bien aise. (*Elle saute de joie.*)

Mme DE MONVAL.

Sûrement, il sera bien aise de voir que mon Eugénie ait un bon cœur.

EUGÉNIE.

Le petit garçon peut avoir fait cette malice, parce qu'il avait besoin d'argent.

Mme DE MONVAL.

Je le crois aussi.

EUGÉNIE.

Je suis donc bien aise de lui avoir donné celui que j'avais, moi qui n'en avais pas besoin.

PAULINE.

Nous avons eu là-dessus une petite dispute, maman: Eugénie a donné, sans compter, toute sa bourse; et il y avait bien de quoi payer dix oiseaux. Je lui ai dit qu'il aurait fallu d'abord demander au petit garçon ce qu'il voulait avoir pour faire son prix.

EUGÉNIE.

Qui de nous deux a raison, maman?

Mme DE MONVAL.

Ce n'est pas tout-à-fait toi, mon cœur.

EUGÉNIE.

Mais ne m'as-tu pas enseigné qu'il ne fallait jamais balancer à faire le bien?

Mme DE MONVAL.

Je t'ai dit qu'il fallait être toujours décidé à le faire; mais qu'il fallait aussi chercher les moyens de le faire le plus utilement qu'il serait en notre pouvoir. Par exemple, aujourd'hui, puisque tu avais plus d'argent qu'il n'en fallait pour racheter le pauvre oiseau, il fallait réserver le reste pour une pareille occasion. Car, s'il était venu d'autres petits garçons avec des oiseaux du bon Dieu, et que tu n'eusses plus eu d'argent, là, qu'aurais-tu fait?

EUGÉNIE.

Maman, je serais venue t'en demander.

Mme DE MONVAL.

Et si je n'en avais pas eu moi-même?

EUGÉNIE.

Ah! tant pis.

Mme DE MONVAL.

Tu vois donc que ta sœur te donnait un sage conseil. Il ne faut pas ménager seulement pour soi, mais encore pour les autres, afin d'être en état de faire plus de bien. Crois-tu qu'il n'y ait que cet oiseau dans le monde à qui tu pouvais donner des secours?

EUGÉNIE.

Ah! je ne pensais qu'à lui dans ce moment. Si tu avais vu comme il avait l'air de souffrir! si tu l'avais vu ensuite, comme il paraissait content quand on lui a donné la volée! Il était si étourdi de sa joie, qu'il ne savait où aller s'abattre. Mais le petit garçon m'a bien promis qu'il ne chercherait pas à le rattraper.

Mme DE MONVAL.

Tu as toujours fait le bien, ma fille, et en récompense, voici ton argent.

EUGÉNIE

O maman! je te remercie.

Mme DE MONVAL.

Voilà encore un baiser par-dessus le marché. Que je me réjouis d'être ta maman! Avec le goût que tu as pour le bien, il ne te manque plus que de savoir le faire avec prudence, pour être la plus heureuse petite personne de l'univers.

LE NID

DE FAUVETTE.

Maman, maman, s'écriait un soir Symphorien, en se précipitant tout essoufflé sur les genoux de sa mère ! Voyez, voyez, ce que je tiens dans mon chapeau.

Mme DE BLEVILLE.

Ha, ha ! c'est une fauvette. Où l'as-tu donc trouvée ?

SYMPHORIEN.

J'ai découvert ce matin un nid dans la haie du jardin. J'ai attendu la nuit. Je me suis glissé tout doucement près du buisson ; et, avant que l'oiseau s'en doutât, paff ! je l'ai saisi par les ailes.

Mme DE BLEVILLE.

Est-ce qu'il était seul dans son nid ?

SYMPHORIEN.

Ses enfans y étaient aussi, maman. Ah ! ils sont si petits, qu'ils n'ont pas encore de plumes. Je ne crains pas qu'ils m'échappent.

Mme DE BLEVILLE.

Et que veux-tu faire de cet oiseau ?

SYMPHORIEN.

Je veux le mettre dans une cage, que j'accrocherai dans notre chambre.

Mme DE BLEVILLE.

Et les pauvres petits?

SYMPHORIEN.

Oh! je veux aussi les prendre, et je les nourrirai. Je cours de ce pas les chercher.

Mme DE BLEVILLE.

Je suis fâchée que tu n'en aies pas le temps.

SYMPHORIEN.

Oh! ce n'est pas loin. Tenez, vous savez bien le grand cerisier? C'est tout vis-à-vis. J'ai bien remarqué la place.

Mme DE BLEVILLE.

Ce n'est pas cela. C'est que l'on va venir te prendre; les soldats sont peut-être à la porte.

SYMPHORIEN.

Des soldats pour me prendre?

Mme DE BLEVILLE.

Oui, toi-même. Le roi vient de faire arrêter ton père; et la garde qui l'a emmené a dit qu'elle allait revenir pour se saisir de toi et de ta sœur, et vous conduire en prison.

SYMPHORIEN.

Hélas, mon Dieu! Que veut-on faire de nous?

Mme DE BLEVILLE.

Vous serez renfermés dans une petite loge, et vous n'aurez plus la liberté d'en sortir.

SYMPHORIEN.

O le méchant roi !

Mme DE BLEVILLE.

Il ne vous fera pas de mal. On vous servira tous les jours à manger et à boire. Vous serez seulement privés de votre liberté, et du plaisir de me voir. (*Symphorien se met à pleurer.*)

Mme DE BLEVILLE.

Eh bien ! mon fils, qu'as-tu donc ? Est-ce un malheur si terrible d'être renfermé, quand on a toutes les nécessités de la vie ? (*Les sanglots empêchent Symphorien de répondre.*)

Mme DE BLEVILLE.

Le roi en agit envers ton père, ta sœur et toi, comme tu en agis envers l'oiseau et ses petits. Ainsi, tu ne peux l'appeler méchant, sans prononcer la même chose de toi-même.

SYMPHORIEN, *en pleurant.*

Oh ! je vais lâcher la fauvette. (*Il ouvre son chapeau, et l'oiseau joyeux se sauve par la fenêtre.*)

Mme DE BLEVILLE, *prenant Symphorien dans ses bras.*

Rassure-toi, mon fils ; je viens de te faire là un petit conte pour t'éprouver. Ton père n'est pas en prison ; et ni toi ni ta sœur vous ne serez renfermés. Je n'ai voulu que te faire sentir combien tu agissais méchamment, en voulant emprisonner cette pauvre petite bête. Autant tu as été affligé lorsque je t'ai dit qu'on allait te prendre, autant l'a été cet oiseau lorsque tu lui as ravi sa liberté. Penses-tu comme le mari aura soupiré après sa femme, et les enfans après leur mère; combien celle-ci doit gémir d'en être séparée! Cela ne t'est sûrement pas venu dans l'esprit ; autrement tu n'aurais pas pris l'oiseau. N'est-il pas vrai, mon cher Symphorien?

SYMPHORIEN.

Oui, maman; je n'avais pensé à rien de tout cela.

Mme DE BLEVILLE.

Eh bien! penses-y dorénavant; et n'oublie pas que les bêtes innocentes ont été créées pour jouir de la liberté, et qu'il serait cruel de remplir d'amertume une vie qui leur a été donnée si courte. Tu devrais apprendre par cœur, pour mieux t'en souvenir, une petite pièce de vers de ton ami.

SYMPHORIEN.

De l'ami des enfans? Oh! récitez-la-moi, je vous en prie.

Mme DE BLEVILLE.

Tiens, la voici :

    Je le tiens, ce nid de fauvette ;
    Ils sont deux, trois, quatre petits!
    Depuis si long-temps je vous guette;
    Pauvres oiseaux, vous voilà pris.

    Criez, sifflez, petits rebelles ;
    Débattez-vous, oh! c'est en vain :
    Vous n'avez pas encor vos ailes,
    Comment vous sauver de ma main?

    Mais quoi! n'entends-je pas leur mère
    Qui pousse des cris douloureux!
    Oui, je le vois; oui, c'est leur père
    Qui vient voltiger autour d'eux.

Et c'est moi qui cause leur peine,
Moi, qui, l'été dans ces vallons,
Venais m'endormir sous un chêne
Au bruit de leurs douces chansons !

Hélas ! si du sein de ma mère
Un méchant venait me ravir,
Je le sens bien, dans sa misère,
Elle n'aurait plus qu'à mourir.

Et je serais assez barbare
Pour vous arracher vos enfans !
Non, non, que rien ne vous sépare
Non, les voici : je vous les rends.

Apprenez-leur dans le bocage
A voltiger auprès de vous :
Qu'ils écoutent votre ramage,
Pour former des sons aussi doux.

Et moi, dans la saison prochaine,
Je reviendrai dans ces vallons,
Dormir quelquefois sous un chêne
Au bruit de vos douces chansons.

LES TROIS GATEAUX.

Viens, Paulin, dit un jour M. de Gerseuil à son fils, dans une belle matinée de la fin du printemps. Voici un panier où j'ai mis un gâteau et des cerises. Nous irons, si tu veux, déjeûner dans la prairie voisine.

Ah! quel plaisir, mon papa, lui répondit Paulin, en faisant une gambade de joie. Il prit le panier d'une main, donna l'autre à son père, et ils marchèrent ensemble vers la prairie. Lorsqu'ils l'eurent un peu parcourue pour y choisir une place agréable : Arrêtons-nous ici, mon fils, dit M. de Gerseuil; cet endroit est charmant pour un déjeûner.

PAULIN.

Nous n'avons pas de table, mon papa ; comment ferons-nous ?

M. DE GERSEUIL.

Voici un tronc d'arbre renversé qui nous en servirait, si nous en avions besoin ; mais tu peux bien manger tes cerises dans le panier.

PAULIN.

A la bonne heure ; mais il nous manque des chaises.

M. DE GERSEUIL.

Et ce banc de gazon, le comptes-tu pour rien ? Vois comme il est couvert de jolies fleurs ! Nous allons nous y asseoir, à moins que tu n'aimes mieux t'étendre sur le tapis.

PAULIN.

Le tapis, mon papa ? Vous savez bien qu'il est encore cloué dans le salon.

M. DE GERSEUIL.

Il est vrai. Il y a un tapis dans le salon : mais il y en a aussi un ici.

PAULIN.

Où donc est-il ? Je ne le vois pas.

M. DE GERSEUIL.

Le gazon est le tapis des champs. Le joli tapis d'une belle verdure ! il est plus frais et plus douillet que les nôtres. Et comme il est grand ! il s'étend partout, sur les montagnes et sur les plaines : les agneaux trouvent bien doux de s'y reposer. Imagines-tu, Paulin, combien ils auraient à souffrir sur une terre nue et desséchée ? Leurs membres sont si délicats ! bientôt ils seraient tout brisés. Leurs mères ne savent pas leur préparer des lits de plumes : le bon Dieu y a pourvu à la place des pauvres brebis. Il leur a fait cette molle couchette, où ils peuvent s'étendre.

PAULIN.

Encore ont-ils le plaisir de la manger.

M. DE GERSEUIL.

J'entends ce que tu veux dire. Tiens, voici tes cerises et ton gâteau.

PAULIN, *goûtant le gâteau.*

Ah ! mon papa, qu'il est bon ! Il ne manquerait plus qu'une histoire, tandis que je le mange. Si vous vouliez m'en conter une, la plus jolie que vous saurez !

M. DE GERSEUIL.

Je le veux bien, mon fils. Ton gâteau me rappelle une histoire où il y en trois.

PAULIN.

Un, deux, trois gâteaux ! L'eau m'en vient à la

bouche. Comme cela doit faire une histoire friande !
Oh ! contez, contez-moi, je vous prie.

M. DE GERSEUIL.

Viens t'asseoir à mon côté. Bon. Mets-toi bien à
ton aise pour m'entendre.

PAULIN.

Me voici tout prêt. Je vous écoute de mes deux
oreilles.

M. DE GERSEUIL.

Il y avait un enfant de ton âge qui s'appelait Henri. Son papa et sa maman l'envoyèrent à l'école.
Henri était un fort joli petit garçon, et il aimait ses
livres plus encore que ses joujoux. Il fut un jour le
premier de sa classe. Sa maman en fut instruite.
Elle y rêva toute la nuit de plaisir ; et le lendemain
s'étant levée de bonne heure, elle appela sa cuisinière, et lui dit : Marianne, il faut faire un gâteau
pour Henri, puisqu'il a si bien récité ses leçons.
Marianne répondit : Oui, madame, de tout mon
cœur ; et aussitôt elle se mit à pétrir un gâteau de
fleur de farine choisie. Il était fort grand, grand
comme tout mon chapeau rabattu. Marianne l'avait
rempli d'amandes, de pistaches, de fleur d'orange,
de tranches de citrons confits. Elle avait glacé le
dessus avec du sucre ; en sorte qu'il était blanc et
uni comme de la neige. Le gâteau ne fut pas plutôt
cuit, que Marianne le porta elle-même à l'école.
Lorsque le petit Henri l'aperçut, il sauta autour de
lui, en frappant dans ses mains. Il n'eut pas la patience d'attendre qu'on lui donnât un couteau pour

6.

le couper : il se mit à le ronger à belles dents, comme un petit chien. Il en mangea jusqu'à ce que la cloche sonnât l'heure de l'étude ; et, lorsque l'heure de l'étude fut finie, il se remit à en manger. Il en mangea encore le soir jusqu'à l'heure de se mettre au lit. Un de ses camarades m'a même assuré qu'Henri, en se couchant, mit le gâteau sous son chevet, et qu'il se réveilla plusieurs fois la nuit pour le grignoter. J'ai bien quelque peine à le croire; mais il est très-sûr au moins que le lendemain, au point du jour, il recommença de plus belle, et qu'il continua de ce train toute la matinée, jusqu'à ce qu'il ne restât pas une seule miette de son grand gâteau. L'heure du dîner arriva : Henri n'avait plus d'appétit; et il voyait, avec jalousie, le plaisir que prenaient les autres enfans à faire ce repas. Ce fut bien pis encore à l'heure de récréation. On venait lui proposer des parties de boule, de paume, de volant : il n'avait pas envie de jouer, et ses compagnons jouèrent sans lui, quoiqu'il en crevât de dépit. Il ne pouvait plus se soutenir sur ses jambes : il s'assit dans un coin d'un air boudeur, et tout le monde disait : Je ne sais ce qui est arrivé à ce pauvre Henri. Lui qui était si gaillard, qui aimait tant à courir et à sauter, voyez comme il est triste, pâle, abattu ! Le Principal vint lui-même, et fut très-inquiet en le voyant. Il eut beau le questionner sur la cause de son mal, Henri ne voulut point l'avouer. Heureusement on découvrit que sa maman lui avait envoyé un grand gâteau, qu'il s'était dépêché de le manger, et que tout le mal venait de sa gourmandise. On envoya aussitôt chercher le médecin, qui lui fit avaler je ne sais combien de drogues plus amères les unes que les autres. Le pauvre Henri les trouvait bien mauvaises, mais il fut obligé de les prendre, de peur de mourir : ce qui lui serait infailliblement arrivé. Au bout de quelques jours de remède et d'un régime très-rigoureux, sa santé se rétablit enfin; mais sa maman protesta qu'elle ne lui enverrait plus de gâteaux.

PAULIN.

Il ne méritait plus d'en sentir seulement la fumée. Mais, mon papa, ne voilà qu'un gâteau; et vous me disiez qu'il y en avait trois dans votre histoire.

M. DE GERSEUIL.

Patience, mon ami, voici le second.

Il y avait, dans la pension d'Henri, un autre enfant qui s'appelait François. François avait écrit à sa maman une lettre fort jolie, où il n'y avait pas une seule rature. Sa maman, en récompense, lui envoya aussi, le dimanche suivant, un gâteau. François se dit en lui-même : Je ne veux pas me rendre malade comme ce goulu d'Henri : je ferai durer le plaisir long-temps. Il prit le gâteau, qu'il eut beaucoup de peine à porter, et il alla l'enfermer dans son armoire. Tous les jours, pendant les heures de récréation, il s'esquivait adroitement d'entre ses camarades, montait sur la pointe du pied dans sa chambre, coupait un morceau de son gâteau, et renfermait le reste à double tour. Il continua de même jusqu'au bout de la semaine ; et le gâteau n'en était encore qu'à moitié, tant il était grand ! Mais qu'arriva-t-il ? A la fin, le gâteau se dessécha et se moisit : les fourmis trouvèrent aussi le moyen de s'y glisser pour en avoir leur part ; en sorte que bientôt il ne valut plus rien du tout, et François fut obligé de le jeter en pleurant de regret : mais personne n'en fut fâché pour lui.

PAULIN.

Ni moi non plus. Comment ! garder un gâteau pendant huit jours, sans en donner un morceau à ses amis ! Fi, que c'est vilain ! Mais, voyons le troisième, je vous prie, mon papa.

M. DE GERSBUIL.

Il y avait encore dans la même pension un enfant, dont le nom était Gratien. Sa maman lui envoya un jour un gâteau, parce qu'il aimait beaucoup sa maman, et que sa maman l'aimait encore davantage. Aussitôt que la pâtisserie fut arrivée, Gratien dit à ses camarades : Venez voir ce que m'envoie maman ; il faut tous en manger. Ils ne se le firent pas répéter deux fois ; et ils coururent autour du gâteau, comme tu vois les abeilles voltiger autour de cette fleur qui vient d'éclore. Gratien s'était muni d'un couteau. Il coupa une partie du gâteau, en autant de portions qu'il y avait de ses petits amis. Ensuite il les fit ranger en cercle pour n'oublier personne ; et, ayant commencé par celui qui était le plus près de lui, il fit le tour du cercle en distribuant à chacun sa portion, avec un mot d'amitié, jusqu'à ce qu'il fût revenu à celui qu'il avait servi le premier. Gratien alors prit le reste, et dit : Voici ma portion à moi, je la mangerai demain. Il alla jouer, et tous les autres s'empressèrent de jouer avec lui à tous les jeux qu'il voulut choisir.

Un quart d'heure après il vint dans la cour un vieux pauvre avec son violon. Il avait une longue barbe toute blanche ; et, comme il était aveugle, il se faisait conduire par un petit chien qu'il tenait au bout d'une longue corde. Le petit chien le menait avec beaucoup d'adresse ; et, quand il voyait du monde, il secouait la sonnette pendue à son cou, pour avertir les passans de ne pas faire de mal à son maître. Lorsque le vieux aveugle se fut assis sur une pierre, et qu'il eut entendu les enfans autour de lui, il leur dit : Mes petits messieurs, si vous voulez, je vais vous jouer les plus jolis airs que je sais. Les enfans ne demandaient pas mieux. Le vieillard accorda son violon, et il leur joua des airs de sarabandes, et de toutes les chansons nouvelles de l'ancien temps. Gratien s'aperçut que, tandis qu'il jouait les airs les plus gais, une grosse larme tombait le long de ses joues ; et il lui dit : Bon vieillard, pourquoi pleures-tu ? Le vieillard lui répondit : Parce que j'ai bien faim. Je n'ai personne dans le monde qui nous donne à manger, à mon chien ni à moi. Si je pouvais travailler pour nous faire vivre tous deux ! mais j'ai perdu mes yeux et mes forces. Hélas ! j'ai travaillé jusqu'à ma vieillesse, et aujourd'hui je n'ai pas de pain. Gratien pleurait comme le vieillard. Il s'en alla sans rien dire, et courut chercher le reste du gâteau qu'il avait gardé pour lui : puis il revint tout joyeux, en criant de loin : Tiens, bon vieillard, voici du gâteau. Le vieillard dit, en ouvrant les bras : Où est-il ? car je suis aveugle, je ne peux pas le voir. Gratien lui mit le gâteau dans la main, et le pauvre aveugle posa son violon à terre, essuya ses yeux et se mit à manger. A chaque morceau qu'il portait à sa bouche, il en réservait pour le petit chien fidèle qui venait dîner dans sa main. Et Gratien, debout à son côté, souriait de plaisir.

PAULIN.

Ah, Gratien ! le bon Gratien ! mon papa, donnez-moi votre couteau, je vous prie.

M. DE GERSEUIL.

Le voici. Qu'en veux-tu faire ?

PAULIN.

Je n'ai fait qu'écorner un peu mon gâteau, tant j'avais de plaisir à vous écouter ! Je vais couper ce que j'ai mordu. Tenez, voyez comme il est propre ? J'aurai bien assez de ces rognures avec les cerises pour mon déjeûner. Et le premier pauvre que nous trouverons en retournant au logis, je lui donnerai le reste de mon gâteau, même quand il n'aurait pas de violon.

FI ! LE VILAIN CHARMANT !

CLAUDINE.

Lucette, as-tu vu le nouveau chien de ma sœur ?

LUCETTE.

Non, pas encore, ma chère amie.

CLAUDINE.

Je te plains. C'est bien la plus drôle petite bête qu'il y ait au monde.

LUCETTE.

Est-il vrai ? comment s'appelle-t-il ?

CLAUDINE.

Charmant.

LUCETTE.

Voilà déjà un nom bien joli.

CLAUDINE.

Oh ! il est encore plus charmant que son nom.

LUCETTE.

Et qu'a-t-il donc de si drôle ?

CLAUDINE.

D'abord, il n'est pas plus gros que mon poing.

LUCETTE.

Je les aime bien de cette petite espèce.

CLAUDINE.

Et puis on ne sait pour qui le prendre, si c'est une levrette ou un épagneul.

LUCETTE.

Voilà qui est plaisant.

CLAUDINE.

Si tu voyais donc sa grosse queue qui fait le bouquet, ses oreilles qui pendent jusqu'à terre, ses longues soies qui viennent se chiffonner sur ses yeux et sur son museau, et la chienne de physionomie qui perce là-dessous! il est à croquer.

LUCETTE.

Et de quelle couleur est-il, Claudine?

CLAUDINE.

Café au lait tendre.

LUCETTE.

Bon! c'est la couleur de ce que j'aime le mieux pour mon déjeûner. Je n'en ai pas tous les jours. On ne me donne le plus souvent que du lait.

CLAUDINE.

Tout sec?

LUCETTE.

Hélas! oui. Mais revenons à Charmant.

CLAUDINE.

Il fait plus de tours qu'un Scaramouche. Il donne la pate, et il distingue à merveille la droite de la gauche. Lorsqu'on lui jette un gant, il va le rapporter à la personne sans se tromper jamais.

LUCETTE.

Que me dis-tu?

CLAUDINE.

Ensuite il fait comme s'il était mort. Il se couche tout de son long, et il ne se relève pas qu'on ne lui ait fait signe de la main. On n'a qu'à lui mettre un petit balai entre les pates, il monte la garde comme une sentinelle, et il danse un menuet aussi bien que M. Rigaudon.

LUCETTE.

Vraiment, voilà un chien fort bien appris. Mais, Claudine, est-il aussi bien doux et bien tranquille, et ne fait-il mal à personne?

CLAUDINE.

Oh! c'est une autre affaire. Lorsqu'il vient un étranger dans la maison, il se met à japper contre lui comme un fou, et l'on a bien de la peine à l'empêcher de se jeter à travers ses jambes pour le mordre.

LUCETTE.

C'est bon pour la nuit; et encore, si c'était à lui de garder la maison.

CLAUDINE.

Il s'avise aussi quelquefois d'aller mordre le vieux chien de mon papa, sans que celui-ci lui ait fait de mal; et il ne lui voit rien manger, qu'il n'aille, de jalousie, lui arracher les morceaux de la gueule. Heureusement que Médor est un bon enfant.

LUCETTE.

Comment, Claudine, voilà ce qu'il fait?

CLAUDINE.

Vraiment oui.

LUCETTE.

Et tu l'appelles Charmant ?

CLAUDINE.

Il est si drôle et si gentil !

LUCETTE.

Va, Claudine, je n'en voudrais pas avec sa gentillesse et ses espiégleries. Mon papa dit qu'on est toujours laid lorsqu'on a un mauvais cœur. Fi ! le vilain Charmant !

PAPILLON, JOLI PAPILLON.

Papillon, joli papillon ! viens te poser sur cette fleur que je tiens dans ma main.

Où vas-tu, petit étourdi ? Ne vois-tu pas cet oiseau gourmand qui te guette ? Il vient d'aiguiser son bec, et il l'ouvre déjà tout prêt à t'avaler. Viens, viens ici ; il aura peur de moi, et il n'osera t'approcher.

Papillon, joli papillon ! viens te poser sur cette fleur que je tiens dans ma main.

Je ne veux point t'arracher les ailes, ni te tourmenter ; non, non, tu es petit et faible, ainsi que moi. Je ne veux que te voir de plus près; je veux voir ta petite tête, ton long corsage et tes grandes ailes bigarrées de mille et mille couleurs.

Papillon, joli papillon! viens te poser sur cette fleur que je tiens dans ma main.

Je ne te garderai pas long-temps; je sais que tu n'as pas long-temps à vivre. A la fin de cet été tu ne seras plus; et moi, je n'aurai alors que six ans.

Papillon, joli papillon! viens te poser sur cette fleur que je tiens dans ma main. Tu n'as pas un moment à perdre pour jouir de la vie : tu pourras prendre ta nourriture, tandis que je te regarderai.

LE SOLEIL ET LA LUNE.

La charmante soirée! Viens, Antonin, disait M. de Verteuil à son fils. Regarde; le soleil est prêt à se coucher. Comme il est beau! nous pouvons l'envisager maintenant. Il n'est pas si éblouissant qu'à l'heure du dîner, lorsqu'il était au plus haut de sa course. Comme les nuages sont beaux aussi autour de lui! ils sont de couleur de soufre, de couleur d'écarlate et de couleur d'or! Mais vois-tu avec quelle vitesse il descend! Déjà nous ne pouvons plus en voir que la moitié. Nous ne le voyons plus du tout. Adieu, soleil, jusqu'à demain au matin.

A présent, Antonin, tourne les yeux de l'autre côté. Qu'est-ce qui brille ainsi derrière les arbres ? Est-ce un feu ? Non ; c'est la lune. Elle est bien grande. Et comme elle est rouge. On dirait qu'elle est pleine de sang. Elle est toute ronde aujourd'hui, parce que c'est pleine lune. Elle ne sera pas si ronde demain au soir. Elle perdra encore un morceau après demain, un autre morceau le jour suivant; et toujours de plus en plus, jusqu'à ce qu'elle devienne comme ton arc : alors on ne la verra plus qu'à l'heure où tu seras au lit ; et de jour en jour elle deviendra encore plus petite, jusqu'à ce qu'on ne la voie plus du tout au bout de quinze jours.

Ce sera ensuite nouvelle lune, et tu la verras dans l'après-midi. Elle sera d'abord bien petite; mais elle deviendra chaque jour plus grande et plus ronde, jusqu'à ce qu'au bout de quinze autres jours, elle soit tout-à-fait pleine comme aujourd'hui ; et tu la verras encore se lever derrière les arbres.

ANTONIN.

Mais, mon papa, comment le soleil et la lune se tiennent-ils tout seuls en l'air ? Je crains toujours qu'ils ne me tombent sur la tête.

M. DE VERTEUIL.

Tranquillise-toi, mon fils; il n'y a pas de danger. Je t'expliquerai un jour ce qui t'embarrasse lorsque tu seras plus en état de m'entendre. Écoute, en attendant, ce que l'un et l'autre t'adressent par ma bouche.

Le soleil dit d'une voix éclatante : Je suis roi du jour. Je me lève dans l'orient, et l'aurore me précède pour annoncer à la terre mon arrivée. Je frappe à ta fenêtre avec un rayon d'or, pour t'avertir de ma présence, et je te dis : Paresseux, lève-toi. Je ne brille pas pour que tu restes enseveli dans le sommeil ; je brille pour que tu te lèves et que tu travailles.

Je suis le grand voyageur. Je marche comme un géant à travers toute l'étendue des cieux. Jamais je ne m'arrête, et je ne suis jamais fatigué.

J'ai sur ma tête une couronne de rayons étincelans que je disperse sur tout l'univers ; et tout ce qu'ils frappent brille d'éclat et de beauté.

Je donne la chaleur aussi bien que la lumière. C'est moi qui mûris les fruits et les moissons. Si je cessais de régner sur la nature, rien ne croîtrait dans son sein, et les pauvres humains mourraient de faim et de désespoir dans l'horreur des ténèbres.

Je suis très-haut dans les cieux, plus haut que les montagnes et les nuages. Je n'aurais qu'à m'abaisser un peu plus vers la terre, mes feux la dévoreraient dans un instant, comme la flamme dévore la paille légère qu'on jette sur un brasier.

Depuis combien de siècles je fais la joie de l'univers ! Il y a six ans qu'Antonin ne vivait pas encore. Antonin n'était pas au monde ; mais le soleil y était. J'y étais, lorsque ton papa et ta maman ont reçu la vie, et bien des milliers d'années encore auparavant : cependant je n'ai pas vieilli.

Quelquefois je dépose ma couronne éclatante, et j'enveloppe ma tête de nuages argentés ; alors tu peux soutenir mes regards : mais, lorsque je dissipe les nuages pour briller dans toute ma splendeur du midi, tu n'oserais porter sur moi la vue ; j'éblouirais tes yeux, je t'aveuglerais. Je n'ai permis qu'au seul roi des oiseaux de contempler, d'un œil immobile, tout l'éclat de ma gloire.

L'aigle s'élance de la cime des plus hautes montagnes, vole vers moi d'une aile vigoureuse, et se perd dans mes rayons en m'apportant son hommage. L'alouette, suspendue au milieu des airs, chante à ma rencontre ses plus douces chansons, et réveille les oiseaux endormis sous la feuillée. Le coq, resté sur la terre, y proclame mon retour d'une voix perçante ; mais la chouette et le hibou fuient à mon aspect, en poussant des cris plaintifs, et vont se réfugier sous les ruines de ces tours orgueilleuses que j'ai vues s'élever fièrement, dominer pendant des siècles sur les campagnes, et s'écrouler ensuite sous le poids d'une longue vieillesse.

Mon empire n'est pas borné, comme celui des rois de la terre, à quelques parties du monde. Le monde entier est mon empire. Je suis la plus belle et la plus glorieuse créature qu'on puisse voir dans l'univers.

La lune dit d'une voix tendre : Je suis la reine de la nuit. J'envoie mes doux rayons pour te donner de la lumière, lorsque le soleil n'éclaire plus la terre.

Tu peux toujours me regarder sans péril; car je ne suis jamais assez resplendissante pour t'éblouir, et je ne te brûle jamais. Je laisse même briller dans l'herbe les petits vers luisans, à qui le soleil dérobe impitoyablement leur éclat.

Les étoiles brillent autour de moi, mais je suis plus lumineuse que les étoiles; et je parais dans leur foule, comme une grosse perle entourée de plusieurs diamans étincelans.

Lorsque tu es endormi, je me glisse sur un rayon d'argent à travers tes rideaux, et je te dis : Dors, mon petit ami, tu es fatigué. Je ne troublerai point ton sommeil.

Le rossignol chante pour moi, celui qui chante le mieux de tous les oiseaux. Perché sur un buisson, il remplit la forêt de ses accens aussi doux que ma lumière, tandis que la rosée descend légèrement sur les fleurs, et que tout est calme et silencieux dans mon empire.

LE ROSIER A CENT FEUILLES.

ET

LE GENÊT D'ESPAGNE.

Qui veut me donner un petit arbre pour mon jardin? disait un jour Frédéric à ses frères et à sa sœur.

Leur papa leur avait cédé à chacun un petit coin de terre pour y travailler.

Ce n'est pas moi, répondit Auguste; ni moi, répondit Julien. C'est moi, c'est moi, répondit Joséphine. Quel est celui que tu veux?

Un rosier, s'écria Frédéric. Veux-tu le mien, le seul qui me reste? il est tout jauni.

Viens-en choisir un toi-même, dit Joséphine. Elle conduisit son frère au petit carré qu'elle cultivait, et lui montrant un beau rosier : Tiens, Frédéric, tu n'as qu'à le prendre.

FRÉDÉRIC.

Comment! tu n'en as que deux, et c'est le plus beau que tu me donnes? Non, non, ma sœur : voici le plus petit; c'est précisément celui qu'il me faut.

JOSÉPHINE.

Quel plaisir aurais-je à te le donner? il ne te produirait peut-être pas de fleurs cette année. L'autre en aura, j'en suis sûre, et je puis le voir aussi bien fleurir dans ton jardin que dans le mien.

Frédéric, transporté de joie, emporta le rosier, et Joséphine le suivit, plus joyeuse encore que lui.

Le jardinier avait vu le trait d'amitié de la petite fille. Il courut tout de suite chercher un beau pied de genêt d'Espagne, et il le planta dans le jardin de Joséphine, à la place que venait de quitter son rosier.

Ceux qui ont un mauvais cœur n'ont pas ordinairement un esprit bien soigneux. Lorsque le mois de mai arriva, les rosiers d'Auguste et de Julien, négligés dans leur culture, poussèrent à peine quelques fleurs, dont la plupart moururent dans le bouton. Celui de Frédéric, au contraire, cultivé par ses mains et par celles de Joséphine, porta les plus belles roses à cent feuilles de tout le pays. Aussi long-temps qu'il fleurit, Frédéric eut chaque jour une rose à donner à sa sœur pour mettre dans son sein, et une autre pour placer dans ses cheveux.

Le genêt d'Espagne fleurit aussi très-heureusement; on en respirait l'agréable parfum des deux extrémités du jardin : il devint cette même année assez haut et assez épais pour que Joséphine y trouvât de l'ombrage dans la grande chaleur du jour. Son papa venait quelquefois l'y trouver et lui racontait des histoires, qui tantôt la faisaient rire aux éclats, et tantôt faisaient couler de ses yeux des larmes si douces, qu'elle se souriait à elle-même un moment après.

En voici une qu'il lui raconta un jour en se rappelant sa générosité envers son frère, pour lui montrer que ce noble sentiment reçoit quelquefois récompense de la part de ceux qu'on oblige, sans compter le prix qu'on en trouve toujours au fond de son cœur.

LES BOUQUETS.

Le petit Gaspard sortit un jour avec Eugène, son voisin, pour aller cueillir des premières fleurs du printemps. Ils avaient tous deux à la main leur déjeûner.

Il se présenta sur la route une pauvre femme, tenant entre ses bras un petit garçon, qui paraissait mourir de faim.

Ah! mon cher monsieur, dit-elle à Gaspard qui marchait le premier, donnez, de grâce, à mon pauvre enfant un morceau de votre pain. Il n'a rien mangé depuis hier midi.

Oh! j'ai bien faim moi-même, répondit Gaspard; et il continua sa route en croquant son déjeûner.

Que fit Eugène? Il avait aussi bon appétit que son

camarade ; mais, en voyant pleurer le petit malheureux, il lui donna son pain ; et il reçut en échange de la mère mille et mille bénédictions, que le bon Dieu entendit du haut des cieux.

Ce n'est pas tout ; le petit garçon, fortifié par la nourriture qu'il venait de prendre, se mit à courir devant son bienfaiteur, le mena dans une prairie, et lui aida à cueillir des fleurs dont l'odeur suave le délassait de sa fatigue.

Eugène rentra au logis avec un énorme bouquet, derrière lequel toute sa tête pouvait se cacher. Gaspard, au contraire, n'en avait qu'un si petit, qu'il eut honte de le produire, et qu'il le jeta au pied d'une borne, après avoir perdu toute sa matinée à le cueillir.

Ils sortirent le lendemain dans le même projet. Cette fois-là un autre enfant fut de la partie. C'était le petit Valentin.

Après avoir fait quelques pas dans la prairie, Valentin s'aperçut qu'il avait perdu une boucle de ses souliers, et il pria ses amis de l'aider à la chercher.

Gaspard répondit : je n'ai pas le temps ; et il continua de courir. Eugène, au contraire, s'arrêta aussitôt pour obliger son ami. Il marchait çà et là courbé vers la terre ; et, tâtonnant dans l'épaisseur de l'herbe, il eut enfin le bonheur de trouver ce qu'il cherchait, et ils commencèrent à l'envi à cueillir des fleurs.

Les plus belles que Valentin ramassa, il en fit présent à celui qui l'avait aidé dans sa peine ; et il n'en donna aucune à celui qui avait refusé durement de le secourir. Eugène eut encore ce jour-là un bouquet bien plus beau que Gaspard. Aussi s'en retourna-t-il chez lui fort satisfait, et Gaspard très-mécontent.

Gaspard croyait être plus heureux le troisième jour. Il marchait d'un air insolent, défiant Eugène. Mais à peine étaient-ils entrés dans la prairie que voici le petit garçon à qui Eugène avait donné son pain, qui vient à sa rencontre, et lui présente une corbeille remplie des plus belles fleurs qu'il avait cueillies, toutes fraîches encore de rosée.

Gaspard voulut en ramasser quelques-unes; mais le moyen d'en trouver? le petit garçon s'était levé plus matin que lui. Il eut encore moins de fleurs ce jour-là que les deux précédens.

Comme ils s'en retournaient chez eux, ils rencontrèrent le petit Valentin.

Mon cher ami, dit-il à Eugène, je n'ai pas oublié que tu me rendis hier un service; et j'en ai pris tant d'amitié pour toi, que je voudrais être toujours à ton côté.

Mon papa t'aime beaucoup aussi, il m'a dit de t'aller chercher, qu'il nous dirait de jolis contes, et qu'il jouerait lui-même avec nous.

Viens, suis-moi dans notre jardin. Il y a d'autres enfans qui nous attendent, et nous chercherons tous ensemble à te bien divertir.

Eugène, transporté de joie, prit la main de son ami, et le suivit dans son jardin. Et Gaspard! il fallut qu'il s'en retournât tristement chez lui : on ne l'avait pas invité.

Il apprit par là ce qu'on gagne à être officieux et secourable avec les autres. Il ne tarda guère à se corriger ; et il serait devenu aussi aimable qu'Eugène, si celui-ci n'avait toujours mis plus de grâce dans sa manière d'obliger, par l'habitude qu'il en avait prise dès sa plus tendre enfance.

LE CADEAU.

C'est bientôt la fête de mon frère Denis, disait un jour la petite Victoire à madame de Saint-Marcel sa mère. Je ne sais que lui offrir pour bouquet. Ne pourriez-vous pas me donner quelque chose, maman, pour lui faire un cadeau ?

Mme DE SAINT-MARCEL.

Je le pourrais, sans doute, ma fille, mais j'aime bien autant lui faire ce cadeau moi-même. Crois-tu que je goûte moins de plaisir que toi à donner ? Et puis, fais une petite réflexion. Si je te remets quelque chose pour lui en faire cadeau, c'est moi qui fais le cadeau, et non pas toi.

VICTOIRE.

Cela est vrai, maman : mais je voudrais pourtant bien avoir quelque présent à lui faire.

Mme DE SAINT-MARCEL.

Eh bien! Victoire, voyons. Comment faut-il nous y prendre? n'as-tu pas quelque chose à toi. Ton petit oranger, par exemple?

VICTOIRE.

Mon oranger, maman, qui me fournit des fleurs pour tous mes bouquets?

Mme DE SAINT-MARCEL.

Et ton agneau?

VICTOIRE.

O maman, mon agneau, qui me caresse avec tant d'amitié, et qui me suit partout?

Mme DE SAINT-MARCEL.

Et tes tourterelles?

VICTOIRE.

Vous savez bien que je les ai nourries au sortir de l'œuf. Ce sont mes enfans, à moi.

Mme DE SAINT-MARCEL.

Tu n'as donc rien à donner à ton frère?

VICTOIRE.

Pardonnez-moi, maman.

Mme DE SAINT-MARCEL.

Et quoi donc?

VICTOIRE.

Vous souvenez-vous de cette bourse à glands et paillons d'or que ma tante ma donnée pour mes étrennes? Elle est bien belle, au moins?

Mme DE SAINT-MARCEL.

Cela est vrai. Mais penses-tu que ce présent fût bien agréable à ton frère! Il ne peut en faire usage de long-temps! tu te rappelles bien que toi-même, lorsque tu la reçus, tu la serras dans le fond d'un tiroir pour ne l'en retirer qu'au bout de quelques années.

VICTOIRE.

Mais, maman, c'est toujours un joli cadeau.

Mme DE SAINT-MARCEL.

Non, ma fille; un joli cadeau, c'est lorsque nous donnons par amitié une chose qui nous fait plaisir à nous-mêmes, et qui doit faire aussi plaisir à celui à qui nous la donnons.

VICTOIRE.

Faut-il donc que je donne à mon frère tout ce que j'aime?

Mme DE SAINT-MARCEL.

Non, tu peux donner autant ou si peux que tu veux, pourvu que tu y mettes de l'amitié et de la grâce.

VICTOIRE, *réfléchit pendant quelques momens, et elle dit:*

Eh bien! je cueillerai pour le bouquet de mon frère les plus jolies fleurs de mon oranger, et je lui ferai présent de mon agneau.

Mme DE SAINT-MARCEL.

Fort bien! Victoire. Voilà qui annonce de l'amitié.

VICTOIRE.

Ce n'est pas tout, maman. Je veux tous ces jours-ci sortir avec mon frère, pour que mon agneau s'accoutume à le suivre comme moi. De cette manière, l'agneau sera déjà familier avec lui quand je lui donnerai, et mon frère ne l'en caressera qu'avec plus de plaisir.

Mme DE SAINT-MARCEL.

Embrasse-moi, ma fille. Cette attention délicate double le prix de ton présent. C'est ainsi que la moindre bagatelle devient un objet précieux, lorsqu'elle est donnée avec grâce. Tu ne pouvais nous causer une plus grande joie, à moi et à ton frère.

Ni à moi-même non plus, répondit Victoire avec vivacité.

Tu t'en réjouiras encore davantage quand le jour sera venu, reprit madame de Saint-Marcel; car il faut bien que je sois pour quelque chose dans la fête, et je veux que tu fasses pour moi les honneurs d'une petite collation que l'on servira dans le jardin, à ton frère et à ses meilleurs amis.

Victoire baisa avec transport la main de sa maman; et, de ce pas elle courut faire des rosettes d'un joli ruban rose, pour en parer l'agneau le jour qu'elle le présenterait à son frère.

LE RAMONEUR.

Une servante imbécile avait farci l'esprit des enfans de ses maîtres, de mille contes ridicules sur un homme à tête noire.

Angélique, l'une de ses enfans, vit un jour, pour

la première fois, un ramoneur entrer dans sa maison. Elle poussa un grand cri, et courut se réfugier dans la cuisine.

A peine s'y fut-elle cachée, que l'homme noir y entra sur ses pas.

Saisie d'une mortelle frayeur, elle se sauve par une autre porte dans l'office, et toute tremblante se tapit dans un coin.

Elle n'était pas encore entièrement revenue à elle-même, lorsqu'elle entendit l'homme effrayant chanter d'une voix tonnante, en raclant à grand bruit les pierres de l'intérieur de la cheminée.

Dans un nouvel effroi, elle s'élance de l'endroit où elle était cachée; et, sautant par une fenêtre basse dans le jardin, elle court à perte d'haleine vers le fond du bosquet, et tombe presque sans mouvement au pied d'un gros arbre. Là, d'un œil effaré, elle n'osait qu'à peine regarder autour d'elle; tout-à-coup, sur le haut de la cheminée, elle vit encore s'élever l'homme noir.

Alors elle se mit à crier de toutes ses forces : Au secours! au secours!

Son père accourut, et lui demanda ce qu'elle avait à crier. Angélique, sans avoir la force d'articuler un seul mot, lui montra du bout du doigt l'homme noir assis à califourchon sur la cheminée.

Son père sourit; et, pour prouver à la petite fille combien peu elle avait eu raison de s'effrayer, il attendit que le ramoneur fût descendu, puis il le fit débarbouiller en sa présence; et, sans autre explication, lui montra de l'autre côté son perruquier, qui avait le visage tout blanc de poudre.

Angélique rougit; et son père profita de cette occasion pour lui apprendre qu'il existait réellement des hommes à qui la nature donnait un visage tout noir, mais qui n'étaient point à craindre pour les enfans; qu'il y avait même un pays où les enfans étaient communément nourris par des femmes noires comme du jais, sans que leur teint perdît de sa blancheur.

Dès ce moment, Angélique fut la première à rire de tous les contes bizarres que des personnes simples et crédules lui faisaient pour l'effrayer.

LE CERISIER.

Julie et Firmin obtinrent un jour de madame Dumesnil, leur maman, la permission d'aller jouer seuls dans le jardin. Ils avaient mérité cette confiance par leur réserve et leur discrétion.

Ils jouèrent pendant quelque temps avec cette gaîté paisible, à laquelle il est facile de reconnaître les enfans bien élevés.

Contre les murs du jardin étaient palissadés plusieurs arbres, parmi lesquels on distinguait un jeune cerisier qui portait pour la première fois. Ses fruits se trouvaient en très-petite quantité ; mais ils n'en étaient que plus beaux.

Madame Dumesnil n'en avait pas voulu cueillir, quoiqu'ils fussent déjà murs : elle les réservait pour le retour de son mari, qui devait ce jour même arriver d'un long voyage.

Comme ses enfans étaient accoutumés à l'obéissance, et qu'elle leur avait sévèrement défendu, une fois pour toutes, de cueillir d'aucune espèce de fruits du jardin, ou de ramasser même ceux qu'ils trouveraient à terre pour les manger sans sa permission, elle avait cru inutile de leur parler du cerisier.

Lorsque Julie et Firmin se furent assez exercés à la course sur la terrasse, ils se promenèrent lentement le long des murs du verger. Ils regardaient les beaux fruits suspendus aux arbres, et s'en réjouissaient.

Ils arrivèrent bientôt devant le cerisier. Une légère secousse de vent avait fait tomber à ses pieds toutes ses plus belles cerises. Firmin fut le premier à les voir; il les ramassa, mangea les unes, et donna les autres à sa sœur, qui les mangea aussi.

Ils en avaient encore les noyaux dans leur bouche, lorsque Julie se rappela la défense que leur avait faite leur maman, de manger d'autres fruits que ceux qu'on leur donnait.

Ah! mon frère, s'écria-t-elle, nous avons été désobéissans; et maman se fâchera contre nous. Qu'allons-nous faire?

FIRMIN.

Maman n'en saura rien, si nous voulons.

JULIE.

Non, non, il faut qu'elle le sache. Tu sais qu'elle nous pardonne souvent les plus grandes fautes, lorsque nous allons les lui avouer de nous-mêmes.

FIRMIN.

Oui ; mais nous avons été désobéissans, et jamais elle n'a pardonné la désobéissance.

JULIE.

Lorsqu'elle nous punit, c'est par tendresse pour nous ; et alors il ne nous arrive plus si tôt d'oublier ce qui nous est permis et ce qui nous est défendu.

FIRMIN.

Oui, ma sœur : mais elle est toujours fâchée de nous punir, et cela me ferait de la peine de la voir fâchée.

JULIE.

Et à moi aussi. Mais ne le sera-t-elle pas encore davantage, si elle vient à découvrir que nous avons voulu lui cacher notre faute ? Oserons-nous la regarder en face, lorsque nous entendrons un reproche secret dans notre cœur ? Ne rougirons-nous point lorsqu'elle nous caressera, lorsqu'elle nous appellera ses chers enfans, et que nous ne le mériterons plus ?

FIRMIN.

Ah ! ma sœur, que nous serions de petits monstres ! Allons, allons la trouver, et lui dire ce qui nous est arrivé.

Ils s'embrassèrent l'un et l'autre, et ils allèrent trouver leur maman, en se tenant par la main.

Ma chère maman, dit Julie, nous venons de vous désobéir : nous avions oublié vos défenses. Punissez-nous comme nous l'avons mérité : mais ne vous mettez pas en colère : nous aurions de la peine, si cela vous donnait du chagrin.

Julie alors lui raconta la chose comme elle s'était passée, et sans chercher à s'excuser.

Madame Dumesnil fut si touchée de la candeur de ses enfans, qu'il lui en échappa des larmes de tendresse. Elle ne voulut les punir de leur faute qu'en leur en accordant le généreux pardon. Elle savait bien que sur des enfans nés avec une belle âme, le souvenir des bontés d'une mère fait une impression plus profonde que celui de ses châtimens.

LA PETITE BABILLARDE.

Léonor était une petite fille pleine d'esprit et de vivacité. A l'âge de six ans elle maniait déjà l'aiguille et les ciseaux avec beaucoup d'adresse, toutes les jarretières de ses parens étaient de sa façon. Elle savait aussi lire tout couramment dans le premier livre qu'on lui présentait. Les lettres de son écriture étaient bien formées. Elle n'en mettait point de grandes, de moyennes et de petites dans le même mot, les unes penchées en avant, les autres en arrière ; et ses lignes n'allaient point en gambadant du haut de son papier jusqu'en bas, ainsi que je l'ai vu pratiquer à beaucoup d'autres enfans de son âge.

Ses parens n'étaient pas moins contens de son obéissance, que ses maîtres ne l'étaient de son application. Elle vivait dans la plus douce union avec ses sœurs, traitait les domestiques avec affabilité, et ses compagnes avec toutes sortes d'égards et de prévenances. Tous les anciens amis de ses parens, tous les étrangers qui venaient pour la première fois dans la maison, en paraissaient également enchantés.

Qui croirait qu'avec tant de qualités, de talens et de gentillesse, on pût avoir le malheur de se rendre insupportable ? Tel fut cependant celui de Léonor.

Un seul défaut qu'elle contracta vint à bout de détruire l'effet de tous ses agrémens ; l'intempérance de sa langue fit bientôt oublier les grâces de son esprit et la bonté de son cœur. La petite Léonor devint la plus grande babillarde de tout l'univers.

Lorsque, par exemple, elle prenait le matin son ouvrage, il fallait d'abord qu'elle dît : Oh ! oh ! il est bien temps de se mettre en besogne. Que dirait maman, si elle me trouvait les bras croisés ? O mon

Dieu! le grand morceau que j'ai à coudre! Mais, Dieu merci, je ne suis pas manchotte, et je saurai bien en venir à bout. Ah! voilà l'horloge qui sonne. Une, deux, trois, quatre, cinq, six, sept, huit, neuf heures. J'ai encore deux heures jusqu'à l'heure de mon clavecin. En deux heures on peut expédier bien du travail. Maman, en récompense, me donnera des bonbons. Quel plaisir j'aurai à les croquer! Je n'aime rien tant que les pralines. Ce n'est pas que les dragées ne soient aussi fort bonnes. Mon papa m'en donna l'autre jour; mais je crois que les pralines valent encore mieux, à moins que ce ne soient les dragées. Ah! si Dorothée venait aujourd'hui, je lui ferais voir ma belle garniture. Elle est assez drôle, cette petite Dorothée, mais elle aime trop à parler, on n'a pas le temps de glisser un mot avec elle. Où est donc mon dé? Ma sœur, n'as-tu pas vu mon dé? Il faut que Justine l'ait emporté avec elle. Elle n'en fait jamais d'autres, cette étourdie! Sans dé on ne peut pas travailler. Le cul de l'aiguille vous entre dans le doigt; le doigt vous saigne, cela fait grand mal; et puis votre ouvrage est tout sali. Justine, Justine, où es-tu donc? N'as-tu pas vu mon dé? Mais non; le voilà tout embarlificoté dans mon écheveau.

C'est ainsi que la petite créature dégoisait impitoyablement toute la journée. Quand son père et sa mère s'entretenaient ensemble de choses intéressantes, elle venait étourdiment se jeter au travers de leurs discours. Souvent à dîner, elle en était encore à sa soupe, lorsque les autres avaient presque fini leur repas. Elle oubliait le boire et le manger pour se livrer à son bavardage.

Son papa la reprenait plusieurs fois le jour de ce défaut. Les avis et les reproches étaient également inutiles : les humiliations ne réussissaient pas mieux. Comme personne ne pouvait s'entendre auprès d'elle, on l'envoyait toute seule dans sa chambre. Aux repas, on prit le parti de la mettre séparément à une petite table, aussi loin qu'il était possible de la grande. Léonor était affligée ; mais elle ne se corrigeait pas. Elle avait toujours quelque chose à dire tout haut à elle-même, quand sa langue ne pouvait s'accrocher à personne. Plutôt que de rester muette, elle aurait lié conversation avec sa fourchette et son couteau.

Que gagne-t-elle donc à suivre cette malheureuse habitude ! Vous le voyez, mes chers amis; rien que des mortifications et de la haine. Je vais vous raconter ce qu'elle eut encore un jour à souffrir.

Ses parens étaient invités par un de leurs amis à venir passer quelques jours à sa maison de campagne. C'était dans l'automne. Le temps était superbe ; et il n'est guère possible de se représenter l'abondance qu'il y avait cette année de pommes, de poires, de pêches et de raisins.

Léonor s'était figurée qu'elle accompagnerait ses parens. Elle fut bien surprise lorsque son père, ordonnant à ses petites sœurs Julie et Cécile de se préparer, lui annonça que, pour elle, il fallait qu'elle restât à la maison. Elle se jeta en pleurant dans les bras de sa mère. Ah! ma chère maman, lui dit-elle, comment ai-je mérité que mon papa soit si fort en colère contre moi? Ton papa, lui répondit sa maman, n'est pas en colère; mais il est impossible de tenir à ta société! Tu troublerais tous nos plaisirs par ton bavardage continuel.

Faut-il donc que je ne parle jamais? reprit Léonor.

Ce défaut, lui répliqua sa mère, serait aussi grand que celui dont nous voulons te guérir. Mais il faut attendre que ton tour vienne, et ne pas couper sans cesse la parole à tes parens et à des personnes plus âgées et plus raisonnables que toi. Il faut aussi t'abstenir de dire tout ce qui te passe par la tête. Lorsque tu veux savoir quelque chose utile à ton instruction, il faut le demander nettement et en peu de mots; et, si tu as quelque récit à faire, bien réfléchir d'abord en toi-même si tes parens ou ceux qui t'écoutent auront du plaisir à l'entendre.

Léonor, au défaut de raisons, n'aurait pas manqué de paroles pour se justifier; mais elle entendit son papa qui appelait sa femme, et Julie et Cécile. La voiture était déjà prête.

Léonor les vit partir en soupirant; et son œil plein de larmes suivit la voiture aussi loin que sa vue pût s'étendre. Lorsqu'elle ne la vit plus, elle alla s'asseoir dans un coin, et passa une demi-heure à pleurer. Maudite langue! s'écriait-elle, c'est de toi que me viennent tous mes chagrins. Va, je prendrai garde que tu ne dises plus à l'avenir un mot plus qu'il ne faut.

Quelques jours après, ses parens revinrent. Ses sœurs rapportèrent des corbeilles pleines de noix et de raisins. Comme elles avaient le cœur excellent, elles se firent un plaisir de partager avec Léonor; mais Léonor était si rassasiée par sa tristesse, qu'elle ne put pas en goûter. Elle courut à son papa, et lui dit : Pardonnez-moi de vous avoir mis dans la nécessité de me punir. Nous en avons trop souffert l'un et l'autre ! Je ne veux plus être une babillarde.

Son papa l'embrassa tendrement.

Le lendemain il fut permis à Léonor de se mettre à table avec les autres. Elle parla très-peu, et tout ce qu'elle dit fut plein de grâce et de modestie. Il est vrai qu'il lui en coûta beaucoup pour retenir sa langue, qui, d'impatience et de démangeaison, roulait çà et là dans sa bouche. Le lendemain cette retenue lui fut moins pénible, et moins encore les jours suivans. Peu à peu elle est parvenue à se défaire entièrement de son insupportable babil; et on la voit aujourd'hui figurer fort joliment dans la société, sans y porter le trouble et l'ennui.

MAIN CHAUDE.

LE CADET, L'AINÉ.

LE CADET.

Mon frère, voilà tous nos camarades qui se retirent ; mais je me sens encore en train de jouer. Quel jeu ferons-nous ?

L'AINÉ.

Nous ne sommes que deux. Il n'y aura guère de plaisir.

LE CADET.

Cela ne fait rien : jouons toujours.

L'AINÉ.

Mais à quoi ?

LE CADET.

A colin-maillard, par exemple.

L'AINÉ.

Bon ! cela ne finirait pas. Ce n'est pas comme dans une foule où l'on attrape toujours quelqu'un qui ne se tient pas sur ces gardes. Mais, quand on n'est que deux, on ne pense qu'à cela ; on évite trop aisémemt. Et puis, si je t'attrapais je saurais à coup sûr qui j'aurais pris.

LE CADET.

Tu as raison. Eh bien! jouons à la main chaude.

L'AINÉ.

Tu vois bien que ce sera la même chose. Il est trop facile de deviner.

LE CADET.

Peut-être que non. Essayons pour voir.

L'AINÉ.

Je ne demande pas mieux, pour te satisfaire. Tiens, si tu veux je ferai main chaude le premier.

LE CADET.

Soit. Mets une main sur le bord de cette chaise; appuie ton visage dessus pour te fermer les yeux, et mets ton autre main sur le dos. Bien, comme cela. Tu ne regardes pas, au moins?

L'AINÉ.

Non, sois tranquille. Allons.

LE CADET, *donnant son coup.*

Pan! Qui a frappé?

L'AINÉ.

Eh! c'est toi.

LE CADET.

Oui. Mais de quelle main?

L'aîné ne s'attendait pas à cette question. Il fut embarrassé. Il nomma au hasard la main droite. C'é- de la gauche que son frère l'avait frappé.

L'ÉCOLE
DES MARATRES.

Drame en un acte.

PERSONNAGES.

M. DE FLEURY.
MADAME DE FLEURY.
FABIEN,
AGATHE, } enfans de M. de Fleury.
PRILSILLE,
CASIMIR, } enfans de madame de Fleury.
PROSPER,
DUMONT, domestique.

La Scène se passe dans le jardin de M. de Fleury.

L'ÉCOLE

DES MARATRES

Drame.

SCÈNE PREMIÈRE.

FABIEN.

Le voilà donc, ce jardin où je n'étais pas entré il y a plus de six mois ! Que je sens de plaisir à le revoir encore ! Voici le petit pavillon où j'allais si souvent déjeûner avec ma chère maman ! Ah ! si elle vivait aujourd'hui, quelle joie pour nous deux ! Elle me prendrait dans ses bras, elle me caresserait ! Et moi, que j'aurais de choses à lui dire ! Mais, hélas ! (*Il se met à pleurer*) je l'ai perdue. Je ne puis l'aimer que hors de ce monde. Ma chère maman, ne saurais-tu au moins m'entendre, si tu ne dois plus revenir auprès de ton Fabien ? Regarde. A ta place, dans la maison demeure à présent une marâtre. Cela doit faire une bien méchante femme. Pauvre enfant ! que vais-je devenir ? Je n'oserais jamais lever les yeux sur elle. Encore si j'avais pu rester auprès de mon grand-papa! Mais non, l'on veut que je revienne ici, quand maman n'y est plus! Ah! je ne saurais y rester. Je ne veux que voir mon papa et mes sœurs, les embrasser : et puis je m'en irai; oui, je m'en irai, je m'en irai.

SCÈNE II.

FABIEN, DUMONT.

DUMONT.

Est-ce vous, M. Fabien? Vous voilà donc de retour? Comment cela va-t-il?

FABIEN.

Pas mal, mon cher Dumont. Et toi comment te portes-tu?

DUMONT.

Fort bien, vraiment. Aucun médecin n'a eu de mes pièces. Toutes mes tisannes m'ont été fournies par le marchand de vin. Mais qu'est-ce donc, M. Fabien? Vous avez déjà les yeux rouges. Je crois que vous avez pleuré.

FABIEN, *en s'essuyant les yeux.*

Moi, pleurer?

DUMONT.

Oh! oui, vous avez beau dire; voilà encore des larmes qui reviennent. Qu'avez-vous? Est-ce qu'il vous est arrivé quelque malheur?

FABIEN.

Non, mon ami ; aucun depuis que je m'en suis allé.

DUMONT.

Ah ! je comprends. Vous êtes fâché d'avoir quitté votre grand-papa ?

FABIEN.

Je n'en serais point fâché, si j'avais retrouvé ici ma chère maman.

DUMONT.

Malheureusement vous ne la verrez plus. Mais pourquoi pleurer, vous en avez déjà une autre.

FABIEN.

Une marâtre, veux-tu dire ? Ah ! Dumont, si je pouvais m'empêcher de la voir ! Mais dis-moi comment font mes pauvres sœurs !

DUMONT.

Comment elles font ? Oh ! dame ! on les tient en respect. A six heures du matin il faut qu'elles soient levées. Certes je ne leur conseillerais pas de rester au lit ; elles payeraient cher leur sommeil.

FABIEN.

Et qu'ont-elles à faire de si bonne heure ?

DUPONT.

Leur marâtre sait y pourvoir. Il n'y a pas à répliquer ; chacun a son emploi dans la maison. Madame de Fleury nous mène tous comme des esclaves. Moi, qui n'avais qu'à veiller dans le ménage, ne faut-il pas que je sois gouverné comme les autres ! Aussi, combien je la hais ! Je suis descendu à sept heures dans le jardin. Elle y était avant moi, et vos sœurs travaillaient de toutes leurs forces à ses côtés.

FABIEN.

Et à quoi donc?

DUMONT.

A des ouvrages de couture pour la nouvelle famille.

FABIEN.

On me l'avait bien dit que les marâtres tourmentaient les enfans de leurs maris, pour ménager leurs propres enfans. On voudra aussi me faire travailler pour eux, j'imagine. Mais qu'est devenu mon jardin? où sont mes tulipes et mes œuillets? Je ne vois plus rien.

DUMONT.

Oh! tout cela a été emporté.

FABIEN.

Et par qui?

DUMONT.

Vraiment, par vos beaux-frères. Ils passent ici leur vie. Ils ont tout fourragé.

FABIEN.

O mon Dieu! je n'ai donc plus mes jolies fleurs! Les méchants petits garçons me les ont volées. Il ne leur reste plus qu'à me chasser moi-même de mon jardin.

DUMONT.

Tenez, les voici qui viennent.

SCÈNE III.

CASIMIR, PROSPER, FABIEN, DUMONT.

CASIMIR, *bas à Prosper.*

Prosper, quel est cet enfant qui parle avec Dumont? Ah! si c'était Fabien!

PROSPER, *bas à Dumont.*

Est-ce lui?

DUMONT, *sèchement.*

Oui, messieurs.

CASIMIR.

O mon frère, sois le bien-venu! Nous avons bien désiré ton arrivée. (*Il court à lui les bras ouverts.*)

FABIEN, *en se détournant.*

Est-ce que nous nous connaissons depuis long-temps, pour que vous veniez m'embrasser?

CASIMIR.

Nous ne nous connaissons pas encore, mais nous sommes frères.

FABIEN.

Beaux-frères, monsieur, s'il vous plaît.

CASIMIR.

Eh! Fabien, laisse-là ce vilain mot de *beaux*. Ton papa aime notre maman; notre maman aime ton papa : est-ce que nous ne nous aimerions pas les uns les autres? Ils sont mari et femme; pourquoi ne serions-nous pas frères?

FABIEN.

Si nous sommes frères, avez-vous plus de droit que moi dans mon jardin ?

PROSPER, à part.

Oh! comme il est querelleur!

CASIMIR.

Ton papa nous a permis d'y travailler.

FABIEN.

J'y étais avant vous, et certainement vous ne m'en chasserez pas.

PROSPER.

Allons-nous-en, Casimir; qu'il reste là tout seul avec sa mauvaise humeur.

CASIMIR.

Non, Prosper; il ne faut pas le quitter sans être bons amis.

PROSPER.

Veux-tu que ce méchant nous dise encore des choses désagréables?

FABIEN.

Moi, je serais un méchant, dites-vous?

PROSPER.

Oui, vous l'êtes. Et non-seulement un méchant, mais un envieux, un jaloux, un.....

FABIEN, *s'avançant vers lui.*

Vous osez m'insulter, et dans mon jardin encore?

PROSPER.

C'est vous qui avez commencé. Mais je ne vous crains pas, entendez-vous?

CASIMIR, *arrêtant Prosper.*

Y penses-tu, Prosper? Te battre contre ton frère! Viens; viens. N'allons pas causer de chagrin à notre nouveau papa, surtout le jour de l'arrivée de son fils. (*Il l'entraîne avec lui.*)

PROSPER.

Eh bien! je cours le dire à maman.

SCÈNE IV.

FABIEN, DUMONT.

FABIEN.

Hélas! voilà déjà mes peines qui commencent. Ils vont porter des plaintes à leur mère; ils lui diront que je viens de les insulter. Leur mère saura bien tourner l'esprit de mon papa, et tout retombera sur moi seul. Ah! pauvre petit malheureux que je suis! N'est-il pas vrai, Dumont, je suis bien à plaindre?

DUMONT.

Il n'est que trop vrai; mais n'ayez pas peur; je vous soutiendrai toujours. Nous serons bien en force contre ces petits étrangers.

FABIEN.

Oui; mais mon papa?

DUMONT.

Laissez-moi faire, nous l'aurons bientôt mis de notre parti. Je sais mille petites fredaines de ces messieurs: je les lui conterai. Je lui dirai qu'ils ont gâté votre jardin, et qu'ils vous ont dit des injures. J'arrangerai cela de manière qu'ils n'auront pas beau jeu.

FABIEN.

Tu me resteras donc toujours attaché, mon cher ami?

DUMONT.

Aussi vrai que je m'appelle Dumont.

FABIEN.

Ah! je te remercie. Je trouve encore quelqu'un pour me soutenir, quand je n'ai plus maman. Mais as-tu vu comme ils étaient bien habillés? Ils ont des vestes superbes; sais-tu d'où elles leur viennent?

DUMONT.

C'est leur mère qui les a brodées.

FABIEN.

Oui, elle sera toujours occupée de ses favoris : ils seront vêtus comme des princes. Mais qui est-ce qui brodera une veste pour moi?

DUMONT.

Si vous voulez en avoir, je crains bien que vous ne soyez obligé de la broder vous-même.

FABIEN.

N'est-il pas vrai que leurs habits sont aussi tout neufs.

DUMONT.

Certainement. Votre père les a fait habiller de la tête aux pieds, le jour de son mariage.

FABIEN.

Oh! il ne m'a pas fait habiller, moi. On m'a laissé à la campagne pour me laisser courir avec ce misérable surtout. Cela est trop fort; je ne peux plus y tenir. Je n'ai plus de maman, et mon papa m'oublie. Ah! Dumont, il ne me reste que toi!

DUMONT.

Tranquillisez-vous : les choses tourneront peut-être mieux que vous ne pensez. Mais il faut aller trouver votre marâtre. Suivez-moi. Songez à vous présenter de bonne grâce, et à lui baiser la main.

FABIEN.

Je ne pourrai jamais le faire.

DUMONT.

Il le faut absolument. Prenez toujours auprès d'elle une physionomie riante, même quand votre cœur n'y serait pas. C'est ainsi que j'en use avec elle, bien que je la déteste. Croyez-vous qu'elle me défend d'aller au cabaret, moi qui avais pris l'habitude d'y passer la moitié de la journée, du vivant de madame votre mère? C'était une femme cela! Les choses ont bien changé; il faut changer avec elles. Patience; lorsque nous serons seuls, je vous dirai ce que vous aurez de plus à faire. Venez seulement.

FABIEN.

Voit-on, à mes yeux, que j'ai pleuré?

DUMONT.

Et vous pleurez encore.

FABIEN.

Je ne veux donc pas l'aller trouver à présent. Elle me demanderait pourquoi je pleure. Qu'aurai-je à lui dire?

DUMONT.

Vous lui diriez qu'en entrant ici vous avez pensé à votre maman, et que vous l'avez tant regrettée, que les larmes vous en sont venues aux yeux.

FABIEN.

Mais si elle commence par la querelle que j'ai eue avec ses enfans?

DUMONT.

Vous lui diriez qu'ils l'ont engagée, et vous m'appellerez en témoignage. Mais la voici qui vient. Allez à sa rencontre. (*Il s'éloigne.*)

SCÈNE V.

MADAME DE FLEURY, FABIEN.

Mme DE FLEURY, *avec empressement.*

Où est-il? où est-il? (*Elle l'aperçoit.*) Est-ce toi, mon cher Fabien? J'ai donc enfin réuni toute ma nouvelle famille. (*Il lui baisa la main ; elle le prend dans ses bras, le presse contre son cœur, et l'embrasse avec tendresse*). (*En le regardant avec amitié.*) L'heureuse physionomie! Que je me réjouis de pouvoir nommer mon fils un si aimable enfant!

FABIEN.

Je voudrais bien aussi pouvoir me réjouir; mais, hélas!

Mme DE FLEURY.

Qu'est-ce donc, mon petit ami? Tu me parais

bien triste. (*Fabien se met à pleurer sans lui répondre.*)
Tu te détournes, tu pleures! d'où viennent ces larmes, mon cher Fabien? N'as-tu pas de confiance en moi? ne veux-tu pas me dire ce que tu as sur le cœur?

FABIEN.

Ce n'est rien, rien du tout.

Mme DE FLEURY.

C'en est trop pour m'affliger. Dis-moi ton chagrin, que je te console. Si ton papa ou tes sœurs venaient en ce moment, et qu'ils te vissent dans la tristesse, ils pourraient croire qu'il t'est arrivé quelque accident fâcheux. Ah! ils se sont bien promis de la joie de ton arrivée. Est-ce que tu serais fâché de les embrasser?

FABIEN.

Que me dites-vous? Je n'aurai plus d'autre plaisir. Mais pourrez-vous aussi me faire embrasser maman? c'est elle que je pleure.

Mme DE FLEURY.

Il y a six mois que tu l'as perdue, et tu la pleures encore?

FABIEN.

Ah! toujours; toute ma vie. (*Avec des sanglots.*) O maman! ma chère maman!

Mme DE FLEURY.

N'en parlons plus, mon cher ami, puisque c'est renouveler toutes tes douleurs.

FABIEN.

Non, non; au contraire, parlons-en, je vous

prie, pour me soulager. Voudriez-vous que sitôt après votre mort vos enfans vous eussent déjà oubliée ?

Mme DE FLEURY.

Excellente petite créature! (*Elle l'embrasse.*) Tu l'aimais donc bien, ta maman ?

FABIEN.

Je le sens mieux encore depuis que je ne l'ai plus. Elle était si bonne et si douce !

Mme DE FLEURY.

Je voudrais pouvoir la rendre à tes regrets ; ou plutôt, je veux prendre sa place dans ton cœur. Je veux t'aimer comme elle, et te rendre les mêmes soins.

FABIEN.

Mais ce ne sera jamais vous qui m'aurez fait naître, qui m'aurez nourri de votre lait, et qui m'aurez élevé dans mon berceau. Elle était ma mère, et vous n'êtes que ma marâtre.

Mme DE FLEURY.

Pourquoi m'appelles-tu de ce nom ? je ne t'ai pas appelé mon beau-fils.

FABIEN.

Pardonnez-moi, je vous prie ; ce n'était pas pour vous fâcher. Vous me semblez aussi bien aimable et bien caressante ; mais vous avez des enfans à vous, et vous les aimerez toujours plus que moi.

Mme DE FLEURY.

Tu ne t'apercevras jamais de la différence. Quelques jours encore pour nous mieux connaître, et tu verras si tu ne te croiras pas toi-même mon propre fils.

FABIEN.

Oh! si cela pouvait arriver sans oublier maman!

Mme DE FLEURY.

Je ne te demande pas que tu l'oublies; au contraire, nous en parlerons tous les jours. Je veux que ta tendresse pour elle serve d'émulation et d'exemple à mes enfans. Viens, viens; je brûle de te les présenter.

FABIEN.

Oh! je les ai vus. Ne vous ont-ils pas déjà porté des plaintes contre moi?

Mme DE FLEURY.

Non, mon ami, aucune. Est-ce que vous auriez eu quelque différend? j'en serais au désespoir. Tout mes plus vifs désirs sont de vous voir tendrement unis et attachés les uns aux autres, comme de véritables frères.

FABIEN.

Je ne demande pas mieux que d'aimer. Cela fait tant de plaisir! Mais où est mon papa? où sont mes sœurs? Faites-les-moi voir, que je les embrasse.

Mme DE FLEURY.

Ton papa ne tardera pas à revenir. Il est allé terminer quelques affaires, pour avoir le reste de la journée à te donner. Mais, en attendant, je peux te mener auprès de tes sœurs. Elles t'apprendront ce que tu dois penser sur mon compte.

FABIEN.

Je veux bien qu'elles me parlent de vous ; mais qu'elles me parlent d'abord de notre pauvre maman. (*Ils sortent ensemble sans voir Prosper et Casimir qui s'avancent d'un autre côté.*)

SCÈNE VI.

CASIMIR, PROSPER.

PROSPER.

Pourquoi m'empêcher d'aller me plaindre à maman ? Moi, l'ami de ce petit vaurien ? Je ne le serai jamais. Aussitôt que son père sera de retour, je veux lui dire combien il a été hargneux et querelleur, pour qu'il lui apprenne à se bien conduire envers nous.

CASIMIR.

Mais crois-tu que notre papa ne sera pas chagrin de cette querelle ? Et serais-tu content de toi si tu l'affligeais ?

PROSPER.

J'en aurais certainement du regret ; cependant comment faire ? Si ce petit homme n'est pas corrigé dès le premier jour ; ce sera des disputes éternelles dans la maison. Il cherchera sans cesse à nous mortifier. Moi, je ne suis pas endurant ; je me fâcherai, je lui apprendrai ce qu'il doit savoir ; et s'il s'avise de prendre un ton comme tout à l'heure...

CASIMIR.

Que dis-tu, Prosper? j'espère que tu n'as pas envie de le battre?

PROSPER.

Mais tu n'entends pas que je me laisse battre par lui, j'imagine?

CASIMIR.

Non, certainement.

PROSPER.

Quel parti faut-il donc que je prenne?

CASIMIR.

Nous verrons dans le temps. Pour aujourd'hui, il serait cruel de troubler la joie de son père.

PROSPER.

Que ce soit aujourd'hui ou demain, cela revient au même. Non, non, le plus tôt sera le mieux.

CASIMIR.

Mon frère, je t'en supplie, attends encore; Fabien n'est sûrement pas si méchant que tu le penses.

PROSPER.

D'où le sais-tu? Je le connais peut-être aussi bien que toi.

CASIMIR.

Son père et ses sœurs nous en ont toujours parlé comme d'un enfant très-doux et très-complaisant, qui n'avait d'autre plaisir que de se faire aimer de tout le monde.

PROSPER.

Vraiment oui, en me tournant le dos quand je veux l'embrasser.

CASIMIR.

Il ne nous connaît pas encore. Il a pu se figurer que nous étions des *frérâtres*.

PROSPER.

Comment pouvait-il le croire? Nous ne lui avons laissé voir que des sentimens d'amitié.

CASIMIR.

Il était peut-être dans un moment de chagrin.

PROSPER.

Et sommes-nous faits pour souffrir de son humeur?

CASIMIR.

Il faut bien se pardonner quelque chose entre frères.

PROSPER.

Il semble qu'il dédaigne de nous regarder comme les siens.

CASIMIR.

Non; je ne lui ai pas trouvé cet air de hauteur que tu lui supposes.

PROSPER.

Qu'il prenne garde, je ne lui en passerai aucun. Mais le voici qui vient avec ses sœurs; je me retire. Je ne puis me souffrir auprès de lui.

CASIMIR.

Attendons-les, mon frère, et prenons part à leur joie.

PROSPER.

Non; je pourrais la troubler. Je m'en vais.

(*Il sort.*)

CASIMIR.

Eh bien! je te suis. (*En sortant.*) Il faut que je tâche d'adoucir son esprit.

SCÈNE VII.

FABIEN, PRILSILLE, AGATHE.

PRILSILLE, *en serrant la main de Fabien.*

Pourquoi t'affliger encore? Hélas! mon frère, toutes nos plaintes ne sauraient nous rendre notre maman.

FABIEN.

Mais, au moins, promettez-moi que nous penserons à elle toutes les fois que nous serons ensemble.

PRILSILLE.

Oui, Fabien; je croirai toujours la voir au milieu de nous, comme pendant sa vie.

FABIEN, *prenant la main de Prilsille et d'Agathe, et les regardant avec tendresse.*

Mes chères sœurs, cette pensée double le plaisir que je sens à vous retrouver.

PRILSILLE.

Aussi j'ai bien soupiré après toi, je t'assure.

AGATHE.

Et moi aussi, mon frère. Nous pourrons à présent jouer ensemble comme autrefois. Casimir et Prosper joueront aussi avec nous. Oh! ce sera un plaisir! un plaisir! (*Elle frappe des mains, et saute de joie.*)

FABIEN.

Vous pouvez bien laisser là votre Prosper et votre Casimir.

PRILSILLE.

Comment donc, Fabien, est-ce que cela te ferait de la peine.

FABIEN.

Ils dérangeraient tous nos jeux. Ils ne sont bons qu'à porter des plaintes contre nous à leur mère, et à nous prendre ce qui nous appartient.

PRILSILLE.

Eux, mon frère! Comment peux-tu le penser?

AGATHE.

Tiens, vois-tu, Fabien? (*Elle lui montre un étui.*)

FABIEN.

Et d'où te vient cela?

AGATHE.

C'est Prosper qui me l'a acheté de son argent.

PRILSILLE.

Regarde aussi ce porte-feuille. On l'avait donné à Casimir : Il m'en a fait cadeau.

FABIEN.

Oui; je vois que vous êtes fort bien ensemble. Vous vous accorderez tous contre moi.

PRILSILLE et AGATHE.

Contre toi?

FABIEN.

Certainement. Je sais qu'ils me haïssent. Ils m'ont déjà fort mal reçu. Et ne m'ont-ils pas aussi enlevé toutes mes fleurs!

PRILSILLE.

A qui en as-tu donc? qui t'a enlevé tes fleurs?

FABIEN.

Ces petits drôles avec qui vous êtes si bien d'accord.

PRILSILLE.

Je ne sais ce que tu veux dire. As-tu vu ton jardin?

FABIEN.

Je ne l'ai que trop vu. Tiens, regarde toi-même. Où sont mes tulipes et mes œillets?

PRILSILLE.

Tu n'es donc pas allé près de la terrasse, là-bas, sous les fenêtres de maman.

FABIEN.

Est-ce qu'il y a là un jardin?

AGATHE.

Sûrement, et bien joli.

PRILSILLE.

Celui-ci était trop petit. Maman nous en a fait donner un qui est six fois plus grand.

FABIEN.

Et qui en est le maître? Les deux enfans gâtés, sans doute.

PRILSILLE.

Non, non; il est à tous ensemble. Chacun a son carreau.

AGATHE.

Moi, tout comme les autres.

FABIEN.

Est-ce qu'il y en a un pour moi aussi?

PRILSILLE.

Mais sans doute, tu es le plus heureux. Tu n'auras pas eu la peine de le défricher, et tu le trouveras tout couvert de fleurs.

AGATHE.

Tu verras. Il y en a de rouges, de blanches, de jaunes, de bleues, de toutes les espèces, et toutes nouvelles.

FABIEN.

De qui me viennent-elles donc?

AGATHE.

De tes frères. Il y a un mois qu'ils passent tout le temps de leurs récréations à les cultiver. Ils ont pris les plus jolies de leurs plates-bandes, et les ont transplantées dans les tiennes, pour te causer une surprise agréable à ton retour.

FABIEN.

Comment! ils ont fait cela pour moi! Dumont m'a dit qu'ils avaient tout ravagé.

PRILSILLE.

Oh! si tu en crois Dumont, tu es perdu. Il voulait aussi nous brouiller avec nos frères. Voyez, cet ingrat! Leur maman ne le garde que parce que la nôtre l'avait recommandé à mon papa; et il ne cherche qu'à leur faire de la peine!

AGATHE.

Oui, parce qu'on veut qu'il travaille, et qu'on ne le laisse pas s'enivrer toute la journée au cabaret.

FABIEN.

Ah! je commence à voir qu'il cherchait à me tromper, en se disant si tendrement mon ami.

PRILSILLE.

Il ne faut pourtant pas achever de le perdre.

FABIEN.

Oh! non; puisque maman avait des bontés pour lui.

PRILSILLE.

Tu verras bientôt comme il voulait t'en faire accroire.

AGATHE.

Viens seulement donner un coup-d'œil à ton jardin.

FABIEN.

Oui, oui; je meurs d'impatience de le voir. (*Agathe et Prilsille le prennent par la main, et l'entraînent. Casimir et Prosper entrent d'un autre côté, sans les voir sortir.*)

SCÈNE VIII.

CASIMIR, PROSPER.

(*Ils portent des assiettes de gâteaux et de fruits, qu'ils vont poser sous le berceau voisin.*)

CASIMIR.

Où est-il donc?

PROSPER, *tournant la tête de tous côtés.*

Tiens, ne le vois-tu pas avec ses sœurs, qui entrent dans notre jardin?

CASIMIR.

Ah! j'en suis bien aise. Comme il va être content, lorsqu'il verra combien nous nous sommes occupés de ses plaisirs!

PROSPER.

Bon! je parie qu'il le trouvera encore mauvais. Il est d'une humeur si singulière! Les fleurs seront mal choisies, le buis sera mal taillé, la terre trop sèche ou trop humide; que sais-je, moi!

CASIMIR.

Oui; mais sais-tu que je commence à te croire aussi grognon que lui. Je ne t'ai jamais vu tant d'aigreur.

PROSPER.

C'est lui qui me la donne. Ses sœurs ont-elles jamais eu des plaintes à faire sur mon compte? Je ne demanderais qu'à bien vivre avec lui-même. Tu sais avec quelle joie j'attendais son arrivée, et comme j'ai couru à sa rencontre pour le bien recevoir?

CASIMIR.

Il est vrai; mais comme je te l'ai dit, mon frère, il peut avoir du chagrin; il craint peut-être de n'être plus aimé de son papa, ou que sa maman lui fasse moins d'amitié qu'à nous. N'est-il pas alors de notre devoir de le ménager dans la peine; de lui donner des consolations, et de le faire revenir dans nos bras par toutes sortes de complaisances?

PROSPER.

Tu as raison. Je n'y avais pas encore si bien songé.

CASIMIR.

S'il est aussi bon enfant qu'on le dit, penses-tu comme il sera touché de nos caresses, combien son père et ses sœurs nous en aimeront davantage; et quel plaisir notre maman elle-même en ressentira? C'est de quoi mettre la joie dans toute la maison.

PROSPER.

Ah! j'avais tort, je le sens. Qu'il revienne; et je lui ferai tant d'amitiés, qu'il faudra bien qu'il oublie notre querelle.

CASIMIR.

Crois-moi, courons le trouver au milieu de nos fleurs. Elles feront la paix entre nous.

PROSPER.

C'est bien dit. Allons. Donne-moi la main...; Mais le voici qui revient.

CASIMIR.

Vois-tu comme il a l'air content?

SCÈNE IX.

CASIMIR, PROSPER, FABIEN, PRILSILLE, AGATHE.

FABIEN, *courant se jeter dans les bras de Prosper et de Casimir.*

Ah! mes bons amis, mes frères! vous devez être bien fâchés contre moi?

CASIMIR.

Non. Pourquoi donc?

PROSPER, *l'embrassant encore.*

Va, mon cher Fabien, je ne le suis plus.

FABIEN.

Quel joli jardin vous m'avez arrangé! Vous me donnez vos plus belles fleurs, sans que je vous aie encore fait aucun plaisir.

CASIMIR.

Tu nous en fais assez, pourvu que tu sois content.

FABIEN.

Oh! si je le suis! Mes bons frères, pardonnez-moi, je vous prie. Je vous ai offensés, je vous ai repoussés de mes bras : je ne le ferai plus. Nous serons toujours amis; et tout ce que j'ai vous appartient comme à moi-même.

CASIMIR.

Oui, oui; que tout soit commun, nos peines et nos plaisirs.

L'AMI DES ENFANS.

PROSPER.

Embrassons-nous encore, pour mieux commencer à ne faire qu'un à nous trois. (*Ils s'embrassent. Prilsille et Agathe s'embrassent aussi, et laissent tomber des larmes d'attendrissement.*)

CASIMIR.

Maintenant, il faut aller nous rafraîchir sous le berceau. Venez aussi, mes petites sœurs. Allons. Asseyons-nous.

PROSPER.

Fabien, c'est à toi à faire les honneurs du goûter. Tu es aujourd'hui le roi de la fête.

FABIEN.

Oh! je suis sûr que je n'aurai jamais rien mangé de si bon appétit qu'à ce repas d'amitié. (*Il présente à la ronde des gâteaux et des fruits, et ils commencent à manger.*)

PROSPER.

Eh bien! cela n'est-il pas mieux que de se chamailler ensemble.

AGATHE.

Il n'y a point de querelles qui valent ces poires.

CASIMIR.

Quelle sera la joie de maman de nous voir si bien d'accord!

PHILSILLE.

Elle mérite bien que nous lui fassions ce plaisir. Quand tu la connaîtras, Fabien..... Mais tu l'as déjà vue?

FABIEN.

Oui, ma sœur; j'en ai reçu mille caresses. Elle a une figure si douce, qu'elle ne peut pas être méchante. J'ai senti à sa voix que je n'aurai pas de peine à l'aimer.

PRILSILLE.

Et comme elle nous aime à son tour!

AGATHE.

Il ne faut que se divertir pour lui plaire.

PRILSILLE.

Nous étions bien à plaindre à la mort de notre première maman. Mon papa, qui passe toute la journée au palais, ne pouvait guère s'occuper de nous. Il manquait toujours quelque chose à nos habits, et notre éducation était encore plus négligée.

AGATHE.

Nous nous serions bientôt accoutumées à la fainéantise.

PRILSILLE.

Mais, depuis que notre nouvelle maman est entrée dans la maison, notre bonheur a recommencé. Elle nous procure tous les amusemens de notre âge, elle y prend part avec nous. On dirait qu'elle est plus occupée de notre santé que de la sienne. Je n'ai pas encore eu le temps de m'apercevoir qu'il me manque la moindre chose; elle pourvoit d'avance à tous mes besoins.

AGATHE.

Et moi, j'ai été malade, oh! bien malade. C'est

elle qui a eu soin de moi. Elle était toujours auprès de mon lit à me consoler. Elle m'a donné je ne sais combien de gelées de groseilles et de cerises confites. Je serais déjà morte sans ses secours.

FABIEN.

O mes chères sœurs! que me dites-vous?

PRILSILLE.

Tu sais aussi que nous n'étions guère exercées, avant ton départ, à travailler de nos mains? Maman s'est chargée de nous l'apprendre. Grâces à ses leçons, nous savons passablement coudre, broder, faire du filet; et nous venons même d'entreprendre avec elle un grand ouvrage de tapisserie.

CASIMIR, à *Fabien*.

Tiens, vois-tu ces manchettes si joliment festonnées? c'est le chef-d'œuvre de Prilsille, et son premier cadeau.

PRILSILLE.

Ah! j'en ai été bien payée. N'as-tu pas cultivé pour moi mon parterre? ne m'as-tu pas donné des bouquets de tes plus jolies fleurs? Entends-tu, Fabien? Maman ne veut pas que nous travaillions pour nous : et ils en font encore plus que nous ne penserions à leur en demander.

AGATHE.

Oh! oui. Je veux te montrer le petit bateau de liége que Prosper m'a fait avec son canif. Tu verras ses cordages de soie, ses voiles de satin, et ses banderoles de ruban. Il vogue tout seul sur le vivier.

PROSPER.

Puisque tu m'avais tricoté des jarretières.....

AGATHE.

Vraiment, des jarretières! Je sais bien faire autre chose aujourd'hui. Ah, Fabien! si tu voyais certaine bourse à bandes vertes et lilas! Tout le vert est de ma façon, au moins : demande à ma sœur. Tu en seras content, j'en suis sûre.

FABIEN.

Comment! vous m'avez fait une bourse? (*Prilsille fait signe à Agathe de se taire.*)

AGATHE, *embarrassée.*

Non, Fabien, elle n'est pas pour toi..... Elle est bien pour toi; mais maman m'a défendu de te le dire. (*Bas en souriant.*) Elle veut te surprendre aussi, avec un habit neuf et une veste brodée. Tu verras.

PHILSILLE.

Cette petite étourdie ne peut rien garder sur son cœur.

AGATHE.

C'est que j'avais tant de plaisir de lui en parler! Nous avons toujours pensé à toi, mon frère.

FABIEN.

Oh! je vous remercie. Mais, dites-moi, êtes-vous donc heureuses?

PRILSILLE.

Si nous le sommes! qui pourrait manquer à notre bonheur? Notre maman est si bonne! Je ne sais comment elle s'y prend; mais elle a le secret de tourner tout en plaisir. Je ne m'amuse jamais si bien qu'à jasér avec elle. L'instruction vient en badinant.

AGATHE..

Il faut voir quand nous lisons ensemble de petits contes qu'un de nos amis nous donne exactement le premier de chaque mois.

PRILSILLE.

O mon Dieu! tu m'y fais penser, Agathe. Il ne nous a pas encore envoyé le dernier. Il faut qu'il ait été malade de ces grandes chaleurs.

AGATHE.

J'en serais bien fâchée. C'est mon bon ami, à moi. Il fait les histoires de tous les petits garçons et de toutes les petites filles du monde. Ce serait drôle si nous trouvions quelque jour la nôtre dans son livre.

PRILSILLE.

J'en serais bien aise à cause de maman. Je voudrais que tout le monde connût sa bonté, et combien nous l'aimons.

CASIMIR.

Et moi, à cause de notre second papa, qui nous traite comme si nous étions ses véritables enfans.

SCÈNE X.

M. DE FLEURY, FABIEN, PRILSILLE, AGATHE, CASIMIR, PROSPER.

M. DE FLEURY, *qui s'est tenu debout à côté du berceau pendant toute la scène précédente, se précipite au milieu d'eux, et s'écrie :*

Et vous l'êtes aussi dans mon cœur. Je fais toute ma gloire et toute ma joie de me croire votre père. Mais où est Fabien ?

FABIEN, *se jetant au cou de M. de Fleury.*

Me voici, mon papa. Oh ! quelle joie de vous revoir !

M. DE FLEURY.

Embrasse-moi encore, mon cher fils. Eh bien ! es-tu content des frères que je t'ai donnés !

FABIEN.

Oh ! je n'aurai jamais pu en choisir de meilleurs. Je ferai tout ce qui sera en moi pour m'en faire aimer comme je les aime.

CASIMIR.

Ce ne sera pas difficile, puisque nous le désirons aussi vivement de notre côté.

PROSPER.

Nous n'aurons qu'à penser au plaisir que nous avons goûté aujourd'hui.

PRILSILLE.

J'aurai soin de vous le rappeler toutes les fois que nous nous trouverons ensemble.

AGATHE.

Va, ma sœur, nous nous en souviendrons bien de nous-mêmes.

M. DE FLEURY.

J'en ai été témoin, et mon âme en sera long-temps pénétrée. Mais elle ne saurait suffire toute seule à l'excès de sa joie. Approche, chère épouse, viens aussi jouir de ce spectacle délicieux, si bien fait pour ton cœur. (*Il va prendre hors du berceau madame de Fleury, et l'amène devant ses enfans.*)

SCÈNE XI.

M. et Mme DE FLEURY, FABIEN, PRILSILLE, AGATHE, CASIMIR, PROSPER.

M. DE FLEURI.

La voilà, mes amis, celle que j'ai choisie pour faire votre bonheur et le mien. La fortune que j'aurais pu vous laisser n'eût été rien, sans les dons bien plus précieux d'une bonne éducation. Nous nous sommes réunis pour vous procurer à la fois tous ces avantages. Il manquait aux uns une mère tendre, qui veillât continuellement sur les besoins de leur enfance, qui fût sans cesse occupée du soin de former leur cœur et leur raison, de leur inspirer de sages principes, et de cultiver leurs talens. Il manquait aux autres un père laborieux qui les avançât dans le monde, qui travaillât à leur donner un état, et à leur former des établissemens honorables. Vos intérêts étaient les mêmes dans cette union; et c'est également pour tous que nous l'avons formée. Me promets-tu, chère épouse, comme je te le promets à mon tour, de regarder du même œil tous ces enfans; de ne montrer à aucun d'autre préférence que celle qu'il mériterait par son amour pour nous, et par sa bonne conduite?

Mme DE FLEURY.

Ma réponse est pour toi dans ces larmes; et pour vous, mes petits amis, dans ces embrassemens. (*Elle tend ses bras aux enfans, qui se pressent tous à l'envi sur son sein.*)

M. DE FLEURY.

Et vous, mes enfans, me promettez-vous aussi de vivre toujours unis, sans querelles ni jalousies; de vous aimer tous sans distinction, comme frères et sœurs? (*Ils se prennent tous par la main; et, tombant aux genoux de M. et de Mad. de Fleury, ils s'écrient tous à la fois.*) Oui, mon papa, oui, maman, nous vous le promettons.

M. DE FLEURY, *se baissant sur eux, et les relevant.*

Continuez, mes chers enfans, de vivre dans cette douce amitié. Ces charmes augmenteront chaque jour dans une liaison plus intime. Vous serez aussi heureux par les bienfaits que vous recevrez les uns des autres, que par les petits sacrifices que vous aurez la générosité de vous faire mutuellement. Chacun de vous, en jouissant de son propre bonheur, ne jouira pas moins de celui de son frère qu'il regardera comme son ouvrage. Tous les gens de bien s'intéresseront à votre félicité; et vos enfans vous récompenseront un jour, par leur tendresse, d'avoir si bien mérité celle de vos parens.

LE PETIT FRÈRE.

Fanchette s'était un jour levée de grand matin pour aller cueillir des fleurs, et en porter un bouquet à sa mère dans son lit. Comme elle se disposait à descendre, son père entra dans sa chambre en souriant, la prit dans ses bras, et lui dit : Bonjour, ma chère Fanchette; viens vite avec moi, je veux te montrer quelque chose qui te fera sûrement plaisir.

Eh quoi donc, mon papa? lui demanda-t-elle avec empressement.

Dieu t'a fait présent cette nuit d'un petit frère, lui répondit-il.

Un petit frère? ah! où est-il? voyons! menez-moi à lui, je vous prie.

Son père ouvrit la porte de la chambre où sa mère était couchée. Il y avait à côté du lit une femme étrangère, que Fanchette n'avait pas encore vue dans la maison, et qui enveloppait le nouveau-né dans les langes.

Ce fut alors mille et mille questions de la part de la petite fille. Son père y répondit de son mieux; et il croyait avoir satisfait à tout, lorsque Fanchette lui dit : mon papa, qui est cette vieille femme? comme elle ballotte mon petit frère? ne craignez-vous pas qu'elle lui fasse mal?

M. DE GENSAC.

Oh! non, sois tranquille. C'est une bonne femme que j'ai envoyé chercher pour avoir soin de lui.

FANCHETTE.

Mais il appartient à maman. L'a-t-elle déjà vu?

Mme DE GENSAC, *entr'ouvrant le rideau de son lit.*

Oui, Fanchette, je l'ai vu. Et toi, es-tu bien aise de le voir?

FANCHETTE.

Oh! fort aise, maman. C'est un petit camarade pour jouer avec moi. Mais, mon papa, d'où vient-il?

M. DE GENSAC.

Je te l'ai déjà dit. C'est Dieu qui nous en a fait présent.

FANCHETTE.

Est-ce qu'il est venu vous l'apporter lui-même?

M. DE GENSAC.

Non.

FANCHETTE.

Comment ce marmouset est-il donc entré dans la chambre?

M. DE GENSAC.

Lorsque tu seras plus grande, je te l'apprendrai :

occupons-nous seulement à le regarder. Tiens, vois comme il est gentil.

FANCHETTE.

Quelle drôle de mine il a ! Il est tout rouge comme s'il venait de courir. Mon papa, voulez-vous le laisser jouer avec moi ?

M. DE GENSAC.

Cela n'est pas possible; il ne peut pas se tenir sur ses pieds. Vois-tu comme ils sont faibles ?

FANCHETTE.

Ah ! mon Dieu ! les petits pieds ! Je vois que nous ne pourrons pas courir de long-temps ensemble.

M. DE GENSAC.

Patience. Il faut qu'il apprenne d'abord à marcher, et ensuite vous pourrez gambader tous les deux dans le jardin.

FANCHETTE.

Est-il vrai ? O mon pauvre petit ! il faut que je te donne quelque chose pour t'accoutumer à m'aimer. Tiens, j'ai dans ma poche une image, prends-la. Mon papa, qu'est-ce donc ? Ce marmot ne veut pas la prendre; il tient ses petites mains fermées.

M. DE GENSAC.

Il ne sait pas encore l'usage qu'il en peut faire. Il faut attendre quelques mois.

FANCHETTE.

A la bonne heure. O mon petit homme ! Je te donnerai tous mes joujoux. Eh bien ! cela te fait-il plaisir ? réponds-moi donc. Il me semble qu'il sourit. Appelle-moi Fanchette, Fanchette. Est-ce que tu ne veux pas parler?.

M. DE GENSAC.

Il ne parlera que dans un an. Mais toi, prends garde d'étourdir ta mère de ton caquet.

FANCHETTE.

Ah! mon papa, voilà son visage tout bouleversé: il pleure; apparemment qu'il a faim. Doucement, monsieur, je vais vous chercher quelque friandise.

M. DE GENSAC.

Ne te mets pas en peine de sa nourriture. Il n'a pas de dents; comment pourrait-il manger?

FANCHETTE.

Il ne peut pas manger! De quoi vivra-t-il donc? Est-ce qu'il va mourir?

M. DE GENSAC, *à la garde.*

Madame, faites-moi le plaisir de porter cet enfant à sa mère, pour montrer à Fanchette comment on le nourrit.

FANCHETTE.

Ah! je serai bien aise de le voir. Eh bien! maman, que faites-vous? vous lui mettez votre téton dans la bouche.

Mme DE GENSAC.

Dieu y a mis du lait pour que j'en nourrisse ton petit frère. Il est encore bien faible, mais dans quelques jours tu verras, il se roulera à terre comme un petit agneau.

FANCHETTE.

Qu'il me tarde de le voir comme cela; Mais est-ce qu'il ne prend que du lait?

M. DE GENSAC.

Rien de plus.

FANCHETTE.

Mais, quand il aura tout bu celui-là, où en prendrez-vous d'autre ?

Mme DE GENSAC.

Il n'en manquera point. Une partie de ce que je mange et de ce que je bois se tournera en lait.

FANCHETTE.

En lait ? je ne comprends pas cela.

M. DE GENSAC.

Je le crois bien. Il y a tant de choses que tu ne peux pas encore comprendre.

FANCHETTE.

La mignonne de tête ! Je n'ose pas y toucher.

M. DE GENSAC.

Tu peux y toucher; mais bien doucement.

FANCHETTE.

Oh ! bien doucement. Mon Dieu ! qu'elle est molle ! c'est comme du coton.

M. DE GENSAC.

La tête de tous les petits enfans est comme celle de ton frère.

FANCHETTE.

S'il venait à tomber, il se la romprait en mille pièces.

Mme DE GENSAC.

Sûrement. Mais nous aurons bien soin de le tenir pour qu'il ne tombe pas.

M. DE GENSAC.

Sais-tu bien, Fanchette, qu'il y a cinq ans que tu étais aussi petite?

FANCHETTE.

Moi, j'ai été comme cela? Vous vous moquez, mon papa?

M. DE GENSAC.

Non, non; rien de plus vrai.

FANCHETTE.

Je ne m'en souviens pas, pourtant.

M. DE GENSAC.

Je le crois. Te souviens-tu du temps où j'ai fait tapisser cette chambre?

FANCHETTE.

Elle a toujours été comme elle est.

M. DE GENSAC.

Point du tout. Je l'ai fait tapisser dans le temps où tu étais aussi petite que ton frère.

FANCHETTE.

Eh bien! je ne m'en suis pas aperçue.

M. DE GENSAC.

Les petits enfans ne voient rien de ce qui se passe autour d'eux. Lorsque ton frère sera à ton âge, demande-lui s'il se souvient que tu aies voulu lui apprendre aujourd'hui à prononcer ton nom. Tu verras s'il se le rappelle.

FANCHETTE.

J'ai donc pris aussi du lait de maman?

M. DE GENSAC.

Sans doute. Si tu savais toutes les peines qu'elle

s'est données pour toi! Tu étais si faible que tu ne pouvais rien prendre. Nous craignions à tout moment de te voir mourir. Ta mère disait : Ma pauvre enfant! si elle allait tomber en faiblesse! et elle eut une peine infinie à te faire sucer quelques gouttes de lait.

FANCHETTE.

Ah! ma chère maman! c'est donc vous qui m'avez appris à me nourrir?

M. DE GENSAC.

Oui, ma fille. Après que ta mère eut réussi à te faire prendre toi-même la première nourriture, tu devins grasse et réjouie. Pendant près de deux ans, ce furent tous les jours les mêmes soins. Quelquefois, lorsque ta mère s'était endormie de fatigue, tu troublais son sommeil par tes cris. Il fallait qu'elle se levât pour courir à ton berceau. Ma chère Fanchette, s'écriait-elle en te caressant, sans doute que tu as soif? et elle te présentait son sein.

FANCHETTE.

J'ai donc eu la tête aussi faible que celle de mon frère?

M. DE GENSAC.

Aussi faible, ma fille.

FANCHETTE.

Moi, qui l'ai si dure à présent! Mon Dieu, j'aurais dû me la casser mille fois!

M. DE GENSAC.

Nous avons eu pour toi tant d'attentions! Ta mère a renoncé pour un temps à tous les plaisirs! elle a négligé toutes ses sociétés, pour ne pas te perdre un seul instant de vue. Lorsqu'elle était obligée de sortir pour des devoirs ou des affaires indispensables, elle était toujours dans les transes. Ma chère Gothon, disait-elle à ta gouvernante, je vous recommande Fanchette comme votre propre enfant; et elle lui faisait continuellement des cadeaux pour l'engager à te soigner avec plus de vigilance.

FANCHETTE.

Ah! ma bonne maman!... Mais, mon papa, est-ce qu'il y a eu un temps où je ne savais pas courir? Je cours si bien à présent. Voyez, en trois pas je suis au bout de la chambre. Qui est-ce donc qui me l'a appris?

M. DE GENSAC.

Ta mère et moi. Nous t'avions mis autour de la tête un bandeau de velours bien rembourré, afin que, si tu venais à tomber, tu ne te fisses pas de mal : nous te tenions par des lisières pour aider tes premiers pas : nous allions tous les jours dans le jardin sur la pièce de gazon ; et là, nous plaçant vis-à-vis l'un de l'autre, à une petite distance, nous te posions toute seule debout au milieu, et nous te tendions les bras, pour t'inviter à venir tantôt à l'un, tantôt à l'autre. Le plus léger faux pas que tu faisais nous tournait le sang. C'est à force de répéter ces exercices que nous t'avons appris à marcher.

FANCHETTE.

Je n'aurais jamais cru vous avoir donné tant de peines. Est-ce vous aussi qui m'avez enseigné à parler?

M. DE GENSAC.

C'est nous encore. Je te prenais sur mes genoux,

et je te répétais les mots de papa et maman, jusqu'à ce que tu fusses en état de me les bégayer : tous les mots que tu sais aujourd'hui, c'est nous qui te les avons appris de la même manière ; tu dois te souvenir que c'est nous aussi qui t'avons montré à lire.

FANCHETTE.

Oh! je me le rappelle à merveille. Vous me faisiez mettre à table entre vous deux. On nous apportait au dessert une assiette de raisins secs, et de petits carrés où il y avait des lettres moulées. Lorsque j'avais bien réussi à les nommer, vous me donniez quelques grains de raisin. Oh! c'était un jeu bien joli!

M. DE GENSAC.

Si nous n'avions pas pris tous ces soins de toi, si nous t'avions abandonnée à toi-même, que serais-tu devenue?

FANCHETTE.

Il y a bien long-temps que je serais morte. Oh! le bon papa, la bonne maman, que vous êtes!

M. DE GENSAC.

Et cependant tu donnes quelquefois du chagrin à ton papa; tu es désobéissante envers ta maman!

FANCHETTE.

Je ne le serai plus de ma vie; je ne savais pas tout ce que vous aviez fait pour moi.

M. DE GENSAC.

Remarque bien les soins que nous allons avoir pour ton frère, et dis en toi-même : Et moi aussi j'ai donné autant de peines à mes parens.

Cet entretien fit une vive impression sur Fanchette; et, lorsqu'elle voyait toute la tendresse que sa mère montrait à son petit frère, toutes les inquiétudes qui l'agitaient sur sa santé, toute la patience qu'il fallait pour lui faire prendre sa nourriture, combien elle était affligée lorsqu'elle entendait ses cris; avec quel empressement son père la soulageait d'une partie de ses soins, comme l'un et l'autre se fatiguaient pour apprendre à l'enfant à marcher et à parler, elle se disait dans son cœur : Mes chers parens ont pris les mêmes peines pour moi. Ces réflexions lui inspirèrent tant de tendresse et de reconnaissance pour eux, qu'elle observa fidèlement la promesse qu'elle leur avait faite, de ne leur causer jamais volontairement aucun chagrin.

LES QUATRE SAISONS.

Ah! si l'hiver pouvait durer toujours, disait le petit Fleuri au retour d'une course de traîneaux, s'amusant dans le jardin à former des hommes de neige.

M. Gombault, son père, l'entendit, et lui dit : Mon fils, tu me ferais plaisir d'écrire ce souhait sur mes tablettes. Fleuri l'écrivit d'une main tremblotante de froid.

L'hiver s'écoula, et le printemps survint. Fleuri se promenait avec son père le long d'une plate-bande où fleurissaient des jacintes, des auricules et des narcisses. Il était transporté de joie en respirant leur parfum, et en admirant leur fraîcheur et leur éclat.

Ce sont les productions du printemps, lui dit M. Gombault : elles sont brillantes, mais d'une bien courte durée. Ah! répondit Fleuri, si c'était toujours le printemps?

Voudrais-tu bien écrire ce souhait sur mes tablettes! Fleuri l'écrivit en tressaillant de joie.

Le printemps fut bientôt remplacé par l'été.

Fleuri, dans un beau jour, alla se promener avec ses parens et quelques compagnons de son âge dans un village voisin.

Ils trouvaient sur la route, tantôt des blés verdoyans, qu'un vent léger faisait rouler en ondes, comme une mer doucement agitée, tantôt des prairies émaillées de mille fleurs. Ils voyaient de tous côtés bondir de jeunes agneaux, et des poulains, pleins de feu, faire mille gambades autour de leurs mères. Ils mangèrent des cerises, des fraises, et d'autres fruits de la saison ; et ils passèrent la journée entière à s'ébattre dans les champs.

N'est-il pas vrai, Fleuri, lui dit M. Gombault en s'en retournant à la ville, que l'été a aussi ses plaisirs?

Oh! répondit-il, je voudrais qu'il durât toute l'année! Et, à la prière de son père, il écrivit encore ce souhait sur ses tablettes.

Enfin l'automne arriva.

Toute la famille alla passer un jour en vendanges : il ne faisait pas tout-à-fait si chaud que dans l'été ; l'air était doux et le ciel serein ; les ceps de vigne étaient chargés de grappes noires ou d'un jaune d'or : les melons rebondis, étalés sur des couches, répandaient une odeur délicieuse ; les branches des arbres courbaient sous le poids des plus beaux fruits.

Ce fut un jour de régal pour Fleuri, qui n'aimait rien tant que les raisins, les melons et les figues. Il avait encore le plaisir de les cueillir lui-même.

Ce beau temps, lui dit son père, va bientôt passer : l'hiver s'achemine à grands pas vers nous pour remplacer l'automne.

Ah ! répondit Fleuri, je voudrais bien qu'il restât en chemin, et que l'automne ne nous quittât jamais.

M. COMBAULT.

En serais-tu bien content, Fleuri !

FLEURI.

Oh ! très-content, mon papa ; je vous en réponds.

Mais, repartit son père en tirant ses tablettes de sa poche, regarde un peu ce qui est écrit ici. Lis tout haut.

FLEURI *lit.*

« Ah ! si l'hiver pouvait durer toujours ! »

M. COMBAULT.

Voyons à présent quelques feuilles plus loin.

FLEURI *lit.*

« Si c'était toujours le printemps ! »

M. GOMBAULT.

Et sur ce feuillet-ci, que trouverons-nous?

FLEURI *lit.*

« Je voudrais que l'été durât toute l'année! »

M. GOMBAULT.

Reconnais-tu la main qui a écrit tout cela?

FLEURI.

C'est la mienne.

M. GOMBAULT.

Et que viens-tu de souhaiter à l'instant même?

FLEURI.

« Que l'hiver s'arrêtât en chemin, et que l'au-
» tomne ne nous quittât jamais. »

M. GOMBAULT.

Voilà qui est assez singulier. Dans l'hiver, tu souhaitais que ce fût toujours l'hiver; dans le printemps, que ce fût toujours le printemps; dans l'été, que ce fût toujours l'été; et tu souhaites aujourd'hui, dans l'automne, que ce soit toujours l'automne. Songes-tu bien à ce qui résulte de cela!

FLEURI.

Que toutes les saisons de l'année sont bonnes.

M. GOMBAULT.

Oui, mon fils, elles sont toutes fécondes en richesses et en plaisirs : et Dieu s'entend bien mieux que nous, esprits limités que nous sommes, à gouverner la nature.

S'il n'avait tenu qu'à toi l'hiver dernier, nous n'aurions plus eu ni printemps, ni été, ni automne. Tu aurais couvert la terre d'une neige éternelle, et tu n'aurais jamais eu d'autres plaisirs que de courir sur des traîneaux et de faire des hommes de neige. De combien d'autres jouissances n'aurais-tu pas été privé par cet arrangement?

Nous sommes heureux de ce qu'il n'est pas en notre pouvoir de régler le cours de la nature. Tout serait perdu pour notre bonheur, si nos vœux téméraires étaient exaucés.

LA NEIGE.

Après plusieurs annonces trompeuses de son retour, le printemps était enfin arrivé. Il soufflait un vent doux qui réchauffait les airs. On voyait la neige se fondre, les gazons reverdir, et les fleurs percer la terre; on n'entendait que le chant des oiseaux. La petite Louise était déjà allée à la campagne avec son père. Elle avait entendu les premières chansons des pinsons et des merles, et elle avait cueilli les premières violettes. Mais le temps changea encore une fois. Il s'éleva tout-à-coup un vent du nord violent qui soufflait dans la forêt, et couvrait les chemins de neige. La petite Louise entra toute tremblotante dans son lit, en remerciant Dieu de lui avoir donné un gîte si doux, à l'abri des injures de l'air.

Le lendemain matin, lorsqu'elles se leva : ah! tout,

tout était blanchi. Il était tombé pendant la nuit une si grande quantité de neige, que les passans en avaient jusqu'aux genoux.

Louise en fut attristée; les petits oiseaux le paraissent bien d'avantage. Comme toute la terre était couverte à une grande épaisseur, ils ne pouvaient trouver aucun grain, aucun vermisseau pour apaiser leur faim.

Tous les habitans emplumés des forêts se réfugiaient dans les villes et dans les villages, pour chercher des secours auprès des hommes. Des troupes nombreuses de moineaux, de linotes, de pinsons et d'alouettes, s'abattaient dans les chemins et dans les cours des maisons, et furetaient, des pattes et du béc, dans les amas de débris, afin d'y trouver quelque nourriture.

Il vint près d'une cinquantaine de ces hôtes dans la cour de la maison de Louise. Louise les vit, et elle entra tout affligée dans la chambre de son père. Qu'as-tu donc, ma fille, lui dit-il? Ah! mon papa, lui répondit-elle, ils sont tous là dans la cour, ces pauvres oiseaux qui chantaient si joyeusement il n'y a que deux jours! Ils semblent transis de froid, et ils demandent de quoi manger. Voulez-vous me permettre de leur donner un peu de grain.

Bien volontiers, lui dit son père. Louise n'en attendit pas davantage. La grange était de l'autre côté du chemin; elle y courut avec sa bonne chercher des poignées de millet et chènevis, qu'elle vint ensuite répandre dans la cour. Les oiseaux voltigeaient par troupes autour d'elle, et cherchaient le moindre petit grain. Louise s'occupait à les regarder, et elle était toute réjouie. Elle alla chercher son père et sa mère pour venir aussi les regarder et se réjouir avec elle.

Mais ces poignées de grain furent bientôt dévorées. Les oiseaux s'envolèrent sur le bord des toits, et ils regardaient Louise d'un air triste, comme s'ils avaient voulu lui dire : N'as-tu rien de plus à nous donner?

Louise comprit leur langage. Elle part aussitôt comme un trait, et court chercher de nouveaux grains. En traversant le chemin, elle rencontra un petit garçon qui n'avait pas, à beaucoup près, un cœur aussi compatissant que le sien. Il portait à la main une cage pleine d'oiseaux; et il la secouait si rudement, que les pauvres petites bêtes allaient à tout moment donner de la tête contre les barreaux.

Cela fit de la peine à Louise. Que veux-tu faire de ces oiseaux, demanda-t-elle au petit garçon? Je n'en sais rien encore, répondit-il. Je vais chercher à les vendre; et, si personne ne veut les acheter, j'en régalerai mon chat.

Ton chat? répliqua Louise; ton chat? ah! le méchant enfant!

Oh! ce ne serait pas les premiers qu'il aurait croqués tout vifs; et, en balançant sa cage comme une escarpolette, il allait s'éloigner à grands pas.

Louise l'arrêta, et lui demande combien il voulait

de ses oiseaux. Je les donnerai tous à un liard la pièce : il y en a dix-huit.

Eh bien, je les prends, dit Louise. Elle se fit suivre du petit garçon, et courut demander à son père la permission d'acheter ces oiseaux.

Son père y consentit avec plaisir ; il céda même à sa fille une chambre vide pour y loger ses hôtes.

Jacquot (ainsi s'appelait le méchant garçon) se retira fort content de son marché ; et il alla dire à tous ses camarades qu'il connaissait une petite demoiselle qui achetait les oiseaux.

Au bout de quelques heures il se présenta tant de petits paysans à la porte de Louise, qu'on eût dit que c'était l'entrée du marché. Ils se pressaient tous autour d'elle, sautant l'un au-dessus de l'autre, et soulevant des deux mains leurs cages, pour lui demander la préférence chacun en faveur de ses oiseaux.

Louise acheta tous ceux qui lui étaient présentés, et les porta dans la chambre où étaient les premiers.

La nuit vint. Il y avait bien long-temps que Louise s'était mis au lit avec un cœur aussi satisfait. Ne suis-je pas bienheureuse, se disait-elle, d'avoir sauvé la vie à tant d'innocentes créatures et de pouvoir les nourrir ? Lorsque l'été viendra, j'irai dans les champs et dans les forêts ; tous mes petits hôtes chanteront leurs plus jolies chansons, pour me remercier des soins que j'aurai eus pour eux. Elle s'endormit sur cette réflexion, et elle rêva qu'elle était dans une forêt de la plus belle verdure. Tous les arbres étaient couverts d'oiseaux qui voltigeaient sur les branches en gazouillant, ou qui nourrissaient leurs petits ; et Louise souriait dans son sommeil.

Elle se leva de fort bonne heure pour aller donner à manger à ses petits hôtes dans la volière et dans la cour ; mais elle ne fut pas aussi contente ce jour-là qu'elle l'avait été la veille. Elle savait le compte de l'argent qu'elle avait mis dans sa bourse ; et il ne devait pas lui en rester beaucoup. Si ce temps de neige dure encore quelques jours, dit-elle, que vont devenir les autres oiseaux ? Les méchans petits garçons vont les donner tout vifs à leurs chats ; et, faute d'un peu d'argent, je ne pourrai pas les sauver.

Dans ces tristes pensées elle tire lentement sa bourse, pour compter encore son petit trésor.

Mais quel est son étonnement de la trouver si lourde ! Elle l'ouvre ; et la voit pleine de pièces de monnaie de toute valeur, mêlées et confondues ensemble : il y en avait jusqu'aux cordons. Elle court vite à son père, et lui raconte, avec des transports de surprise et de joie, ce qui vient de lui arriver.

Son père la prit contre son sein, l'embrassa, et laissa couler ses larmes sur les joues de Louise.

Ma chère fille, lui dit-il, tu ne m'as jamais donné tant de satisfaction que dans ce moment. Continue de soulager les créatures qui souffrent, à mesure que ta bourse s'épuisera, tu la verras se remplir.

Quelle joie pour Louise ! elle courut dans la volière, ayant son tablier plein de chènevis et de millet. Tous les oiseaux voltigeaient autour d'elle, en regardant leur déjeûner d'un œil d'appétit. Elle descendit ensuite dans la cour, et offrit un ample repas aux oiseaux affamés.

Elle se voyait alors près de cent pensionnaires qu'elle nourrissait. C'était un plaisir! jamais ses poupées ni ses joujoux ne lui en avaient tant donné.

L'après-midi, en mettant la main dans le sac de chènevis, elle trouva ces paroles écrites dans un billet : « Les habitans de l'air volent vers toi, Sei-» gneur, et tu leur donnes la nourriture; étends » la main, et tu rassasies de tes bienfaits tout ce » qui respire ». Son père l'avait suivie. Elle se tourne vers lui, et lui dit : Je suis donc à présent comme Dieu, les habitans de l'air volent vers moi; et, lorsque j'étends la main, je les rassasie de mes bienfaits.

Oui, ma fille, lui dit son père; toutes les fois que tu fais du bien à quelque créature, tu es comme Dieu. Quand tu seras plus grande, tu pourras secourir tes semblables, comme tu secours aujourd'hui les oiseaux; et tu ressembleras alors à Dieu bien davantage. Ah! quel bonheur pour l'homme, lorsqu'il peut agir comme Dieu!

Pendant huit jours Louise étendit sa main, et rassasia tout ce qui avait faim autour d'elle. Enfin, la neige se fondit, les champs reprirent leur verdure; et les oiseaux, qui n'avaient pas osé s'écarter de la maison, tournèrent leurs ailes vers la forêt.

Mais ceux qui étaient dans la volière y restaient renfermés. Ils voyaient le soleil, volaient contre la fenêtre, becquetaient les vitrages. C'était en vain;

leur prison était trop forte pour eux : Louise n'imaginait pas encore leur peine.

Un jour qu'elle leur apportait leur provision, son père entra quelques momens après elle. Elle fut bien aise de voir qu'il voulait être témoin de ses plaisirs.

Ma chère Louise, lui dit-il, pourquoi ces oiseaux ont-ils l'air si inquiet? il semble qu'ils désirent quelque chose. N'auraient-ils pas laissé dans les champs des compagnons qu'ils seraient bien aises de revoir?

Vous avez raison, mon papa ; ils me semblent tristes depuis que les beaux jours sont revenus. Je vais ouvrir la fenêtre, et les laisser envoler.

Je pense que tu ne ferais pas mal, lui répondit son père ; tu répandrais la joie dans tout le pays. Ces petits prisonniers iraient retrouver leurs amis ; et ils voleraient au-devant d'eux comme tu cours au-devant de moi, lorsque j'ai été quelque temps absent de la maison.

Il n'avait pas fini de parler, que déjà toutes les fenêtres étaient ouvertes. Les oiseaux s'en aperçurent; et en deux minutes il n'en resta pas un seul dans la chambre. On voyait les uns raser la terre du bout de l'aile, les autres s'élever dans les airs, quelques-uns s'aller percher sur des arbres voisins, et ceux-là passer et repasser devant la fenêtre avec des chants de joie.

Louise allait tous les jours se promener dans la campagne; de tous côtés elle voyait ou elle entendait des oiseaux. Tantôt une alouette partait à ses pieds, et chantait sa joyeuse chanson en s'élevant dans les nuages ; tantôt c'était une fauvette qui frédonnait la sienne, en se balançant sur la plus haute branche d'un buisson : lorsqu'elle en entendait quelques-uns se distinguer par leur ramage, Louise disait : Voilà un de mes pensionnaires, on connaît à sa voix qu'il a été bien nourri cet hiver.

AMAND.

Un pauvre manœuvre, nommé Bertrand, avait six enfans en bas âge, et il se trouvait fort embarrassé pour les nourrir. Par surcroît de malheur, l'année fut stérile, et le pain se vendait une fois plus cher que l'an passé. Bertrand travaillait jour et nuit : malgré ses sueurs il lui était impossible de gagner assez d'argent pour rassasier du plus mauvais pain ses enfans affamés. Il était dans une extrême désolation. Il appelle un jour sa petite famille ; et, les yeux pleins de larmes, il lui dit : Mes chers enfans, le pain est devenu si cher, qu'avec tout mon travail je ne peux gagner assez pour vous substanter. Vous le voyez ; il faut que je paie le morceau de pain que voici, du produit de toute la journée. Il faut donc vous contenter de partager avec moi le peu que je m'en serai procuré : il n'y en aura certainement pas assez pour vous rassasier; mais du moins il y aura de quoi vous empêcher de mourir de faim. Le pauvre homme ne put en dire d'avantage : il leva les yeux vers le ciel, et se mit à pleurer. Ses enfans pleuraient aussi, et chacun disait en lui-même : Mon Dieu, venez à notre secours, pauvres petits malheureux que nous sommes! assistez notre père, et ne nous laissez pas mourir de faim.

Bertrand partagea son pain en sept portions égales : il en grada une pour lui, et distribua les autres à chacun de ses enfans. Mais, un d'entre eux, qui s'appelait Amand, refusa de recevoir la sienne, et dit : Je ne peux rien prendre, mon père; je me sens malade : mangez ma portion, ou partagez-la entre les autres. Mon pauvre enfant, qu'as-tu donc? lui dit Bertrand en le prenant dans ses bras. Je suis malade, répondit Amand, très-malade; je veux aller me coucher. Bertrand le porta dans son lit; et, le lendemain au matin, accablé de tristesse, il alla chez un médecin, et le pria de venir par charité voir son fils malade, et de le secourir.

Le médecin, qui était un homme pieux, se rendit chez Bertrand, quoiqu'il fût bien sûr de n'être pas payé de ses visites. Il s'approche du lit d'Amand, lui tâte le pouls; mais il ne peut y trouver aucun symptôme de maladie : il lui trouva cependant une grande faiblesse; et pour le ranimer, il voulut lui prescrire une potion. Ne m'ordonnez rien, monsieur, lui dit Amand; je ne prendrais pas ce que vous m'ordonneriez

LE MÉDECIN.

Tu ne le prendrais pas! et pourquoi donc, s'il te plaît?

AMAND.

Ne me le demandez pas, monsieur; je ne peux pas vous le dire.

LE MÉDECIN.

Et qui t'en empêche, mon enfant? Tu me parais être un petit garçon bien obstiné.

AMAND.

Monsieur le médecin, ce n'est point par obstination, je vous assure.

LE MÉDECIN.

A la bonne heure, je ne veux pas te contraindre; mais je vais le demander à ton père, qui ne sera peut-être pas si mystérieux.

AMAND.

Ah! je vous en prie, monsieur; que mon père n'en sache rien.

LE MÉDECIN.

Tu es un enfant bien incompréhensible! Mais il faut absolument que j'en instruise ton père, puisque tu ne veux pas me l'avouer.

AMAND.

Mon Dieu! monsieur, gardez-vous en bien, je vais plutôt vous le dire ; mais auparavant, faites sortir, je vous prie, mes frères et mes sœurs.

Le médecin ordonna aux enfans de se retirer; et alors Amand lui dit :

Hélas! monsieur, dans un temps si dur, mon

père ne gagne qu'avec bien de la peine de quoi acheter un mauvais pain : il le partage entre nous, chacun n'en peut avoir qu'un petit morceau ; et il n'en veut presque rien garder pour lui-même. Cela me fait de la peine de voir mes petits frères et mes petites sœurs endurer la faim. Je suis l'aîné ; j'ai plus de force qu'eux : j'aime mieux ne pas manger, pour qu'ils puissent partager ma portion. C'est pour cela que j'ai fait semblant d'être malade, et de ne pouvoir pas manger ; mais que mon père n'en sache rien, je vous en prie.

Le médecin essuya ses yeux, et lui dit : Mais toi, n'as-tu pas faim, mon cher ami ?

AMAND.

Pardonnez-moi, j'ai bien faim ; mais cela ne me fait pas tant de mal que de les voir souffrir.

LE MÉDECIN.

Mais tu mourras bientôt, si tu ne te nourris pas.

AMAND.

Je le sens bien, monsieur ; mais je mourrai de bon cœur : mon père aura une bouche de moins à remplir ; et lorsque je serai auprès du bon Dieu, je le prierai de donner à manger à mes petits frères et à mes petites sœurs.

L'honnête médecin était hors de lui-même d'attendrissement et d'admiration, en entendant ainsi parler ce généreux enfant. Il le prit dans ses bras, le serra contre son cœur, et lui dit : Non, mon cher ami, tu ne mourras pas. Dieu, notre père à tous, aura soin de toi et de ta famille : rends-lui grâce de ce qu'il m'a conduit ici; je reviendrai bientôt. Il courut à sa maison, chargea un de ses domestiques de toutes sortes de provisions, et revint aussitôt avec lui vers Amand et ses frères affamés. Il les fit tous mettre à table, et leur donna à manger jusqu'à ce qu'ils fussent rassasiés. C'était un spectacle ravissant pour le bon médecin de voir la joie de ces innocentes créatures. En sortant, il dit à Amand de ne pas se mettre en peine, et qu'il pourvoirait à leurs nécessités. Il observa fidèlement sa promesse; il leur faisait passer tous les jours abondamment de quoi se nourrir. D'autres personnes charitables, à qui il raconta cette aventure, imitèrent sa bienfaisance. Les uns envoyaient des provisions, les autres de l'argent, ceux-là des habits et du linge; en sorte que peu de jours après, la petite famille eut au-delà de tous ses besoins.

Aussitôt que le prince fut instruit de ce que le brave petit Amand avait fait pour son père et pour ses frères, il envoya chercher Bertrand, et lui dit : Vous avez un enfant admirable; je veux être aussi son père. J'ai ordonné qu'on vous donnât tous les ans, en mon nom, une pension de cent écus. Amand et tous vos autres enfans seront élevés à mes frais dans le métier qu'ils voudront choisir; et, s'ils savent en profiter, j'aurai soin de leur fortune.

Bertrand s'en retourna chez lui enivré de joie; et, s'étant jeté à genoux, il remercia Dieu de lui avoir donné un si digne enfant.

COLIN-MAILLARD.

Drame en un acte.

PERSONNAGES.

M. DE JULIERS.
FRÉDÉRIC, son fils.
LÉONOR, } ses filles.
JULIE,
DOROTHÉE,
LOUISE, un peu boiteuse, } leurs amies.
ADÉLAIDE,
DUVERNEY l'aîné,
DUVERNEY le cadet, bègue, } amis de Frédéric.
ROBERT, leur voisin.
LE PALEFRENIER de M. de Juliers.

La scène se passe dans un salon. Du côté droit est une porte qui conduit au cabinet de M. de Juliers; et, dans le fond, une autre qui s'ouvre sur l'escalier. Sur le côté gauche on voit une grande table couverte de livres et de papiers, avec des flambeaux et un porte-voix.

COLIN-MAILLARD.

Drame.

SCÈNE PREMIÈRE.

FRÉDÉRIC.

(*Il avance la tête d travers la porte qui donne sur l'escalier, comme s'il parlait encore à son père tandis qu'il descend.*)

Oui, mon papa, soyez tranquille. Il n'arrivera point d'accident à vos papiers, je vous en réponds. Je vais prendre aussi vos livres, et je les porterai tout de suite dans votre cabinet. (*Il revient en sautant et en fredonnant,* tra, le ra le ra.) Nous allons faire aujourd'hui un beau tapage ! Quand le chat est hors de la maison, les souris dansent sous la table.

SCÈNE II.

FRÉDÉRIC, JULIE.

FRÉDÉRIC.

Eh bien ! ma sœur, maman est-elle sortie? Notre petite société est-elle arrivée?

JULIE.

Mes amies sont déjà ici ; mais il n'est encore venu aucun de tes camarades.

FRÉDÉRIC.

Oh ! je le crois bien ; nous ne sommes pas éventés comme vous autres : il faut toujours nous arracher de l'étude. Tiens, je parie qu'en ce moment ils travaillent encore, que la tête leur en brûle.

JULIE.

Oui, à forger quelqu'une de leurs bonnes malices. A propos, est-il bien vrai que mon papa nous ait permis de jouer ici dans le salon ? Notre chambre là-haut est si petite, si petite, qu'on ne sait où se fourrer.

FRÉDÉRIC.

Est-ce qu'il avait quelque chose à refuser, dès que je me mêlais de la négociation ? Ah ça ! petite fille, prenez bien garde à ne pas brouiller les papiers qui sont sur la table.

JULIE.

Garde cet avis-là pour toi et pour tes petits vauriens.

FRÉDÉRIC, *avec un air d'importance.*

C'est pourtant moi qu'on a chargé de mettre ici de l'arrangement.

JULIE.

Vraiment, mon papa s'est adressé à un homme d'ordre. Allons, voyons, que je t'aide un peu. Ensuite je rangerai les chaises et les fauteuils. Je vais d'abord prendre quelques livres.

FRÉDÉRIC.

Avise-toi d'y toucher. Tout ce que je puis te permettre, c'est de me les mettre sur les bras. (*Il joint les mains en dessous devant lui. Julie pose un livre, puis un autre, tant qu'il en ait jusqu'au menton.*)

JULIE.

Mais tu en as trop.

FRÉDÉRIC, *reculant la tête, et se penchant en arrière.*

Encore un. Bon! en voilà assez pour un voyage. (*Il fait quelques pas, et laisse tomber toute la charge au milieu de la chambre.*)

JULIE, *poussant un grand éclat de rire.*

Ha ha ha ha! voilà tout le bataclan par terre! Ces beaux livres que mon papa ne voulait pas nous laisser toucher, même du bout du doigt! Il aura, je crois, bien du plaisir de les voir si joliment accommodés.

FRÉDÉRIC.

Tu ne sais pas, toi? c'est que j'ai perdu le *centrum* de la *gravitatis*, comme dit mon précepteur. C'est bien savant, au moins. (*Il se met à ramasser les livres; et, tandis qu'il en prend un, il en laisse re-*

tomber un autre.) Diantre ! il faut que ces drôles-là aient appris à faire la cabriole.

JULIE, *approchant de lui.*

Tu ne finirais jamais sans moi. Tiens, arrange-les dans mon tablier.

FRÉDÉRIC.

Ah ! c'est bien dit. (*Frédéric se jette à genoux; et, une main appuyée contre terre, de l'autre il met les livres dans le tablier de Julie.*)

JULIE.

Doucement donc, pour qu'ils ne se froissent pas. Bon ! les voilà tous. Je vais les porter dans le cabinet, et les placer sur la cheminée. (*Elle sort.*)

FRÉDÉRIC, *se relevant tout essoufflé.*

Ouf ! je ne vaudrais rien dans le pays où les hommes vont à quatre pates comme des singes. (*Il s'évente avec son chapeau.*)

JULIE, *en rentrant.*

Si tu voyais comme c'est arrangé ! Dépêche-toi de me donner le reste. (*Frédéric assemble les papiers et le reste des livres, et les donne à Julie, qui dit en les recevant :*) Il faut convenir que les filles ont bien plus d'ordre que les garçons.

FRÉDÉRIC.

Oh, oui ! toi, surtout. Ta sœur est occupée du matin au soir à remettre tes chiffons à leur place.

JULIE.

Et toi donc ! si ton précepteur n'y veillait sans cesse, tu ne saurais jamais où trouver tes thèmes et tes versions. (*Elle regarde autour d'elle.*) Mais voilà tout, je pense?

FRÉDÉRIC.

Oui, je ne vois plus rien; va. (*Julie sort.*)
FRÉDÉRIC *range la table, les fauteuils et les chaises.*

Bon! nous aurons nos coudées franches à présent: comme nous allons nous en donner! Je suis pourtant surpris qu'ils n'arrivent pas. Pour moi, j'ai cela de bon, que je ne me fais guère attendre aux rendez-vous de plaisir.

JULIE, *en entrant, regarde de tous côtés.*

Ah! voilà qui est bien! Mais le porte-voix, il faut le cacher. Si tes camarades l'aperçoivent, ils vont se mettre à corner jusqu'à nous rompre les oreilles.

FRÉDÉRIC.

Attends, je vais le mettre derrière la porte. J'en aurai peut-être besoin. Que tes petites demoiselles viennent m'étourdir, nous verrons qui criera le plus fort.

JULIE.

Bah! nous n'aurions qu'à nous réunir, nous viendrions bien à bout d'un petit garçon comme toi.

FRÉDÉRIC.

Oui-dà! Si vous avez du babil, mesdemoiselles, nous autres hommes, nous avons une voix mâle qui se fait respecter. (*En grossissant sa voix:*) M'entends-tu?

JULIE, *haussant les épaules.*

O mon Dieu! je te respecte si fort, que je m'en

vais. Adieu. Je cours retrouver ma sœur et mes amies.

FRÉDÉRIC.

Fais-moi le plaisir de dire au portier de m'envoyer ma petite société sitôt qu'elle arrivera.

JULIE, *en sortant.*

Oui, oui.

SCENE III.

FRÉDÉRIC, *maniant le porte-voix.*

Voici qui m'a souvent fait venir malgré moi du fond du jardin. Il me semble toujours l'entendre corner : Frédéric, Frédéric!..... ces messieurs ne demeurent qu'au bout de la rue; voyons s'ils ont l'oreille fine. (*Il se met à la fenêtre, embouche le porte-voix, et crie :*)

  Courez, volez, troupe joyeuse,
  Le jeu va bientôt commencer.

(*Il se retire de la fenêtre, et va vers la porte.*) Eh bien! cela n'est-il pas merveilleux? c'est comme le cor enchanté d'Arlequin. Il me semble déjà entendre parler sur l'escalier. (*Il prête l'oreille.*) Mais oui! ce sont les petits Duverney. (*Il cache le porte-voix derrière la porte.*) Allons, je vais sauter sur la table, et faire comme si j'étais assis sur mon trône. (*Il va chercher devant la fenêtre une banquette, la pose sur la* table, et se dispose à grimper. Les petits Duverney se présentent à la porte.)

SCÈNE IV.

FRÉDÉRIC, DUVERNEY l'aîné, DUVERNEY le cadet.

FRÉDÉRIC.

Ne pouviez-vous pas attendre un moment que je fusse monté sur mon trône, pour vous recevoir du haut de ma grandeur?

DUVERNEY l'aîné.

Bon! tu n'as pas besoin de cela pour avoir un air tout-à-fait royal. Et puis, si alerte que tu sois, le trône pourrait bien dégringoler avec sa majesté.

FRÉDÉRIC.

En effet, j'en ai déjà bien vu des exemples dans mon histoire ancienne.

DUVERNEY l'aîné.

C'est à peu près ce qui vient d'arriver à mon frère, quoiqu'il ne soit pas un grand prince. Il s'est mis le nez tout en sang sur notre escalier.

DUVERNEY le cadet, *d'un ton pleureur, et en bégayant.*

Hé-é-las! ou-oui. Il me fait en-en-core un peu-eu mal. Ce mon-on-sieur Ro-o-bert est un ga-ar-çon bien mal éle-e-vé.

FRÉDÉRIC.

Est-ce qu'il est avec vous?

DUVERNEY l'aîné.

Dieu nous en préserve! Si nous avions su qu'il vînt ici, nous n'aurions pas bougé de la maison.

DUVERNEY le cadet.

Il ne son-onge qu'à-à mal.

FRÉDÉRIC.

Qu'est-ce donc qu'il a fait?

DUVERNEY l'aîné.

J'étais resté pour prendre un mouchoir. Mon frère descendait tout seul. Robert l'a entendu; il s'est caché, puis il a sauté tout-à-coup sur lui, en poussant un grand cri. Mon frère en a tant eu peur, qu'il est tombé, et, en roulant sur les marches, il s'est massacré tout le nez.

FRÉDÉRIC.

Oh! j'en suis bien fâché pour le pauvre petit. M. Robert a toute la mine d'un mauvais sujet. C'est aujourd'hui la première fois qu'il nous honore de sa compagnie. Son père a tant prié mon papa de le mettre de ma société!

DUVERNEY l'aîné.

Je te plains. Nous ne vivons plus avec lui.

FRÉDÉRIC.

Mon papa vous croyait fort bien ensemble, parce que vous demeurez dans la même maison; et il a pensé que ce serait vous faire plaisir de l'inviter en même temps que vous.

DUVERNEY l'aîné.

Ah! du plaisir? Nous en aurions un fort grand de le savoir à cent lieues. Depuis qu'il est notre voisin, il ne nous a causé que de la peine. Il a déjà cassé toutes les vitres à coups de pierre, et il voulait faire croire que c'était nous.

FRÉDÉRIC.

Est-ce qu'on ne s'en plaint pas à son père?

DUVERNEY l'aîné.

Oh! c'est un homme singulier. Il gronde un peu son fils, paie le dommage, et puis il n'y pense plus.

FRÉDÉRIC.

A la place de votre papa, je ne voudrais pas vous voir demeurer sous le même toit que lui.

DUVERNEY l'aîné.

Que veux-tu? Nous étions embarrassés d'un appartement considérable qui se trouvait vide depuis la mort de maman. Mon papa ne pouvait plus y entrer que les larmes ne lui vinssent aux yeux. Il a été bien aise de trouver à le louer.

FRÉDÉRIC.

Et il en est peut-être fâché à présent?

DUVERNEY l'aîné.

Oh! je t'en réponds. Il nous a bien défendu de nous lier avec Robert. C'est un si mauvais garnement! Tous les gens du quartier ne passent qu'en tremblant devant la maison. Tantôt il les seringue avec de l'eau sale, ou leur jette sur la tête un panier d'ordures; tantôt il va leur accrocher derrière le dos des queues de lapins ou de grands morceaux de papier, pour les faire huer par la populace. Et puis sa pêche des perruques!

FRÉDÉRIC.

Que veux-tu dire ?

DUVERNEY l'aîné.

Oui, il les prend à l'hameçon comme des carpes. Lorsqu'un honnête ouvrier s'arrête pour causer sous nos fenêtres avec quelqu'un de ses amis qu'il rencontre dans la rue, Robert monte au balcon ; et avec un crochet attaché au bout d'une grande perche, il enlève la perruque : puis il court l'attacher à la queue d'un chien qu'il a tout prêt, et qu'il chasse par une autre porte de la maison : en sorte que la malheureuse perruque a traîné un quart d'heure dans la crotte avant que le pauvre homme ait pu la rattraper.

FRÉDÉRIC.

Mais voilà qui passe le badinage.

DUVERNEY l'aîné.

Ce ne sont encore là que ses moindres méchancetés. Si je te parlais de tous les chiens qu'il estropie, et de tous les chats auxquels il a coupé la queue, je ne finirais pas. Il n'y a pas long-temps qu'un des amis de son père se fracassa l'épaule en tombant sur l'escalier où Robert avait semé par malice des pois secs. Pour les domestiques, je suis sûr qu'il n'en resterait pas un seul pendant vingt-quatre heures à la maison, sans les gros gages qu'on est obligé de leur donner.

FRÉDÉRIC.

Je t'avoue que je ne serais pas fâché de le voir. J'aime les enfans un peu gais.

DUVERNEY l'aîné.

A la bonne heure. Il est tout naturel d'aimer ses

semblables. Mais sa gaîté est bien différente de la tienne. Tu es un petit brin espiègle, toi. Je suis pourtant bien sûr que tu ne voudrais pas faire de mal exprès à qui que ce soit; au lieu que le méchant ne demande que plaies et bosses.

FRÉDÉRIC.

Oh! cela ne m'effraie pas. J'en aurai plus de gloire à le morigéner.

DUVERNEY l'aîné.

S'il vient, tu ne trouveras pas mauvais que mon frère se retire. Il lui jouerait quelques vilains tours.

DUVERNEY le cadet.

Ou-ou-i. Je m'en-i-rai.

FRÉDÉRIC.

Non, non, nous sommes d'anciens amis, nous. Je ne veux pas que ce nouveau venu vienne nous séparer. Je saurai bien lui tenir tête; tu verras.

Mais j'entends du bruit. Est-ce lui? Non c'est ma sœur avec ses amies.

SCÈNE V.

FRÉDÉRIC, DUVERNEY l'aîné, DUVERNEY le cadet, LÉONOR, JULIE, DOROTHÉE, ADÉLAIDE, LOUISE.

(Les petits messieurs s'inclinent respectueusement devant les jeunes demoiselles.

LÉONOR.

Je suis bien votre servante, messieurs. Mais pourquoi donc vous tenez-vous debout! il me semble, mon frère, que tu aurais pu faire asseoir ces messieurs depuis qu'ils sont ici?

FRÉDÉRIC.

Comme si nous ne savions pas qu'il faut être debout pour recevoir les dames?

LÉONOR.

Je suis charmée que tu connaisses ton devoir. Mais est-ce que M. Robert n'est pas ici? (*A Duverney l'aîné.*) Je croyais qu'il serait venu avec vous.

DUVERNEY l'aîné.

Il y a long-temps que nous n'allons plus ensemble, Dieu merci.

FRÉDÉRIC.

Je viens d'apprendre de ses nouvelles. Il me tarde de me trouver face à face avec lui. Ah! mon petit coquin! nous nous verrons.

DOROTHÉE.

Est-ce qu'il pourrait être encore plus espiègle que M. Frédéric?

LOUISE, *d'un air malin.*

C'est beaucoup dire.

ADÉLAÏDE.

M. Frédéric? c'est un agneau en comparaison. Nous le connaissons depuis long-temps, ma sœur et moi, ce M. Robert. N'est-il pas vrai, Louise?

LOUISE.

Oh, sûrement! il m'a déjà bien fait endêver.

ADÉLAÏDE.

Il était autrefois de la société de mon frère, qui

heureusement s'en est dépêtré. C'est bien le plus méchant lutin!

LÉONOR.

Oh! pour de la lutinerie, vous en êtes tous là! vous autres messieurs.

DOROTHÉE.

Oui; mais faire le mal pour le plaisir de le faire.

JULIE.

C'est cela qui est vilain! Non, non, mon frère vaut mieux.

FRÉDÉRIC, *d'un ton ironique.*

Crois-tu? je t'en remercie.

DOROTHÉE.

Ah ça! ma chère Léonor, nous nous mettons sous ta sauvegarde. Tu es la plus grande : et puis tu es aujourd'hui maîtresse de la maison; tu pourras lui en imposer.

LÉONOR.

Ne craignez pas qu'il vous manque en ma présence. Je saurai le tenir en respect.

FRÉDÉRIC, *d'un air important.*

Oui, oui, tu défendras ces demoiselles; et vous, mes amis, je vous prends sous ma protection.

DUVERNEY l'aîné.

Il n'avisera pas de se jouer à moi, je t'assure; il me connaît. Je ne crains que pour mon frère.

DUVERNEY le cadet.

Il se mo-o-que toujours de moi.

LOUISE.

Le voilà bien! Les plus petits sont exposés à ses malices. C'était moi qu'il attaquait toujours.

LÉONOR.

Je le crois; presque tous les méchans sont des lâches. Il me semble voir un roquet poursuivre un chat tant qu'il se sauve. Si le chat se retourne et lui montre ses moustaches, le roquet s'arrête, et se sauve à son tour.

JULIE.

Eh bien! tu lui feras le chat, toi.

LOUISE.

Oui; tu lui montreras les moustaches.

LÉONOR.

Il me semble que nous ferions bien de nous asseoir. Nous n'avons pas besoin, pour cela, d'attendre monsieur le songe-malices.

FRÉDÉRIC.

Ah! le voici.

SCÈNE VI.

FRÉDÉRIC, DUVERNEY l'aîné, DUVERNEY le cadet, LÉONOR, JULIE, DOROTHÉE, ADÉLAIDE, LOUISE, ROBERT.

ROBERT, *à Frédéric, Léonor et Julie, en leur faisant un salut respectueux.*

Monsieur votre père a bien voulu me permettre de vous rendre ma visite.

LÉONOR.

Il nous a fait espérer beaucoup d'avantages de l'honneur de votre connaissance, particulièrement pour mon frère.

JULIE.

Oh! il a besoin de bons exemples, je vous en avertis.

FRÉDÉRIC.

Eh quoi, mes sœurs! voudriez-vous laisser croire que les vôtres ne me suffisent pas?

LÉONOR.

Je crois, monsieur, devoir, avant tout, vous faire connaître notre petite société. Voici mademoiselle Dorothée de Louvreuil.

ROBERT, *d'un son de voix moqueur.*

Vraiment, j'en suis ravi.

LÉONOR.

Voilà mesdemoiselles de.....

ROBERT.

Oh! j'ai bien l'honneur de les connaître. Celle-ci (*montrant Adélaïde*), c'est madame de Pimbêche, qui chicane les gens à tort et à travers. Celle-là (*en montrant Louise, et boitant tout autour de la chambre*), hi han, hi han, hi han, c'est la petite jument boiteuse, qui s'est cassé la jambe en voulant courir pour esquiver les coups de fouet. Pour monsieur (*en montrant Duverney l'aîné*), c'est un grave professeur de sagesse, qui regarde tous les humains en pitié. Et ce petit grivois le meilleur de mes amis (*en montrant Duverney le cadet, et faisant tomber son chapeau à terre*), c'est le chevalier de la B-r-r-r-e-douille, à qui sa maman a oublié de délier la langue lorsqu'il est venu au monde. (*Toutes les jeunes demoiselles se regardent avec la plus profonde surprise.*)

FRÉDÉRIC.

Et moi, M. Robert, qui suis-je donc? car je m'aperçois que vous êtes fort habile pour les portraits.

ROBERT.

Il faut que je vous connaisse un peux mieux pour vous peindre. Mais vous n'y perdrez rien.

LÉONOR.

Pour vous, monsieur, vous vous faites connaître au premier coup-d'œil, et je dois avouer que vous n'y gagnez pas grand'chose. Je n'aurais jamais imaginé que des personnes polies et bien élevées se reprochassent les défauts de la nature. Si mes petits amis ne l'étaient pas aussi sincèrement, ils auraient des reproches à me faire de les avoir exposés à votre méchanceté. Mais ils voient bien que je ne devais pas m'y attendre.

ROBERT.

M. Frédéric, savez-vous bien que vous avez-là une sœur fort éloquente ? C'est apparemment le frère prêcheur de la maison?

FRÉDÉRIC.

Elle s'entend assez bien à dire aux gens leurs vérités. C'est pour cela que nous l'aimons de tout notre cœur.

ROBERT.

Mais je n'y réussis pas mal, comme vous voyez.

Aussi vous m'allez aimer à la folie. (*Fléchissant un genou devant Léonor.*) Je vous demande pardon, mademoiselle, de m'être mêlé de votre emploi. Vous vous en tirez si bien !

LÉONOR.

Vos excuses et votre génuflexion sont une ironie insolente que je méprise. Mais fussent-elles sincères, à peine suffiraient-elles pour réparer toutes vos malhonnêtetés : et si je n'avais pris tout cela pour un badinage, fort grossier à la vérité, je sais bien ce que j'aurais déjà fait. Je vous prie très-instamment, monsieur, de ne plus vous permettre des plaisanteries de ce genre, afin que nous puissions rester ensemble, et nous amuser pendant la soirée.

ROBERT, *un peu confondu.*

Mais vous n'entendez pas raillerie, à ce que je vois ? Allons, soyons bons amis. (*Il lui tend la main.*)

LÉONOR *lui donne la main.*

Très-volontiers, M. Robert ; mais à condition....

ROBERT, *lui tournant le dos et allant vers le petit Duverney.*

Tu es aussi un bon petit garçon, mon voisin : allons tope là. (*Le petit Duverney hésite à lui donner la main. Robert la saisit, et lui secoue le bras avec tant de violence, que l'enfant se met à crier.*)

DUVERNEY l'aîné, *courant au secours de son frère.*

Monsieur Robert !

FRÉDÉRIC *l'arrête et se met entre eux.*

Je vous prie, monsieur, de laisser cet enfant tranquille ; autrement....

ROBERT.

Eh bien ! que feriez-vous, petit marmouset ?

FRÉDÉRIC, *d'un ton fier.*

Je suis petit ; mais j'aurai toujours assez de force quand il faudra défendre mes amis.

ROBERT.

En ce cas-là, je veux en être. J'aurais cependant envie de faire auparavant un petit assaut. (*Il saute tout-à-coup sur lui, le prend par la queue, et lui donne un croc-en-jambe pour le faire tomber. Frédéric se tient ferme, et le repousse. Robert chancelle, et tombe. Frédéric lui met un genou sur la poitrine, et lui saisit les mains. On veut les séparer.*)

FRÉDÉRIC, *avec sang froid.*

Un moment, s'il vous plaît, mesdemoiselles : je ne lui ferai pas de mal. Eh bien ! M. Robert, comment vous trouvez-vous de votre entreprise ?

ROBERT, *en se débattant.*

Aye, aye ! Otez-vous donc, vous m'étouffez.

FRÉDÉRIC.

Je ne me lèverai point, que vous n'ayez demandé pardon à toute la compagnie.

ROBERT, *furieux.*

Pardon !

FRÉDÉRIC.

Sûrement, puisque vous nous avez tous offensés.

ROBERT.

Eh bien ! oui, grâce, grâce.

FRÉDÉRIC.

S'il vous échappe encore une méchanceté, nous

vous renfermerons jusqu'à demain dans la cave, pour y faire vos réflexions. Cela vaut beaucoup mieux que de vous tuer; vous n'en valez pas la peine. Allons, relevez-vous. (*Frédéric se lève, lui tend la main pour le ramasser; et quand il est debout :*) Ne m'en veuillez pas de mal, monsieur; ce n'est pas moi qui ai commencé le combat. (*Robert paraît honteux. Il garde un moment le silence.*)

DOROTHÉE, *bas à Julie.*

Je n'aurais pas cru ton frère si brave.

JULIE.

Oh! il est hardi comme un lion, sans être pourtant querelleur : c'est le meilleur enfant de la terre. Mais qu'attendons-nous depuis si long-temps ? Nous devrions bien nous asseoir, et chercher à nous amuser par quelque jeu.

FRÉDÉRIC.

Vraiment oui; nous ne sommes ici que pour cela. Voyons : à quoi jouerons-nous. A quelque jeu un peu drôle, n'est-ce pas, Duverney ?

DUVERNEY l'aîné.

Il faut laisser le choix à ces demoiselles. (*Robert se moque de lui par une grimace. Les autres ne font pas semblant de s'en apercevoir.*

LÉONOR.

Frédéric, voilà une leçon de politesse que tu devrais retenir de ton ami. Nous pourrions jouer au loto, ou choisir un jeu aux cartes qui nous amuse tous à la fois.

LOUISE.

Moi j'aimerais mieux me divertir avec le petit Duverney. Si tu avais un livre d'images, nous nous amuserions à le feuilleter ! N'est-il pas vrai, mon ami ?

DUVERNEY le cadet.

Oh ! ou-ou-i.

LÉONOR.

De tout mon cœur, mes enfans ; je vais vous installer là-haut dans notre chambre. Vous ne manquerez point d'images, ni de joujoux. (*Louise et le petit Duverney se prennent par la main, et sautent de joie.*)

LÉONOR.

Voulez-vous monter un instant avec moi, mes chères amies ? J'ai un bonnet charmant à vous montrer. (*Tous ensemble.*) Oui, mon cœur ; allons, allons.

DUVERNEY l'aîné.

Me permettez-vous de vous donner la main jusqu'à votre appartement ?

LÉONOR.

Présentez-la plutôt à une de ces demoiselles. (*Duverney présente la main à Dorothée, qui se trouve le plus près de lui.*)

ROBERT, *d'un ton hargneux.*

Est-ce qu'on va me laisser tout seul ici ?

FRÉDÉRIC.

Non, monsieur : ces demoiselles voudront bien m'excuser ; et je resterai avec vous.

SCÈNE VII.

FRÉDÉRIC, ROBERT.

ROBERT.

Bon! nous voilà seuls : nous pouvons imaginer entre nous deux quelque drôlerie.

FRÉDÉRIC.

Je ne demande pas mieux. Voyons.

ROBERT.

Il y aurait un tour à jouer aux petits Duverney.

FRÉDÉRIC.

Non, non; je n'entends pas raillerie là-dessus. Point de malice à mes amis.

ROBERT.

On m'avait dit que vous étiez si gai, que vous aimiez tant les espiègleries!

FRÉDÉRIC.

Si je les aime? Eh! je ne vis que de cela; mais toujours sans fâcher personne. Quel tour aviez-vous donc imaginé?

ROBERT.

Tenez, voyez-vous? voici deux grosses aiguilles. Je vais les enforcer par-dessous deux chaises, et faire passer la pointe seulement d'un demi-pouce. Vous présenterez les siéges à vos amis, car peut-être se défieraient-ils de moi. Et puis, lorsqu'ils voudront s'asseoir : Aye! aye! Figurez-vous leurs grimaces. Ha ha ha ha! Cela me fait étouffer de rire d'avance. Ces demoiselles, qui font tant les renchéries, mourront elles-mêmes de plaisir.

FRÉDÉRIC.

Et si je vous en faisais autant à vous, comment prendriez-vous la chose ?

ROBERT.

Oh, moi! c'est bien différent. Mais ces petits idiots?

FRÉDÉRIC.

Vous les croyez idiots, parce qu'ils ne font pas de méchancetés ?

ROBERT.

Vous êtes bien difficile, au moins. Eh bien! en voulez-vous d'un autre ?

FRÉDÉRIC.

A la bonne heure.

ROBERT.

J'ai du gros fil dans ma poche ; je vais enfiler une de ces aiguilles. Les demoiselles ne tarderont guère à descendre. L'un de nous deux ira poliment à leur rencontre, leur fera bien des mignardises, bien des révérences; et l'autre, caché par derrière, coudra leurs robes ensemble. Il faudra danser; nous les prendrons, et crac! crac! Entendez-vous ? Ha ha ha ha!

FRÉDÉRIC.

Oui, pour déchirer leurs habits, et les faire gronder par leur maman ?

ROBERT.

Et tant mieux! c'est-le plaisir!

FRÉDÉRIC.

N'en trouvez-vous donc qu'à faire du mal?

ROBERT.

Mais cela ne m'en fait pas, à moi.

FRÉDÉRIC.

Ah! je comprends. Vous ne voyez que vous seul dans l'univers. Vous comptez tous les autres pour rien.

ROBERT.

Il faut pourtant imaginer quelque chose pour rire. Écoutez; si nous faisions peur à la petite Louise et au petit Duverney?

FRÉDÉRIC.

Mais c'est vilain encore! On n'aurait qu'à vous faire peur, aussi à vous?

ROBERT, *d'un air fanfaron.*

Oh! je le permets. Je n'ai peur de rien, moi.

FRÉDÉRIC, *a part, en se mordant le bout du doigt.*

Oui-dà? nous le verrons. (*Haut à Robert.*) Passe pour cela.

ROBERT.

Eh bien! j'ai à la maison un masque effroyable; je cours le chercher. Tâchez de faire descendre ici les enfans tout seuls, et vous verrez! Je suis à vous dans un moment.

FRÉDÉRIC.

Bon! bon! (*Robert fait quelques pas pour sortir.*)

FRÉDÉRIC, *à part.*

C'est toi qui y seras pris, va. (*Il court après lui.*) M. Robert! M. Robert!

ROBERT, *revenant sur ses pas.*

Qu'est-ce donc ?

FRÉDÉRIC.

Il vaut mieux attendre qu'ils soient tout seuls là-haut ; car, lorsqu'il n'y a que deux ou trois personnes dans ce salon, il revient quelquefois un esprit ; et nous pourrions nous en trouver fort mal nous-mêmes.

ROBERT.

Que voulez-vous dire, avec vos esprits ?

FRÉDÉRIC.

Oui. D'abord on entend un grand tintamarre, ensuite on voit un fantôme avec une torche allumée, puis la chambre paraît tout en feu. (*Il se recule en affectant de la frayeur.*) Tenez, il me semble que je le vois.

ROBERT, *un peu effrayé.*

Eh ! mon Dieu, que me dites-vous ? Et d'où cela vient-il donc ?

FRÉDÉRIC, *à voix basse, en le tirant à part.*

C'est qu'il logeait ici autrefois un avare à qui on vola son argent. Il se coupa la gorge de désespoir, et son ombre revient de temps en temps pour chercher son trésor.

ROBERT, *tremblant.*

Oh ! je ne reste plus avec vous, tant qu'il n'y aura pas de monde.

FRÉDÉRIC.

Vous faisiez tant le brave tout à l'heure.

ROBERT.

Ce n'est pas que j'aie peur... mais... mais... c'est que je cours chercher mon épouvantail.

FRÉDÉRIC.

Oui, allez, allez. Je vais tout disposer, moi. Oh, quel plaisir !

ROBERT, *avec un sourire méchant.*

Sentez-vous comme ce sera plaisant !

FRÉDÉRIC.

On aura une belle frayeur, je vous en réponds.

ROBERT.

Eh ! tant mieux, tant mieux ! Je ne ferai qu'un saut pour aller et revenir. (*Il sort.*)

SCÈNE VIII.

FRÉDÉRIC.

Ah ! tu veux effrayer les autres, et tu n'as pas de peur ! Je vais t'épouvanter, moi.

SCÈNE IX.

FRÉDÉRIC, LÉONOR, JULIE, DOROTHÉE; ADÉLAIDE, DUVERNEY l'aîné.

LÉONOR.

Nous venons de voir sortir M. Robert en courant :

il a passé devant nous sans nous saluer. Est-ce que vous vous êtes encore chamaillés ensemble?

FRÉDÉRIC.

Au contraire. Il me croit à présent le meilleur de ses amis. J'ai fait semblant de vouloir être de moitié d'une malice qu'il prétendait faire aux enfans qui sont là-haut. Mais il s'en mordra les doigts, je t'assure. Je ne crois pas qu'il ait envie de rentrer jamais dans cette maison.

LÉONOR.

Quel est donc ton projet?

FRÉDÉRIC.

Je te le dirai tout à l'heure. Je n'ai pas un moment à perdre. Il faut que tout soit prêt lorsqu'il reviendra. Permettez-vous, mesdemoiselles, que je sorte un instant?

DOROTHÉE.

Oui, monsieur Frédéric; mais revenez bien vite. Il nous tarde de savoir votre manœuvre.

FRÉDÉRIC.

Je me ferai un devoir de vous en instruire. Je suis ici dans la minute.

SCÈNE X.

LÉONOR, JULIE, DOROTHÉE, ADÉLAIDE, DUVERNEY l'aîné.

LÉONOR.

Voilà deux bons vauriens aux prises. Nous verrons ce qui en arrivera. L'un vaut bien l'autre.

DUVERNEY l'aîné.

Ah! mademoiselle, de grâce, ne faites pas cette injure à votre frère et à mon ami, de le comparer avec un aussi méchant garçon que Robert.

ADÉLAÏDE.

M. Duverney a raison. L'un n'a que des gentillesses, l'autre ne fait que des noirceurs.

JULIE.

Tout cousu qu'il est de méchancetés, je suis sûre que mon frère l'attraperait mille et mille fois.

DOROTHÉE.

Quel service il nous rendrait de nous délivrer de ce mauvais garnement! Nous n'aurions plus de plaisir à nous trouver ensemble s'il était de notre société.

LÉONOR.

Pourvu que Frédéric ne pousse pas les choses trop loin! Il se croira peut-être tout permis envers lui.

DUVERNEY l'aîné.

Il n'en saurait jamais faire assez. Ces âmes noires et basses ont besoin d'être frappées à grands coups : c'est le meilleur service qu'on puisse lui rendre, et je suis persuadé que son père nous en saura un gré infini. Hélas! il donnerait la moitié de sa fortune pour avoir un enfant comme Frédéric.

DOROTHÉE.

Ah çà, Léonor, ne va pas, au moins, contrarier ton frère dans ses desseins.

LÉONOR.

Mais, ma chère amie, ma position est fort délicate. Je tiens ici la place de maman; et je ne puis rien permettre qu'elle n'eût elle-même approuvé.

ADÉLAÏDE.

Laisse-le faire. Nous prenons tout sur nous.

JULIE.

Oui, ma sœur. Guerre, guerre aux méchans!

SCÈNE XI.

FRÉDÉRIC, LÉONOR, JULIE, DOROTHÉE, ADÉLAIDE, DUVERNEY l'aîné.

FRÉDÉRIC, *accourant joyeux.*

Voilà mes batteries toutes dressées. Il peut venir à présent; nous le recevrons.

LÉONOR.

Mais, enfin, peut-on apprendre?...

DOROTHÉE.

Oui, oui, nous voulons être du complot, et nous vous aiderons de toutes nos forces.

FRÉDÉRIC.

Il n'est pas nécessaire, mesdemoiselles. Il est brutal, et je ne veux pas vous exposer. Je viens d'arranger toutes choses avec le palefrenier. Il m'a compris à demi-mot, et il me secondera à merveille.

LÉONOR.

Au moins, faut-il que nous sachions.....

FRÉDÉRIC.

Voici tout ce que vous devez savoir. Nous allons jouer à colin-maillard, pour qu'il nous trouve bien en train lorsqu'il reviendra. Après quelques tours, je me ferai prendre. Vous me laisserez voir un peu à travers le mouchoir, afin que je puisse le prendre à mon tour. Quand je lui banderai les yeux, vous vous retirerez tout doucement dans le cabinet de mon papa, en emportant les lumières; et vous me laisserez seul avec lui. Je vous appellerai quand il en sera temps.

DUVERNEY l'aîné.

Mais s'il va te rosser dans votre tête-à-tête?

FRÉDÉRIC.

Bon! tu as vu comme je l'ai terrassé. Je ne le crains pas. Je viens de voir encore tout à l'heure combien il est poltron. Mais, avant tout, il faut faire descendre les petits; car il pourrait monter là-haut de suite, et leur faire quelque frayeur. Julie, va les chercher, et amène-les ici.

JULIE.

Oui, oui, j'y cours.

SCÈNE XII.

FRÉDÉRIC, LÉONOR, DOROTHÉE, ADÉLAÏDE, DUVERNEY l'aîné.

LÉONOR.

Mais, Frédéric, je ne sais pas trop si je dois permettre.....

ADÉLAÏDE.

Eh, mon Dieu! laisse-le donc faire.

FRÉDÉRIC.

Oui, ma sœur, repose-t'en sur moi. Tu sais que je ne suis pas méchant. Je ne lui ferai pas seulement la moitié de ce qu'il mérite. Il en sera quitte pour la peur.

LÉONOR.

A la bonne heure, sur ta parole.

FRÉDÉRIC.

Allons, dépêchons-nous de ranger tout ceci, pour être en mouvement à son arrivée. (*On range la table et les chaises. Dans cet intervalle, Julie revient avec Louise et le petit Duverney.*)

SCÈNE XIII.

FRÉDÉRIC, LÉONOR, JULIE, DOROTHÉE, ADÉLAIDE, LOUISE, DUVERNEY l'aîné, DUVERNEY le cadet.

FRÉDÉRIC, *allant à leur rencontre*.

Venez, mes petits amis; passez dans le cabinet de mon papa, et prenez bien garde de ne pas faire trop de bruit, de peur que Robert ne vous entende.

JULIE.

Je vais les y conduire. Il y a un livre d'estampes; je resterai avec eux pour les amuser.

LOUISE.

J'ai cru qu'on venait nous chercher pour goûter.

Est-ce que nous ne pouvons pas rester avec vous pour l'attendre ?

FRÉDÉRIC.

J'irai vous chercher lorsqu'on l'aura servi. Entrez toujours. Robert voudrait vous faire du mal, et je ne le veux pas.

DUVERNEY le cadet.

O-oh! a-al-lons-nous-en. (*Julie prend un flambeau sur la table, et les conduit dans le cabinet.*)

SCÈNE XIV.

FRÉDÉRIC, LÉONOR, DOROTHÉE, ADÉLAIDE, DUVERNEY l'aîné.

FRÉDÉRIC.

Tout est bien convenu entre nous? Mes yeux mal bandés; et à mon signal, emporter les lumières et passer dans le cabinet. Du silence, surtout.

DOROTHÉE.

Oui, oui; soyez tranquille.

FRÉDÉRIC.

J'entends du bruit, je crois. Chut. (*Il court à la porte qui donne sur l'escalier, et prête l'oreille.*) C'est lui, c'est lui : vite que l'une de vous se fasse bander les yeux.

DOROTHÉE.

Tiens, Adélaïde, je commencerai. Voilà mon mouchoir. (*Adélaïde bande les yeux à Dorothée, et le jeu commence. Frédéric, Duverney l'aîné, Léonor et Adélaide passent et repassent autour de Dorothée, qui les poursuit sans les attraper.*)

SCÈNE XV.

FRÉDÉRIC, LÉONOR, DOROTHÉE, ADÉLAIDE, DUVERNEY l'aîné, ROBERT.

(*Robert, en entrant, va pincer un doigt à Dorothée, lorsqu'elle étend ses mains en avant. Dorothée le saisit, et s'écrie :*)

DOROTHÉE.

C'est monsieur Robert : je le reconnais à sa malice.

FRÉDÉRIC.

Il est vrai, c'est lui; mais il n'était pas d'abord du jeu : c'est à recommencer.

ROBERT.

Sûrement. M. Frédéric a raison.

DOROTHÉE.

A la bonne heure. Mais, si je vous attrape à présent, ce sera tout de bon; je vous en préviens.

ROBERT.

Oui, oui. (*Il prend Frédéric à l'écart, tire à demi son masque de la poche, et le lui montre.*) Voyez-vous cela ?

FRÉDÉRIC, *reculant comme s'il avait peur.*

Oh ! comme il est affreux ! Il m'effrayerait moi-même. Cachez-le bien. Nous allons encore jouer quelques minutes, et nous nous esquiverons.

ROBERT, *bas à Frédéric.*

C'est bien dit. Il faut que je fasse d'abord un peu enrager ces demoiselles.

FRÉDÉRIC, *bas à Robert.*

Je vais faire le premier une malice à Dorothée. Si elle me prend, elle croira que c'est vous, et rien de fait.

ROBERT, *bas à Frédéric.*

Bon, bon! je veux faire la mienne aussi.

ADÉLAÏDE.

Eh bien! messieurs, finirez-vous vos secrets? vous faites languir tout notre jeu.

ROBERT.

Nous voilà, nous voilà! (*Frédéric rôde autour de Dorothée avec l'air de vouloir la tirailler par sa robe; et voyant que Robert s'éloigne pour aller chercher une chaise, il dit tout bas à Dorothée:*) Je vais me faire prendre. (*Robert revient avec une chaise, et la couche sur le chemin de Dorothée. Frédéric ôte la chaise, et se met à quatre pates. Dorothée le rencontre du pied, se baisse et le saisit. Frédéric rentre sa tête dans ses épaules, comme s'il avait peur qu'on le reconnût.*)

DOROTHÉE, *après l'avoir tâtonné long-temps, et fait semblant d'hésiter, s'écrie:*

C'est M. Frédéric!

FRÉDÉRIC, *affectant un air déconcerté:*

Ah! diantre, me voilà pris!

DOROTHÉE, *ôtant son mouchoir.*

Vous vous avisez donc aussi de faire des malices! Je croyais que cela n'appartenait qu'à M. Robert. Allons, allons, je prendrai ma revanche. (*Elle bande les yeux à Frédéric, de manière qu'il puisse y voir un peu, le conduit au milieu de la chambre, lui fait faire deux tours et demi; et levant ses mains en l'air :*) combien de doigts?

FRÉDÉRIC.

Six.

DOROTHÉE, *le poussant.*

Pauvre aveugle, passe ton chemin. (*Frédéric erre long-temps, et se laisse houspiller par tout le monde; Dorothée, surtout, l'agace et le chatouille. Il feint de la poursuivre, et tombe tout-à-coup sur Robert.*

FRÉDÉRIC.

Ha, ha! J'en tiens un. C'est un garçon. M. Robert! (*Il baisse le mouchoir.*) Effectivement, je ne me suis pas trompé.

ROBERT, *bas à Frédéric.*

Pourquoi me prendre?

FRÉDÉRIC, *bas à Robert.*

Laissez faire, je vais vous pousser Duverney dans les mains. (*Avec un air mystérieux :*) Motus.

ROBERT, *à part.*

Ah! c'est bon! Quand je le saisirai, je veux le pincer jusqu'au sang. (*Frédéric se met à bander les yeux à Robert. Aussitôt Duverney et les demoiselles emportent les bougies, et se retirent sur la pointe du pied dans le cabinet, en disant l'un après l'autre avant d'y entrer :*) Eh bien ! c'est-il fait ? — Dépêchez-vous donc ! — Il vous faut bien du temps. — Que complotez-vous là tous deux ? (*Au même instant le palefrenier se présente à la porte qui donne sur l'escalier, portant une torche allumée d'une main; de l'autre, au bout d'un bâton, une tête de bois ensevelie sous une vaste perruque. Il est couvert dans toute sa hauteur d'une longue robe noire traînante. Frédéric lui fait signe de rester à l'entrée du salon. Il achève de bander les yeux à Robert, lui fait faire quelques pas :*) Allons, les trois tours. Les bras étendus. (*Robert tourne.*) Un. Paix donc, mesdemoiselles. Deux. Que chacun reste à sa place. Et trois. Allez. (*Il le pousse.*) Va, pauvre aveugle, cherche ton chemin. (*Il court aussitôt prendre son porte-voix derrière la porte, détache de la ceinture du palefrenier de grosses chaînes, qui tombent autour de lui, et s'écrie :*) Que vois-je ? Le revenant ! sauvons-nous, sauvons-nous ! (*Il ferme la porte à grand bruit, se cache derrière le prétendu fantôme; et crie avec son porte-voix :*) C'est donc toi qui viens voler mon trésor ?

ROBERT, *tout tremblant, et sans avoir le courage de se débander les yeux.*

Qu'entends-je ? Au feu ! au secours ! Frédéric ! Duverney !

LE PORTE-VOIX.

Il ne viendra personne, je les ai tous fait disparaître. Ote ton bandeau, et regarde-moi. (*Il va se poster au côté droit du salon. Robert, sans ôter son mouchoir, se cache encore la tête entre les deux mains.*

Il recule à mesure du côté opposé, en entendant le bruit des chaînes que traîne le fantôme.

LE PORTE-VOIX.

Je le veux. (*Robert baise en tremblant le mouchoir qui lui tombe autour du cou. Ses yeux sont fixés à terre. Il les relève peu à peu; et, considérant le fantôme il pousse un grand cri, et demeure immobile, la bouche béante.*)

LE PORTE-VOIX.

Je te reconnais! tu es Robert! (*Robert, à ce mot, se met à courir de tous côtés pour se sauver. Il trouve la porte fermée. Il tombe à genoux à quelques pas, étend ses bras devant lui, et détourne la tête.*)

LE PORTE-VOIX.

Crois-tu donc m'échapper!

ROBERT, *d'une voix entrecoupée.*

Je ne vous ai rien fait. Ce n'est pas moi qui vous ai volé.

LE PORTE-VOIX.

Tu ne m'as pas volé? Tu es capable de tout. Qui est-ce qui seringue les passans? qui leur accroche au derrière des queues de lapins? qui pêche leurs perruques à l'hameçon? qui estropie les chiens, et coupe la queue à tous les chats? qui voulait tout à l'heure piquer les fesses à ses amis? Qui est-ce qui a dans sa poche un masque effroyable pour faire peur à deux enfans?

ROBERT.

Ah! c'est moi, c'est moi! Je suis le plus méchant

Je te reconnais! tu es Robert crois-tu donc m'échapper.

des hommes. Mais je vous demande pardon; je ne ferai plus rien à l'avenir.

LE PORTE-VOIX.

Et tout ce que tu as fait? Tu ne feras plus rien? qui m'en répondra?

ROBERT.

Moi, moi!

LE PORTE-VOIX.

Me le promets-tu?

ROBERT.

Oui, je vous le jure.

LE PORTE-VOIX.

Eh bien! je te fais grâce. Il ne tiendrait pourtant qu'à moi de te foudroyer.

(*Le fantôme agite sa torche qui répend un grand éclat de lumière, et s'eteint. Robert tombe étendu de tout son long, le visage contre terre.*)

SCÈNE XVI.

M. DE JULIERS, FRÉDÉRIC, ROBERT, LE FANTOME.

(*M. de Juliers entre dans le salon, tenant à la main un flambeau.*

M. DE JULIERS.

Qu'est-ce que tout ce tapage que j'entends?

ROBERT, *sans lever la tête.*

Mais est-ce que je fais du bruit, donc? Mon Dieu! mon Dieu! Ah! ne m'approchez pas.

M. DE JULIERS, *l'apercevant.*

Qui est là?

ROBERT.

Eh! vous savez bien qui je suis. Vous m'aviez fait grâce?

M. DE JULIERS.

Moi, je vous ai fait grâce?

ROBERT.

Je ne vous ai pas volé. Je ne serai plus méchant, je ne le serai plus.

M. DE JULIERS.

Mais n'est-ce pas Robert?

ROBERT.

Eh! oui, je suis Robert. Grâce! grâce!

M. DE JULIERS.

Que faites-vous donc, mon ami, dans cette posture? Ah? (*Il pose sa lumière à terre, va à lui, et le relève.*)

ROBERT, *se débattant d'abord, et le reconnaissant ensuite.*

M. de Juliers! c'est vous? (*Son visage s'éclaircit.*) Ah! il est parti. (*Il tourne la vue de tous côtés; il aperçoit le fantôme, et se détourne avec effroi.*) Le voilà encore! Le voyez-vous? (*Frédéric va ouvrir la porte du cabinet.*)

SCÈNE XVII.

LÉONOR, JULIE, DOROTHÉE, ADÉLAIDE, LOUISE, DUVERNEY l'aîné, DUVERNEY le cadet, *sortant du cabinet avec des flambeaux.*)

(*Louise et Duverney le cadet témoignent quelque frayeur à l'aspect du fantôme. Les autres poussent de grands éclats de rire*

M. DE JULIERS.

Que signifie tout ceci ?

FRÉDÉRIC, *s'avançant.*

Rien que de fort simple, mon papa. Ce grand fantôme, c'est votre palefrenier, avec votre perruque et votre robe de palais.

LE PALEFRENIER, *jette à terre son déguisement, et parait en souquenille.*

Oui, monsieur, c'est moi.

M. DE JULIERS.

Voilà un fort vilain badinage, mon fils.

FRÉDÉRIC.

Mon papa, demandez à la compagnie, si M. Robert ne l'a pas mérité. Il voulait faire peur à ces petits. (*En montrant Louise et Duverney le cadet.*) Je n'ai fait que le prévenir. Qu'il fasse voir le masque effroyable qu'il a dans sa poche !

M. DE JULIERS, *à Robert.*

Cela est-il vrai ?

ROBERT, *lui donnant le masque.*

Hélas, oui, monsieur, le voilà.

M. DE JULIERS.

Vous n'avez donc que ce que vous avez mérité.

DOROTHÉE.

C'est nous qui avons engagé Léonor de permettre que M. Frédéric lui donnât cette leçon.

ADÉLAIDE.

Si vous saviez toutes les autres méchancetés qu'il a faites.

M. DE JULIERS.

Quoi, monsieur! est-ce donc ainsi que vous vous annoncez chez moi le premier jour que vous y entrez? Vous m'avez manqué dans mes enfans, qui se faisaient une fête de vous recevoir : vous avez manqué à ces demoiselles que vous deviez respecter. Retournez chez monsieur votre père. En vous voyant chasser d'une maison honnête, il apprendra de quelle importance il est de corriger les vices de votre cœur. Je ne veux point de vos détestables exemples pour mes enfans. Allez, monsieur, et ne reparaissez plus ici. (*Robert confondu se retire.*)

SCÈNE XVIII.

M. DE JULIERS, FRÉDÉRIC, LÉONOR, JULIE, DOROTHÉE, ADÉLAIDE, LOUISE, DUVERNEY l'aîné, DUVERNEY le cadet.

M. DE JULIERS.

Et vous, mes amis, si la circonstance excuse peut-être aujourd'hui ce que vous avez fait, ne vous permettez plus de ces jeux à l'avenir. Les frayeurs dont on est frappé dans un âge aussi tendre que le vôtre peuvent avoir des suites funestes pour toute la vie. Ne vous vengez des méchans qu'en vous montrant meilleurs; et souvenez-vous, d'après l'exemple de Robert, qu'en voulant faire du mal aux autres, on le fait le plus souvent retomber sur soi-même.

LE COMPLIMENT
DE
NOUVELLE ANNÉE.

Le premier jour de l'an, le petit Porphire entra de bonne heure dans l'appartement de son papa, qui n'était pas encore levé. Il s'avança, en le saluant gravement, jusqu'à trois pas de son lit; et, lui ayant fait encore une inclination respectueuse, il commença ainsi, en enflant sa voix :

Ainsi que les Romains s'adressaient autrefois des vœux le premier jour de l'année, ainsi, mon très-honoré père, je viens..... ah !...... je viens.....

Ici, le petit orateur demeura court. Il eut beau frapper du pied, se gratter le front, fouiller dans toutes ses poches, le reste de sa harangue ne se trouvait point. Le pauvre malheureux se tourmentait et suait à grosses gouttes. M. de Vermont eut pitié de son embarras. Il lui fit signe d'approcher, et, l'ayant embrassé tendrement, il lui dit : Voilà un fort beau discours, mon fils; est-ce toi qui l'as composé ?

PORPHIRE.

Non, mon papa, vous avez bien de la bonté, je

n'en sais pas encore assez pour cela : c'est mon frère qui est en réthorique. Oh! vous y auriez vu du ronflant : c'est tout en périodes, à ce qu'il m'a dit. Tenez, je vais le repasser rien qu'une fois, et vous verrez. Voulez-vous toujours que je vous dise celui qui est pour maman? Il est tiré de l'histoire grecque.

M. DE VERMONT.

Non, mon ami; cela n'est pas nécessaire. Ta mère et moi, nous vous en savons le même gré à toi et à ton frère.

PORPHIRE.

Oh! il a bien été quinze jours à le composer, et moi aussi long-temps à l'apprendre. C'est triste qu'il m'échappe précisément lorsqu'il fallait m'en souvenir. Hier encore, je le déclamais si bien à votre tête à perruque! Je lui récitai d'un bout à l'autre, sans manquer une fois. Si elle pouvait vous le dire!

M. DE VERMONT.

J'étais alors dans mon cabinet. Va, je t'ai bien entendu.

PORPHIRE.

Vous m'avez entendu? Ah! mon papa, que je vous embrasse! Je le disais bien, n'est-ce pas?

M. DE VERMONT.

A merveille.

PORPHIRE.

Oh! c'est qu'il était beau!

M. DE VERMONT.

Ton frère y a mis toute son éloquence. Mais, je te

l'avoue, j'aurais mieux aimé deux mots seulement, pourvu qu'ils fussent partis de ton cœur.

PORPHIRE.

Mais, mon papa, souhaiter tout uniment la bonne année, c'est bien sec!

M. DE VERMONT.

Oui, si tu te bornais à me dire : Mon papa, je vous souhaite une bonne annéee, accompagnée de plusieurs autres. Mais, au lieu de ce compliment trivial, ne pouvais-tu chercher en toi-même ce que je dois désirer le plus vivement dans cette année nouvelle?

PORPHIRE.

Ce n'est pas difficile, mon papa. C'est d'avoir une bonne santé; de conserver votre famille, vos amis et votre fortune; d'avoir beaucoup de plaisir et point de chagrin.

M. DE VERMONT.

Et ne me souhaites-tu pas tout cela?

PORPHIRE.

O mon papa! de tout mon cœur.

M. DE VERMONT.

Eh bien! voilà ton compliment tout fait. Tu vois que tu n'avais besoin de recourir à personne?

PORPHIRE.

Je ne coyais pas être si savant. Mais c'est toujours comme cela. Quand vous m'instruisez, vous me faites trouver des choses que je n'aurais jamais cru savoir. Me voilà maintenant en état de faire des complimens à tout le monde. Je n'aurai qu'à leur adresser celui que je viens de vous faire.

M. DE VERMONT.

Il peut en effet convenir à beaucoup de gens. Il y a cependant des différences à y mettre, suivant les personnes à qui tu parleras.

PORPHIRE.

Je sens bien à peu près ce que vous voulez me dire; mais je ne saurais le débrouiller tout seul. Expliquons cela à nous deux.

M. DE VERMONT.

Très-volontiers, mon ami. Il est des biens en général qu'on peut souhaiter à tout le monde, comme ceux que tu me souhaitais tout à l'heure. Il en est d'autres qui ont rapport à la condition, à l'âge, et aux devoirs de chacun. Par exemple, on peut souhaiter à une personne heureuse, la durée de son bonheur; à un malheureux, la fin de ses peines; à un homme en place, que Dieu veuille bénir ces projets pour le bien public, qu'il lui donne la force d'esprit et le courage nécessaire pour les exécuter, qu'il lui en fasse recueillir la récompense dans la félicité de ses concitoyens. A un vieillard, on peut souhaiter une longue vie, exempte de d'incommodités; à des enfans, la conservation de leurs parens; des progrès rapides et soutenus dans leurs études, l'amour de la science et de la sagesse; aux pères et aux mères, le succès de leurs esperances, de leurs soins pour l'éducation de leurs enfans; toutes sortes de prospérités à nos bienfaiteurs, avec la continuation de leur bienveillance. On ne doit pas même oublier ses ennemis, et adresser des vœux au ciel, pour qu'il les fasse revenir de leur injustice, et qu'il leur inspire le désir de se reconcilier avec nous.

PORPHIRE.

O mon papa, que je vous remercie! me voilà en complimens pour tous ceux que je vais voir aujourd'hui. Soyez tranquille. Je saurai donner à chacun ce qui lui revient, sans avoir besoin des périodes de mon frère. Mais dites-moi, je vous prie, on a ces vœux dans le cœur toute l'année ; pourquoi la bouche les dit-elle de préférence le premier jour de l'an?

M. DE VERMONT.

C'est que notre vie est comme une échelle, dont chaque nouvelle année forme un échelon. Il est tout naturel que nos amis viennent se réjouir avec nous de ce que nous sommes parvenus à celui-ci, et nous marquent leur vif désir de nous voir monter les autres aussi heureusement. Comprends-tu?

PORPHIRE.

Fort bien, mon papa.

M. DE VERMONT.

Je puis encore t'expliquer ceci par une autre comparaison.

PORPHIRE.

Ah! voyons, je vous prie.

M. DE VERMONT.

Te souviens-tu du jour où nous allâmes visiter Notre-Dame?

PORPHIRE.

O mon papa! quelle belle perspective on a du

haut des tours! On découvre toute la campagne des environs.

M. DE VERMONT.

Saint-Cloud s'offrit à notre vue; et, comme tes yeux ne sont pas encore fort exercés à mesurer les distances, tu me proposas d'y aller dîner à pied.

PORPHIRE.

Eh bien! mon papa, est-ce que je ne fis pas gaillardement le chemin?

M. DE VERMONT.

Pas mal. Je fus assez content de tes jambes. Mais c'est que j'eus la précaution de te faire asseoir à tous les milles.

PORPHIRE.

Il est vrai. Ce n'est pas mal imaginé, au moins, d'avoir mis de ces pierres chiffrées sur la route. On voit tout de suite combien on a marché, et combien on a à marcher encore, et l'on s'arrange en conséquence.

M. DE VERMONT.

Tu viens d'expliquer de toi-même les avantages de la division du temps en portions égales, qu'on appelle années. Chaque année est comme un mille dans la carrière de la vie.

PORPHIRE.

Ah! j'entends. Et les saisons sont peut-être les quarts de mille et les demi-mille, qui nous annoncent qu'un nouveau mille va bientôt venir.

M. DE VERMONT.

Fort bien, mon fils : ton observation est très-juste. Je suis charmé que ce petit voyage soit encore présent à ta mémoire. Il peut t'offrir, si tu sais le considérer, le tableau parfait de la vie humaine. Cherche à t'en rappeler toutes les circonstances, et j'en ferai l'application.

PORPHIRE.

Je ne m'en souviendrais pas mieux, si c'était d'hier. D'abord, comme je me sentais ingambe, et que j'étais glorieux de vous le montrer, je voulus aller très-vite, et je faisais je ne sais combien de faux pas. Vous me conseillâtes d'aller plus doucement, parce que la route était longue. Je suivis votre conseil : je n'eus pas à m'en repentir. Chemin faisant, je vous questionnai sur tout ce que je voyais, et vous aviez la bonté de m'instruire. Quand il se présentait un banc de pierre ou une pièce de gazon, nous allions nous y asseoir, pour lire dans un livre que vous aviez porté. Puis nous reprenions notre marche, et vous m'appreniez encore beaucoup d'autres choses utiles et agréables. Je me souviens aussi, que je fis, tout en marchant, les quatre vers latins que mon précepteur m'avait donné pour devoir. De cette manière, quoique le temps ne fût pas toujours beau ce jour-là, quoique nous eussions quelquefois de la pluie et même de l'orage à essuyer, nous arrivâmes frais et gaillards, sans avoir ressenti de fatigue ni d'ennui : et le bon repas que nous fîmes en arrivant, acheva de remplir heureusement cette journée.

M. DE VERMONT.

Voilà un récit très-fidèle de notre expédition, excepté dans quelques circonstances, que je te sais pourtant gré d'avoir omises, telles que cette attention si touchante d'aller prendre un pauvre aveugle par la main, pour l'empêcher de se casser les jambes contre un monceau de pierres sur lequel il allait tomber; les secours que tu prêtas au petit blanchisseur pour ramasser un paquet de linge qui était tombé de sa charrette; les aumônes que tu fis aux pauvres que tu rencontrais.

PORPHIRE.

Eh! mon papa, croyez-vous que je l'eusse oublié? Mais je sais qu'il ne faut pas se vanter des bonnes œuvres qu'on peut avoir faites.

M. DE VERMONT.

Aussi je me plais à te les rappeler, pour te récompenser de ta modestie. Il est juste que je te rende une partie du plaisir que tu me fis goûter.

PORPHIRE.

Oh! je vis bien deux ou trois fois des larmes rouler dans vos yeux. J'étais si content! Si vous saviez combien cela me délassait! J'en marchais bien plus lestement ensuite. Mais venons à l'application que vous m'avez promise.

M. DE VERMONT.

La voici, mon ami. Prête-moi toute l'attention don ttu es capable.

PORPHIRE.

Je n'en perdrai rien, je vous assure.

M. DE VERMONT.

Le coup-d'œil que tu jetas du haut des tours sur tout le paysage qui t'environnait, c'est la première réflexion d'un enfant sur la société qui l'entoure. La promenade que tu choisis, c'est la carrière que l'on se propose de suivre. L'ardeur avec laquelle tu voulais courir, sans consulter tes forces, et qui te fit faire tant de faux pas, c'est l'impétuosité naturelle à la jeunesse, qui l'emporterait à des excès dangereux, si un ami sage et expérimenté ne savait la modérer. Les connaissances agréables que tu recueillis le long du chemin dans nos entretiens et dans nos lectures, ton devoir que tu eus encore le temps de remplir, les actes de bienfaisance et de charité que tu exerças, t'adoucirent la fatigue de la route, t'en abrégèrent la longueur, et te la firent parcourir gaîment, malgré la pluie et l'orage. Il n'est pas d'autres moyens dans la vie, pour en bannir l'ennui, pour y conserver la paix du cœur avec la satisfaction de soi-même, pour se distraire des chagrins et des revers qui pourraient nous accabler. Enfin, le bon repas que je te fis faire au bout de la course, n'est qu'une faible image de la récompense que Dieu nous réserve à la fin de nos jours, pour les bonnes actions dont nous les aurons remplis.

PORPHIRE.

Oui, mon papa; cela cadre tout juste. Oh! quel bonheur je vois pour moi dans l'année que nous commençons aujourd'hui!

M. DE VERMONT.

C'est de toi seul qu'il dépend de la rendre heureuse. Mais revenons à notre voyage. Te souviens-tu, lorsque nous arrivâmes à cet endroit que l'on nomme le Point-du-Jour ? Le ciel était serein dans ce moment, et nous pouvions voir derrière nous tout l'espace que nous avions parcouru.

PORPHIRE.

Oh! oui. J'étais fier d'avoir si bien fait tout ce chemin.

M. DE VERMONT.

Le serais-tu de même aujourd'hui que la raison commence à t'éclairer : en portant un regard sur le chemin que tu as fait jusqu'ici dans la vie ? Tu y es entré faible et nu, sans aucun moyen de pourvoir à tes besoins et à ta subsistance. C'est ta mère qui t'a donné les premiers alimens. Que t'avons-nous demandé pour prix de nos soins ? Rien que de travailler toi-même à ton propre bonheur, en devenant juste et honnête, en t'instruisant de tes devoirs, et en prenant du goût à t'en acquitter. Ces conditions, toutes avantageuses pour toi, les as-tu remplies ? As-tu été reconnaissant envers Dieu, pour t'avoir fait naître dans le sein de l'aisance et de l'honneur ? As-tu montré à tes parens toute la tendresse, toute la soumission que tu leur dois ? As-tu bien profité des instructions de tes maîtres ? Ton frère et tes sœurs n'ont-ils jamais eu à se plaindre de quelque mouvement d'envie ou d'injustice de ta part ? As-tu traité les domestiques avec douceur ? N'as-tu rien exigé de trop de leur complaisance? L'esprit d'ordre et de justice, l'égalité de caractère, la franchise, la patience et la modération que nous cherchons à t'inspirer par nos leçons et par nos exemples, les as-tu?

PORPHIRE.

Ah! mon papa, ne regardons pas tant dans le passé.. J'aime mieux porter ma vue sur l'avenir. Tout ce que j'aurais dû faire, oui, je vous le promets, je le ferai.

M. DE VERMONT.

Embrasse-moi, mon fils; j'accepte ta promesse, et j'y renferme tous les vœux que je forme à mon tour, pour toi, dans ce renouvellement de l'année.

LES ETRENNES.

𝔇rame en un acte.

PERSONNAGES.

M. DUFRESNE.
ÉDOUARD, son fils.
VICTORINE, sa fille.
CHARLES, ami d'Édouard.
ALEXIS, jeune orphelin.
COMTOIS, domestique.

La Scène se passe dans un salon de l'appartement de M. Dufresne.

LES ÉTRENNES.

Drame.

SCÈNE PREMIÈRE.

ALEXIS, CHARLES.

ALEXIS.

Eh quoi! de si bonne heure ici, M. Charles?

CHARLES.

Ah! c'est vous que je cherchais, Alexis.

ALEXIS.

Moi, monsieur? Qui peut donc me procurer l'honneur de votre visite?

CHARLES.

Le plaisir que j'ai à vous voir. Eh bien! avez-vous eu de jolies étrennes?

ALEXIS.

Ah, mon Dieu! que me demandez-vous? Lorsque nous avons les premières nécessités de la vie, ma mère, ma sœur et moi, nous sommes tous les trois fort contens.

CHARLES.

Mais M. Dufresne ne vous laisse manquer de rien, à ce que j'imagine.

ALEXIS.

Il est vrai. Nous devons tout à ses bontés. Il continue sur nous l'amitié qu'il avait pour mon père. Son fils nous comble aussi de bienfaits. Voyez-vous cet habit neuf? c'est d'Édouard que je le tiens. Il avait été acheté pour lui; son papa lui a permis de m'en faire présent. Il a aussi obtenu de sa sœur Victorine quelques chiffons pour ma sœur; et nous avons eu hier au soir une bien grande joie en recevant ces cadeaux.

CHARLES.

C'est lui, qui doit avoir eu de belles étrennes!

ALEXIS.

Oh sûrement! Son papa est si riche! Je ne sais cependant si sa joie a été aussi grande que la nôtre. De jolies choses ne sont pas une nouveauté pour lui. Et ce que l'on a tous jours ne fait jamais tant de plaisir que ce que l'on reçoit sans avoir osé l'espérer.

CHARLES.

J'en conviens. Mais ne pourriez-vous pas me dire ce qu'il a reçu? Il vous aura sûrement fait voir les présens qu'on lui a faits?

ALEXIS.

Oui; mais comment me les rappeler tous? Il a d'abord reçu de son père de bons livres; un étui de mathématiques, un microscope, des bas de soie, et une garniture de boutons d'argent pour son habit.

CHARLES.

Ce n'est pas là ce que je désire le plus de savoir ; ce sont les friandises, et les autres petites drôleries qu'on nous donne, à notre âge, le premier jour de l'an.

ALEXIS.

Oh! son papa ne lui a rien donné dans ce genre. Il dit que les sucreries ne sont bonnes qu'à gâter l'estomac; et, à l'égard des joujoux, qu'Édouard est trop grand pour s'en amuser. Il n'y a que sa tante dont il a reçu des choses de cette espèce.

CHARLES.

Et quoi, par exemple ?

ALEXIS.

Que vous dirai-je, moi? Un grand gâteau, des cédrats confits, des cornets de bonbons, quatre compagnies de soldats de plomb, avec leur uniforme en couleur; un loto, une bourse de jetons de nacre, de petites figures de porcelaine. Mais allez plutôt le trouver; il se fera un plaisir de vous les faire voir. Pourquoi me faites-vous ces questions!

CHARLES.

Je sais bien ce que je fais. J'avais mes raisons pour apprendre tout cela de votre bouche avant de monter chez lui.

ALEXIS.

Et quelles sont vos raisons, s'il vous plaît ?

CHARLES.

Je ne le dis à personne. Cependant si vous me promettiez d'être discret......

ALEXIS.

Je ne fais jamais de rapport.

CHARLES.

Donnez-m'en votre parole.

ALEXIS.

Voilà ma main.

CHARLES.

Eh bien! je vous dirai en confidence qu'Édouard a été bien attrapé.

ALEXIS.

Mon bon ami? je ne le souffrirai pas.

CHARLES.

En ce cas-là, vous ne saurez rien. Je suis encore maître de mon secret.

ALEXIS.

Comment, vous pourriez faire tort à mon cher Édouard?

CHARLES.

Oh! je n'en ferai ni à sa santé, ni à sa personne. Et enfin, ce sont nos conventions.

ALEXIS.

Mais s'il est attrapé, c'est qu'on le trompe.

CHARLES.

Non; c'est lui qui s'est trompé lui-même.

ALEXIS.

Je n'entends rien à cette énigme.

CHARLES.

Je vais vous l'expliquer. Nous sommes convenus ensemble que nous partagerions nos étrennes, si pauvres ou si riches qu'elles pussent être; ce qui serait partageable, s'entend.

ALEXIS.

Eh bien! comment pourrait-il perdre à ce marché? son papa n'est pas si riche que le vôtre; et vos étrennes doivent égaler les siennes, si elles ne valent pas encore davantage.

CHARLES.

Il est vrai que j'ai reçu un fort beau présent; tenez, cette montre que voici. Mais cela ne peut pas se partager.

ALEXIS.

Et vous n'avez eu rien de plus.

CHARLES.

Rien absolument qu'un gâteau et deux petites boîtes de confitures. Mon papa dit, comme M. Dufresne, que les sucreries ne valent rien pour la santé. Tant que maman a vécu, c'était une autre affaire. C'est alors que j'avais des bonbons et des colifichets de toute espèce. Édouard le sait bien, lui qui vit mes étrennes l'année dernière et il y a deux ans. Voilà ce qui l'a engagé à faire cet accord avec moi; et avant-hier encore, nous l'avons renouvelé sur notre parole d'honneur. Ainsi vous voyez....

ALEXIS.

Oui, je vois clairement que le pauvre Édouard en sera la dupe. Il n'a que faire d'une moitié de gâteau et d'une petite boîte de confiture que vous pourrez lui donner ; il en a reçu de sa tante plus qu'il n'en mangera sûrement. Mais est-ce tout ce que vous avez eu, M. Charles ? je ne puis guère vous croire.

CHARLES.

Que voulez-vous dire, M. Alexis ? Je vais vous jurer sur tout ce que vous voudrez.....

ALEXIS.

Jurer ? Fi donc ! cela ne convient pas à d'honnêtes garçons comme nous. C'est votre affaire ; et si vous trompez Édouard, vous y perdrez plus que lui.

CHARLES.

Savez-vous bien que je ne m'accommode pas de vos remontrances ? C'est à Édouard de prendre son parti. Et s'il n'avait eu rien pour ses étrennes ?

ALEXIS.

Vous n'aviez pas ce malheur à craindre ; M. Dufresne est généreux, et il est content de son fils. Ce que vous mettez dans le partage est si peu de chose ! Il serait malhonnête à vous de prétendre qu'Édouard eût tout le désavantage de son côté. Il faut aller le trouver, et lui dire.

CHARLES.

Il est déjà tout instruit. Avant de venir ici, je lui ai envoyé la moitié de mon gâteau, et l'une de mes deux boîtes de confitures. Je lui ai en même temps écrit une petite lettre à ce sujet.

ALEXIS.

Quoi donc ! est-ce que vous persistez encore ?...

CHARLES.

Que feriez-vous à ma place, vous qui parlez?

ALEXIS.

Je ne recevrais rien, n'ayant rien à donner; et je lui rendrais sa parole.

CHARLES.

Votre serviteur très-humble ; gardez vos bons conseils. Notre convention est une gageure, et lorsqu'on parie, c'est pour avoir quelque chose à gagner. Il en sera l'année prochaine tout comme il lui plaira; mais, pour celle-ci, s'il ne me donne pas la moitié de tout ce qu'il a reçu, de son gâteau, de ses cédrats, de ses bonbons, de ses soldats, de ses jetons, de ses porcelaines, je le suivrai dans toutes les rues, dans toutes les places, dans tous les carrefours, et je l'appellerai un trompeur et un fripon. Oui, dites-lui bien cela, M. Alexis. Dites-lui que des personnes comme nous doivent garder leur promesse, après s'être juré l'un à l'autre.....

ALEXIS.

Encore jurer, M. Charles! fi de vos sermens! Je suis bien pauvre; mais quand vous me donneriez toutes vos étrennes, et jusqu'à votre montre, je ne voudrais pas faire un serment inutile.

CHARLES.

Allez, vous êtes un enfant. Sans ce serment, comment serait-on lié à sa promesse?

ALEXIS.

Par sa promesse même. La probité doit suffire

entre gens d'honneur. Si vous pensiez différemment, je ne saurais que penser de vous.

CHARLES.

Vous croyez donc qu'Édouard me tiendra la sienne ?

ALEXIS, *avec chaleur*.

Si je le crois ? Il n'aurait qu'à y manquer, je ne le regarderais plus de ma vie. Mais non, il n'y manquera pas; et il n'aura pas besoin pour cela de son serment.

CHARLES.

C'est ce que nous verrons. Rappelez-lui toujours ce que je vous ai dit, afin qu'il s'arrange en conséquence.

ALEXIS.

Je n'ai rien à lui rappeler; il sait son devoir, de lui-même.

CHARLES.

Dites-lui aussi que je le félicite de tout mon cœur d'avoir été ainsi attrapé.

ALEXIS.

Quoi, vous joignez encore l'insulte à la rapine ?

CHARLES.

Je me moque de lui, comme il se serait moqué de moi. Laissez-le faire; il saura bien une autre fois prendre sa revanche.

ALEXIS.

Non, non, monsieur; je me flatte que c'est la seule affaire qu'il aura jamais à démêler avec vous.

CHARLES, *en sortant.*

A la bonne heure. Je suis en fonds pour me consoler.

SCÈNE II.

ALEXIS *seul.*

Je n'aurais jamais cru Charles si intéressé. S'il est vrai qu'il n'ait eu rien de plus de son père, pourquoi, du moins, ne pas rompre la convention, dès qu'elle devenait si dure pour son ami? Quelle avarice! quelle bassesse! Au reste, c'est la faute d'Édouard; et ce n'est pas un grand malheur. Mais le voici qui vient.

SCÈNE III.

ALEXIS, ÉDOUARD.

ÉDOUARD, *tenant un billet à la main.*

Ah! mon cher Alexis, je mériterais de me souffleter. Tiens, lis ce billet. (*Il le lui donne.*)

ALEXIS.

Je sais tout ce qu'il contient, mon ami. Mais aussi, qui t'engageait à faire ce marché? il me semble que tu aurais dû commencer par en demander la permission à ton père. Ce que nous recevons de nos parens n'est pas tellement à nous, que nous puissions en disposer sans leur aveu.

ÉDOUARD.

D'accord. Mais je l'ai fait.

ALEXIS.

Eh bien! il faut tenir ta parole. Pourquoi l'as-tu donnée?

ÉDOUARD.

Parce que l'année dernière, et encore celle d'auparavant, Charles avait eu de plus belles étrennes que moi. Je croyais.....

ALEXIS.

Oui, tu croyais en faire ta dupe. Te voilà justement puni de ta cupidité.

ÉDOUARD.

Ah! si j'avais su me contenter de ce qui devait m'appartenir!

ALEXIS.

Point de regrets, mon ami. N'en auras-tu pas encore assez de ta moitié?

ÉDOUARD.

Tu crois donc?.....

ALEXIS.

N'achève pas. Édouard me demande s'il doit tenir sa parole!

ÉDOUARD.

Es-tu bien sûr qu'il n'y a pas de friponnerie de sa part?

ALEXIS.

Je le crois; car il me l'a assuré. J'en croirai toute personne, jusqu'à ce qu'elle m'ait trompé une fois.

ÉDOUARD.

Mais comment son père l'aurait-il traité si mesquinement cette année? Je l'ai vu, toutes les années précédentes, recevoir un magasin de bijoux.

ALEXIS.

C'était de sa maman : elle n'est plus. Son père pense comme le tien : au lieu de bagatelles enfantines, il a fait présent à son fils d'une fort belle montre.

ÉDOUARD.

Oh! je le connais. Charles niera ce qu'il devait partager avec moi ; et il m'emportera la moitié de mon bien.

ALEXIS.

S'il en agissait de cette manière, ce serait un fripon.

ÉDOUARD.

Et, dans ce cas, serais-je obligé de lui tenir parole?

ALEXIS.

Pourquoi non? C'est comme si tu disais que parce qu'il est un fripon, tu veux l'être aussi.

ÉDOUARD.

Saura-t-il ce que j'ai eu, si je ne le lui dis pas?

ALEXIS.

Et pourras-tu te le cacher à toi-même?

ÉDOUARD.

Mais je n'ai pas reçu de mon papa plus de choses à partager qu'il n'en a eu du sien. Tu sais que tout le reste me vient de ma tante?

ALEXIS.

As-tu fait cette exception dans votre traité?

ÉDOUARD.

Hélas! non, vraiment.

ALEXIS.

Ainsi cela s'entendait de tout ce que tu pourrais recevoir.

ÉDOUARD, *frappant du pied.*

Mais, que ferai-je donc?...

ALEXIS.

Je te le dis, mon ami. Il n'y a qu'un parti à prendre dans cette affaire.

ÉDOUARD.

Si je le veux, toutefois. Qui pourrait m'y forcer?

ALEXIS.

L'honneur. Si tu penses assez mal pour y manquer, Charles aura le droit de te déclarer partout pour un fripon.

ÉDOUARD.

Oh! cela ne m'embarrasse guère : je suis en état de lui répondre. Et puis, comment pourrait-il me convaincre?

ALEXIS.

Il sait déjà tout ce que tu as reçu. C'est moi qui le lui ait dit.

ÉDOUARD.

Quoi! tu aurais pu me trahir? Alexis, toute amitié est rompue entre nous.

ALEXIS.

J'en aurais la mort dans le cœur, mon cher Édouard. Il me serait bien facile de me justifier, en te disant qu'il m'a surpris avant que je fusse instruit de votre convention. Mais, s'il m'avait appelé en témoignage, il aurait toujours bien fallu le déclarer. Pour être honnête, on ne doit pas plus mentir que manquer à sa parole.

ÉDOUARD.

Tu aurais pris son parti contre moi, et je serais ton ami! Non, je ne le suis plus.

ALEXIS.

Tu en es le maître, mon cher Édouard. Je sais tout ce qu'il va m'en coûter. Ton amitié était, pour mon cœur, plus encore que tous les bienfaits que j'ai reçus de ta famille. Mais, au risque de la perdre, je n'ai pas d'autre conseil à te donner : et si tu n'es pas mon ami, je serai toujours le tien.

ÉDOUARD.

Un bon ami, vraiment, qui voudrait me voir dépouiller!

ALEXIS.

Qui est-ce qui t'a dépouillé, si ce n'est toi-même? Pourquoi t'engager dans une promesse par laquelle tu t'exposais à perdre?

ÉDOUARD.

Mais aussi je pouvais y gagner.

ALEXIS.

Et alors aurais-tu exigé que Charles remplît ses engagemens envers toi?

ÉDOUARD.

Belle question!

ALEXIS.

Pourquoi donc ne remplirais-tu pas les tiens envers lui ? Tu viens de prononcer ta peine, si c'en est une d'être juste et honnête à si bas prix.

ÉDOUARD.

Oui, pour la moitié de tout ce que je possède.

ALEXIS.

L'autre moitié te reste. Eh bien ! imagine que tu n'en as pas reçu davantage. Pense surtout à l'honneur que cette action te fera dans tous les esprits. On verra que tu ne tiens guère à de pareilles bagatelles, et que tu sais même les mépriser, lorsqu'il s'agit de garder ta promesse. Tous ceux qui seront instruits de ce trait de courage, seront forcés de l'estimer et de te respecter. Si Charles te trompe, je suis sûr qu'il n'osera jamais porter les yeux sur toi; au lieu que tu marcheras devant lui, la tête levée, plein de l'estime et de la confiance des gens de bien. Oui, mon cher Édouard, comportons-nous toujours honnêtement, quelque prix qu'il nous en coûte. Ah ! si j'étais riche, tu ne gémirais pas long-temps de cette perte ; je voudrais te donner tout, tout ce que j'aurais, pour t'en dédommager.

ÉDOUARD, *lui sautant au cou.*

Oh ! combien tu vaux mieux que moi, mon cher Alexis ! Oui, je l'avoue, j'étais un garçon injuste et intéressé; mais, va, je ne le suis plus. Maudites soient ces misérables bagatelles qui ont failli me corrompre ! Que Charles en prenne la moitié ! Tu feras toi-même le partage. Donne-lui ce que tu voudras. Tout ce que je te demande, c'est de ne pas me mépriser, pour avoir eu des pensées si basses. Je veux être digne de ton estime et de ton amitié.

ALEXIS.

Et tu l'es aussi. Tu ne le fus jamais tant que dans ce moment. Je connaissais ton cœur, et je savais le parti que tu allais prendre. La victoire que tu viens de remporter sur toi-même te causera plus de plaisir que tout ce que tu sacrifies. Au bout de quelques jours tu t'en serais dégoûté, et tu l'aurais donné au premier venu.

ÉDOUARD.

Oui, tu me connais bien; me voilà. Que puis-je faire pour te marquer ma reconnaissance de m'avoir sauvé la conscience et l'honneur?

ALEXIS, *en l'embrassant.*

M'aimer toujours, Édouard.

ÉDOUARD.

Oui, toujours, toujours, mon Alexis. Allons, je vais chercher mes présens; hâtons-nous de faire ce partage. Il me tarde d'en être débarrassé. Je craindrais encore qu'il ne me vînt des regrets.

ALEXIS.

Va, tu n'en auras point. Je te réponds de toi.

SCÈNE IV.

ALEXIS *seul.*

Non, quand tout cela serait pour moi-même, je n'en aurais pas tant de joie, que d'avoir sauvé mon ami. Qu'il doit aussi se trouver fier au fond de son âme d'être fidèle à sa parole aux dépens de ses plaisirs! Ce sacrifice lui coûte, sans doute. Eh bien! il n'en est que plus glorieux. J'étais sûr de sa droiture; il n'a besoin que d'être éclairé pour se porter à la justice et à l'honneur.

SCÈNE V.

ALEXIS, ÉDOUARD.

ÉDOUARD, *portant par les deux anses une grande corbeille.*

Viens, je te prie de m'aider, mon cher Alexis, pour que je ne laisse rien tomber. Tout cela devient à présent sacré pour moi. J'ai laissé le gâteau dans le buffet, crainte de le briser. Je l'irai chercher quand il sera temps. Voici toujous la boîte de confiture. (*Il l'ouvre, et la donne à Alexis.*) Tiens, c'est ici le milieu; prends tout ce côté pour Charles, et laisse l'autre moitié pour moi dans la boîte.

ALEXIS.

Non, non; il vaut mieux qu'il soit témoin du partage. Il croirait peut-être que nous avons mangé quelque chose dans sa portion. Voyons les autres friandises. — Quatre cédrats confits; deux pour l'un, et deux pour l'autre. — Six cornets de pastilles; trois pour chacun. (*Il fait deux parts, qu'il place au deux bouts de la table.*) Combien y a-t-il de jetons dans cette bourse?

ÉDOUARD.

Deux cents.

ALEXIS, *après en avoir compté cent, qu'il dispose dix par dix.*

Voilà les siens. La bourse ne peut pas se partager : elle e reste avec les autres jetons.

ÉDOUARD.

Et ces quatre compagnies de soldats ? Ah ! comme nous nous serions amusés à les ranger en bataille ! N'y as-tu pas de regret, Alexis ?

ALEXIS.

J'en aurais, si tu les gardais. Je te donne les uniformes rouges ; ils sont plus brillans que les bleus. Un jeu de loto et un microscope.

ÉDOUARD.

Heureusement ni l'un ni l'autre ne se partagent.

ALEXIS.

Il est bien vrai, à la rigueur : mais cela peut faire deux lots, un pour chacun. Charles viendrait nous chicaner, et il faut prévenir jusqu'à ses injustices. Laissons-lui le loto, et gardons le microscope pour nous. Il pourra servir à nous instruire, en nous faisant connaître mille beautés de la nature, qui se déroberaient à nos regards.

ÉDOUARD.

Ah ! voilà maintenant ce qui me coûte le plus, ces treize jolies figures de porcelaines.

ALEXIS.

Tu n'aurais jamais pu les placer toutes ensemble sur ta cheminée. Sais-tu ce qu'elles représentent ?

ÉDOUARD.

Les neuf Muses et les quatre Saisons.

ALEXIS.

Donne-lui les Saisons. Tu as droit à la meilleure part; et les Muses ne se séparent jamais. Mais veux-tu m'en croire? ne faisons point les choses à demi. Accordons-lui, pour égaliser, le reste des jetons et la bourse. (*Il remet les cent jetons de Charles dans la bourse, et met le tout ensemble de son côté.*) Les voilà dans son lot.

ÉDOUARD.

Tu me fais faire ce que tu veux.

ALEXIS.

Ce que j'aurais fait moi-même à ta place.. — Ha ha! des estampes encadrées? J'avais oublié de lui en parler.

ÉDOUARD, *avec joie*.

Est-il bien vrai, mon ami?

ALEXIS, *d'un air sévère*.

Et qu'importe? N'est-ce pas comme s'il le savait? Combien y en a-t-il? Voyons. Une, deux, trois. (*Il compte jusqu'à vingt-quatre, en parcourant leurs inscriptions l'une après l'autre, et les partageant à mesure en deux lots.*) Ici, les princes régnant de l'Europe : et là, les grands hommes de France.

ÉDOUARD.

Eh bien! lesquels choisirons-nous?

ALEXIS, *lui présentant deux estampes qu'il a mises de côté dans le second lot.*

Ah! mon cher Édouard, notre choix est tout fait.

Voici La Fontaine et Fénelon. Gardons les amis de notre enfance (*Il baise les deux portraits; ensuite il met les princes dans le lot de Charles, et les grands hommes dans celui d'Édouard.*)

Voilà tout, je crois?

ÉDOUARD, *tristement.*

Hélas! oui.

ALEXIS.

Pourquoi cet air triste?

ÉDOUARD.

C'est que tu veux que mon bien lui appartienne.

ALEXIS.

Non, mon cher Édouard, ce n'est pas moi qui le veux; c'est toi qui l'as voulu, et qui le veux encore. N'est-il pas vrai, que tu le veux toujours?

ÉDOUARD.

Oui, oui; fais seulement que je ne voie plus cela, que j'en sois débarrassé.

ALEXIS.

N'y pense plus, mon ami. Tu as fait ton devoir. Je cours trouver Charles, et lui parler. S'il t'a trompé, je veux qu'il en meure de honte. (*Il sort.*)

SCÈNE VI.

ÉDOUARD, *seul.*

Oh oui! mourir de honte? Il se moquera de moi, voilà tout. S'il avait eu honte, il ne m'aurait pas envoyé la moitié de ses pauvretés pour avoir mes richesses. (*Il s'approche de la table, en la parcourant d'un air triste.*) Et il faut que je me prive de tant de jolies choses, pour un fripon, encore! Il me semble à présent que j'aimerais mieux tout ce qui n'est pas dans ma portion. Voilà des cédrats bien plus gros que les miens! Et ce loto, que j'avais tant désiré pour amuser mes amis! Ces soldats qui m'auraient fait une armée. Tout cela était à moi : je ne l'ai plus. Il faut que je le donne pour rien. Pour rien? (*Il rêve un moment.*) Mais non, Alexis a raison. N'est-ce donc rien que ma parole et mon honneur? J'entends venir quelqu'un! Est-ce Charles? Non, c'est Victorine.

SCÈNE VII.

ÉDOUARD, VICTORINE.

VICTORINE, *regardant avec avidité tout ce qui est étalé sur la table.*

Que fais-tu donc là mon frère? Que signifie ce partage? Est-ce qu'il y aurait une moitié pour moi?

Sais-tu bien que ce serait une fort aimable galanterie?
ÉDOUARD.
Ah! ma sœur, je le voudrais, je t'assure. Mais je ne suis plus le maître d'en disposer.
VICTORINE.
Et pourquoi donc? Cela t'appartient. Ah! j'entends. C'est quelque nouvelle escroquerie d'Alexis. Il est sans cesse à mendier auprès de toi pour les autres; et ce qu'il obtient par ses importunités, il sait le mettre de côté pour lui.
ÉDOUARD.
Victorine, ne parlez pas ainsi de ce digne garçon: je voudrais, pour tout ce que je possède, avoir sa noble manière de penser.
VICTORINE.
Mais enfin, que veut dire ce déménagement?
ÉDOUARD.
Que je suis bien puni d'avoir été si avide. Il faut que je cède à Charles la moitié des présens que j'ai reçus de ma tante.
VICTORINE.
Au lieu de me les donner! Et à quel propos?
ÉDOUARD.
Parce que nous étions convenus ensemble de partager nos étrennes. Par malheur j'ai eu beaucoup, et lui rien.
VICTORINE.
Il n'aurait donc rien de moi. C'est la justice.
ÉDOUARD.
Que veux-tu? Nous nous sommes engagés par

l'honneur. Il m'a tenu parole; il faut bien lui tenir la mienne, ou je suis un coquin.

VICTORINE.

Voilà de ces folies que ton Alexis te met dans la tête. Non, je suis dépitée de ce que tu te laisses gouverner par un enfant qui vit de nos secours.

ÉDOUARD.

Mais n'a-t-il pas raison !

VICTORINE.

Lui? jamais. Et je parierais même aujourd'hui, qu'il s'entend avec Charles pour partager tes dépouilles.

ÉDOUARD.

Sérieusement tu le croirais, ma sœur? Mais non, non; tu lui fais injure. Alexis est trop généreux.

VICTORINE.

C'est toi qui es trop faible. Il prendrait bien, je crois, ton parti plutôt que celui de Charles, s'il n'y était intéressé.

ÉDOUARD.

Je suis son ami. Il est intéressé à ce que je ne sois pas un fripon.

VICTORINE.

Ha ha ha! fort bien! Pour n'être pas un fripon, tu te laisses friponner.

ÉDOUARD.

Cela vaudrait toujours mieux.

VICTORINE.

Et d'une manière si ridicule! Oh! comme ils vont se moquer de toi! Ha ha ha!

ÉDOUARD.

Alexis se moquerait de moi?

VICTORINE.

S'il aide à te tromper!

ÉDOUARD.

Mais j'ai donné ma parole. Le partage est tout fait, et Charles va venir.

VICTORINE.

Eh bien! qu'il s'en retourne. Quelle sera ma joie de voir que tu les attrapes lorsqu'ils pensent t'attraper!

ÉDOUARD.

Oui, que je me déshonore pour sauver ces misères!

VICTORINE.

Mais si je te les conserve avec ton honneur?

ÉDOUARD.

Et par quels moyens?

VICTORINE.

Le voici. C'est d'aller conter l'affaire à mon papa, ou plutôt à ma tante, qui serait plus facile à persuader, pour qu'ils te défendent de te défaire de leurs présens. Je me charge de la mission.

ÉDOUARD.

Non, non, ma sœur, si tu as quelque amitié pour moi.

VICTORINE.

A la bonne heure. Tu veux te laisser plumer? je le veux aussi. Je ne perds rien à cela. Tout au contraire, j'y gagne le plaisir de rire à tes dépens, et d'avoir maintenant d'aussi jolies étrennes que toi. Je vais toujours le dire à mon papa, quand ce ne serait que pour te faire gronder; puisque tu n'as pas voulu suivre mes idées.

SCÈNE VIII.

ÉDOUARD seul.

Elle a raison cependant. Si mon papa et ma tante me le défendent, je garde tout, et je suis quitte de mes obligations. Pourquoi cette idée ne m'est-elle pas d'abord venue à l'esprit? Il est vrai que ce ne serait pas bien : j'entends en moi-même une voix qui me le crie. Je devais tout prévoir, avant d'engager ma promesse. Ah! si Alexis était ici pour me décider! J'ai besoin de son secours. Qu'il vienne, mais tout seul. Bon! me voilà content, c'est lui.

SCÈNE IX.

ÉDOUARD, ALEXIS.

ALEXIS.

Charles ne tardera pas à venir. Il en est allé demander la permission à son père. Courage, mon cher Édouard; ne laissons pas soupçonner que ces bagatelles nous tiennent si fort à cœur. Je commence à croire que Charles n'est pas de bonne foi. Je lui ai parlé vivement, et il m'a semblé voir dans ses réponses un peu d'embarras.

ÉDOUARD.

Il me trompe, j'en suis sûr, et il faut encore que je paraisse content!

ALEXIS.

N'as-tu pas sujet de l'être? Tu as rempli ton devoir.

ÉDOUARD.

Eh bien, je tâcherai de me vaincre, et de faire bonne contenance devant lui. Mais sais-tu ce que me disait tout à l'heure ma sœur? Qu'il fallait prier ma tante et mon papa de me défendre de donner la moindre chose de mes présens; que de cette manière je conserverais mon honneur et toutes mes étrennes.

ALEXIS.

Et le repos de ta conscience, le conserverais-tu aussi par ce moyen?

ÉDOUARD.

Hélas! non; je sentais déjà en moi qu'il serait malhonnête d'en user ainsi.

ALEXIS.

Pourquoi donc balancer davantage? O mon cher Édouard! ne résistons jamais à ces premiers sentimens de droiture et de générosité : tu verras bientôt quel plaisir on trouve à les suivre. Est-ce que nous aurions besoin de toutes ces babioles pour être heureux? Va, je te promets de n'en être que plus empressé à te procurer d'autres amusemens. Si mon amitié est quelque chose pour toi, je t'en aimerai cent fois davantage de te voir honnête et délicat.

ÉDOUARD.

Oui, je le suis, je veux l'être, mon cher Alexis; et c'est à toi que je le devrai. Je me fais gloire de sentir le prix de ton conseil; et je le suivrai, quoiqu'en ait pu dire ma sœur. Fi de ces misères! Pour te prouver combien je les méprise, je vais encore mettre deux cornets de pastilles de plus dans la portion de Charles.

ALEXIS.

Bien comme cela, mon ami! C'est le triomphe d'un héros qui revient victorieux d'une bataille.

ÉDOUARD.

Prends toujours soin de ma faiblesse; et, si tu me voyais fléchir, parle pour moi.

ALEXIS.

Je n'en aurai pas besoin. Mais doucement; c'est Charles qui s'avance.

SCÈNE X

CHARLES, ÉDOUARD, ALEXIS.

CHARLES, *avec l'air un peu embarrassé.*

Bon jour, Édouard. Alexis est venu me dire que tu me demandais. Me voici. Je suis cependant fâché...

ÉDOUARD.

De quoi es-tu fâché, mon ami?

CHARLES.

De ce que mes étrennes ont été si misérables, et de ce que je.....

ÉDOUARD.

N'est-ce que cela, sois tranquille.

ALEXIS.

Édouard n'en est que plus content de pouvoir suppléer à ce qui vous a manqué. Si vous saviez quelle joie il s'en est promise! N'est-ce pas, Édouard?

ÉDOUARD.

C'est de tout mon cœur. (*Il prend Charles par la main et le conduit vers la table.*) Tiens, voilà tous mes présens que nous avons d'abord partagés en deux portions bien égales. J'ai encore ajouté quelque choses de plus à la tienne, pour ne te laisser rien à regretter.

ALEXIS.

Il y avait deux choses qui n'étaient pas de nature à être partagées, le microscope et le loto. Édouard, suivant vos conventions, pouvait les garder pour lui. Il a mieux aimé vous donner le loto, de peur d'avoir le moindre reproche à se faire.

ÉDOUARD.

J'ai regret que ces figures de porcelaine n'aient pu se partager par nombre égal. J'ai gardé les neuf Muses; mais, pour remettre l'égalité, je te laisse, avec les quatre Saisons, un cent de jetons de nacre, et cette bourse qui me revenaient. Tu n'en es pas moins le maître de choisir entre ces deux lots.

CHARLES

Eh! non, mon ami, je suis content.

ÉDOUARD.

Je ne le suis pas encore, moi. J'ai laissé dans le buffet un gâteau dont la moitié m'appartient; je te le donnerai tout entier. Je cours le chercher. (*Il s'éloigne.*)

CHARLES *veut courir après lui pour le rappeler.*

Où vas-tu donc, ce n'est pas le peine.

ALEXIS, *l'arrêtant.*

Laissez-le faire, M. Charles. (*A Edouard.*) Oui, va, va, mon ami.

SCÉNE XI.

ALEXIS, CHARLES.

ALEXIS.

Eh bien! monsieur, convenez-en; Édouard est un garçon qui pense avec bien de la noblesse. Vous le voyez, sa promesse est pour lui plus que tout ce qu'il a de plus précieux. Au lieu de s'affliger du désavantage qu'il trouve dans vos conventions, il se fait un plaisir de surpasser votre attente et de combler votre joie.

CHARLES, *confus.*

Est-il vrai? Vous me faites rougir. Et je ne sais comment.....

ALEXIS.

Ce n'est pas votre faute, si vos parens ne vous ont pas mieux traité cette année.

CHARLES, *en se détournant.*

Le pauvre Édouard.

ALEXIS.

Vous l'offensez par votre pitié. Il ne se trouve pas du tout à plaindre. C'est la honte de vous en imposer qui l'aurait rendu malheureux. Voyez toutes vos richesses, et réjouissez-vous.

SCÈNE XII.

ÉDOUARD, CHARLES, ALEXIS.

ÉDOUARD, *revenant avec un grand gâteau, qu'il présente à Charles.*

Tiens, voilà qui t'appartient par-dessus le marché.

CHARLES, *le repoussant d'une main, et de l'autre se cachant le visage.*

Non, non, c'en est trop.

ÉDOUARD.

Prends-le, je te le donne, et ne crois pas que ce soit par le remords de t'avoir cédé quelque chose! Alexis peut t'en être garant.

ALEXIS, *en regardant fixement Charles.*

Oui, je le suis à la face de tout l'univer. (*Charles s'essuie les yeux.*) Mais je crois que vous pleurez, M. Charles? Qu'avez-vous donc?

CHARLES.

Rien, rien; si ce n'est que je suis un malheureux, qui..... qui vous a trompé.

ÉDOUARD.

Toi, me tromper? Non, c'est impossible. Ne sommes-nous pas amis dès l'enfance? fils de bons voisins et de bons amis?

CHARLES.

Et c'est ce qui me rend plus coupable. Je ne mérite pas que tu penses si noblement de moi. (*Il prend la main d'Édouard.*) Je puis cependant te montrer que je ne suis pas encore tout-à-fait indigne de ton estime. Il est bien vrai que je n'ai rien reçu de mon papa en bagatelles et en friandises : mais...mais... (*Il fouille dans sa poche.*) voici trois louis que je lui ai demandés à la place, et qu'il m'a donnés. Tu le vois, j'étais un trompeur, tandis que tu étais si généreux à mon égard. Voici la moitié de mon argent. Il t'appartient de droit. Seulement, par pitié, pardonne-moi ma coquinerie, et reste mon ami.

ÉDOUARD, *lui sautant au cou.*

Oh, toujours, toujours, toute ma vie! Comme tu me ravis de plaisir! non pas à cause de l'argent, car sûrement je ne le prendrai pas....

SCÈNE XIII.

ÉDOUARD, CHARLES, ALEXIS, VICTORINE.

VICTORINE.

Allons, vite, vite; qu'Alexis vienne trouver mon papa.

ALEXIS.

O ma chère Victorine! ne pourrait-il attendre un moment? ce serait me dérober un plaisir! un plaisir.....

VICTORINE.

Oui, de faire quelque nouvelle escroquerie à mon frère? Venez, venez; mon papa n'est pas fait pour vous attendre, je crois. (*Elle le prend par la main et l'entraîne.*)

ÉDOUARD.

Ma sœur! ma sœur! quelques minutes encore!

VICTORINE, *en se retournant, d'un air moqueur.*

Mon frère! mon frère! Non, cela n'est pas possible. (*Elle sort avec Alexis.*)

SCÈNE XIV.

CHARLES, ÉDOUARD.

ÉDOUARD, *prenant la main de Charles.*

O mon cher ami! que je suis touché de ce noble retour! Je n'étais pas en droit de l'espérer...

CHARLES.

Comment? lorsque tu me donnais la moitié de ton bien, sans attendre rien de moi?

ÉDOUARD.

Ah! ne me fais pas honneur de cette générosité. Tu ne sais pas tout ce qu'il m'en coûtait. Non, jamais je n'aurais eu la force de tenir ma parole sans les encouragemens d'Alexis.

CHARLES

Eh! c'est à lui aussi que je dois le bonheur de n'avoir pas achevé ma fourberie. Il m'en a fait sentir si vivement l'indignité! Lorsqu'ensuite je suis venu, et que j'ai vu combien de loyauté tu avais mis dans le partage.

ÉDOUARD.

Moi, le partage? C'est lui qui l'a fait. Je ne sais comment il a pu s'y prendre; mais il me faisait trouver du plaisir à me dépouiller. Il y a pourtant bien des choses que j'ai ajoutées de moi-même. Je te donnais, et je croyais m'enrichir.

CHARLES.

Ah! garde tout cela, je n'en veux plus. Que je me trouve heureux d'être débarrassé de ce poids! Toi, mon meilleur ami, je n'aurais plus osé te regarder en face. J'étais loin de croire qu'on eût tant à souffrir pour devenir un malhonnête homme.

ÉDOUARD.

Et moi donc, comme j'étais tourmenté! Je sens bien maintenant le plaisir d'avoir été généreux! Voilà cependant ce que nous devons à l'honnête Alexis! Si pauvre avoir tant de droiture! N'est-ce pas qu'il n'a rien exigé pour te découvrir mes richesses?

CHARLES.

Lui, mon cher Édouard? D'où te vient ce vilain soupçon?

ÉDOUARD.

C'est ma sœur, qui par jalousie voulait me le faire accroire.

CHARLES.

Ah! si tu l'avais entendu parler de toi! comme il soutenait vivement ton parti! J'ai eu besoin de toute mon adresse pour le faire jaser. Oui, dès ce moment il vient d'acquérir mon estime pour toute sa vie, et je veux lui donner l'autre moitié qui me reste de mes trois louis.

ÉDOUARD.

Non, Charles; c'est à moi de le récompenser, et j'en sais le moyen. Garde ton argent, avec la moitié qui te revient de mes étrennes.

CHARLES.

Que dis-tu? Moi! Jamais. Tiens, plutôt, donnons-lui tout ce qui devait entrer dans notre échange. Nous avons mérité de le perdre, et lui de le gagner.

ÉDOUARD.

Oh! de tout mon cœur? Sais-tu ce qu'il faut faire? Nous pouvons nous donner bien du plaisir. Je vais faire porter tout cela chez lui, pour qu'il le trouve à son retour.

CHARLES.

Bien! bien! pourvu qu'il n'aille pas revenir assez tôt pour nous en empêcher.

ÉDOUARD.

Je vais appeler un domestique. Toi, range tout dans cette corbeille. Je reviens comme l'éclair. (*Il sort en courant.*)

SCÈNE XV.

CHARLES, *en remplissant la corbeille.*

Ce brave Alexis, comme nous allons le rendre content! et je serai de moitié dans la joie qu'il va goûter! Ah! je ne la céderais pas pour dix fois toutes ces jolies étrennes. Qui m'eût dit que j'aurais encore plus de plaisir à lui donner tout ce que j'ai tant désiré, qu'à le garder pour moi? Je voudrais être mon papa pour l'enrichir. Grâce à lui, je sens à présent qu'être juste et honnête, c'est être plus heureux que de posséder les plus grands biens.

SCÈNE XVI.

ÉDOUARD, CHARLES, COMTOIS.

ÉDOUARD, *à Comtois, qui le suit.*

Entrez, entrez, Comtois. (*Il ferme la porte au verrou.*) C'est pour une corbeille que vous me ferez le plaisir de porter chez Alexis.

COMTOIS.

Oh! de grand cœur, monsieur. Nous aimons tous cet excellent jeune homme.

ÉDOUARD, *à Charles.*

As-tu fini, mon ami?

CHARLES.

J'aurai bientôt fait. Il ne me reste plus que les porcelaines, que je vais mettre par-dessus, pour qu'elles ne soient pas endommagées.

ÉDOUARD.

C'est bien penser; mais dépêche-toi, de peur qu'il n'arrive.

CHARLES.

Voilà qui est fini.

ÉDOUARD, *à Comtois.*

Bon! vous n'avez qu'à prendre la corbeille, et la porter secrètement où je vous ai dit. Allez-y, je vous prie, tout de ce pas; et surtout prenez bien garde à ne rien casser.

CHARLES.

Attends donc, voici les trente-six francs qui lui reviennent de ma part. Il faut que je les enveloppe dans un morceau de papier, et je le metterai dans la bourse à jetons. (*On entend la voix d'Alexis, qui frappe à la porte, et qui dit :*) Ouvrez, ouvrez; c'est moi.

ÉDOUARD.

O mon Dieu! qu'allons-nous faire? (*En se retournant à la porte.*) Un moment, Alexis je vais t'ouvrir.

CHARLES, *mettant l'argent à demi enveloppé dans la main de Comtois.*

Tenez, vous glisserez ceci dans la corbeille.

ÉDOUARD, *en lui présentant la corbeille.*

Prenez-la sous le bras, et tenez-vous caché dans un coin.

CHARLES.

Oui, oui; tout contre la muraille. Et vous tâcherez de vous esquiver sans qu'il vous voie.

COMTOIS.

Laissez-moi faire.

ALEXIS, *de derrière la porte.*

Eh bien! m'ouvrirez-vous? Édouard, ton papa me suit de près.

ÉDOUARD, *à Charles.*

Je peux lui ouvrir maintenant?

CHARLES.

Oui; c'est fait. (*Il fait signe à Comtois de ne pas faire de bruit.*)

SCÈNE XVII.

ÉDOUARD, CHARLES, ALEXIS, COMTOIS.

ÉDOUARD, *ouvrant la porte à Alexis.*

Je te demande pardon, mon ami, de t'avoir fait attendre. C'est que nous étions occupés. (*Il le prend par la main, et se place de manière à lui cacher la corbeille et Comtois.*)

ALEXIS.

Et à quoi donc? (*Il surprend Charles qui fait signe à Comtois de sortir.*) A qui en veut-il avec ses mines? (*Il se retourne et aperçoit le domestique.*) Ah, ah, qu'est-ce qu'il porte là? (*Il va vers lui et veut regarder dans la corbeille.*)

COMTOIS, *lui retenant le bras.*

Doucement, monsieur Alexis; c'est un secret.

ALEXIS.

Comment? du mystère?

COMTOIS.

Vous l'apprendrez tantôt chez vous (*Il veut sortir; Alexis l'arrête.*)

ALEXIS.

Je veux le savoir en ce moment. Ah! si j'avais deviné! Me feriez-vous cet outrage, mes chers amis?

ÉDOUARD.

Qu'appelles-tu un outrage? C'est le faible prix du service que tu viens de nous rendre. (*Il prend la corbeille et la lui présente.*) Oui, mon cher Alexis, tout cela est à toi.

CHARLES, *lui présentant aussi le paquet d'argent que Comtois lui remet.*

Et ceci encore. (*Alexis le repousse. Charles le jette dans la corbeille qu'Édouard continue de lui offrir.*)

ALEXIS.

Que faites-vous? Non, non, jamais.

ÉDOUARD.

Je le veux.

CHARLES

Je vous le demande en grâce. Soyez seulement mon ami, comme vous l'êtes d'Édouard.

COMTOIS.

Si j'osais joindre ma prière à celle de ces messieurs! Vous leur feriez trop de peine de les refuser. Je voudrais bien avoir, comme eux, la liberté de vous offrir aussi mon présent. Il serait petit; mais je vous le donnerais de bon cœur. Vous êtes béni dans toute la maison.

ALEXIS.

O mon cher Édouard! mon généreux Charles! (*Il les embrasse.*) et vous, mon brave Comtois! (*En les regardant d'un air attendri.*), vous me faites pleurer d'admiration et de plaisir. Mais votre bon cœur vous conduit trop loin. Je n'ai point mérité ce que vous faites pour moi; je ne l'accepterai jamais.

ÉDOUARD.

Veux-tu me chagriner?

CHARLES.

Est-ce que vous ne voulez point de mon amitié?

SCÈNE XVIII.

M. DUFRESNE, ÉDOUARD, CHARLES, ALEXIS, COMTOIS.

M. DUFRESNE, *qui est entré depuis un moment à l'improviste, et qui s'est arrêté pour jouir de ce spectacle, lève ses mains et ses regards vers le ciel; ensuite il s'avance, comme s'il n'avait rien entendu, et dit:*
Eh bien! vous trouverai-je toujours en querelle?

ÉDOUARD, *courant à lui.*

Ah! mon papa! venez nous accorder. Alexis nous traite bien durement. Il m'a rendu fidèle à ma parole.....

CHARLES.

Il me rend à l'honneur.....

ÉDOUARD.

Et il méprise notre reconnaissance.

ALEXIS, *se jetant dans les bras de M. Dufresne.*

O mon digne protecteur, mon second père ! sauvez-moi de leur générosité. Je viens de me justifier auprès de vous de la méfiance qu'on voulait vous inspirer sur mon compte, et j'irais maintenant me démentir ! Non, non, je me rendrais suspect à moi-même de n'avoir agi que par intérêt. Ne me laissez pas corrompre, je vous en conjure.

M. DUFRESNE.

Mes chers enfans, que vous me ravissez ! Non, mon brave Alexis, ces présens ne sont rien pour payer tant de délicatesse et de désintéressement. Je vais mettre fin à ce noble démêlé. (*A Édouard et à Charles.*) Que chacun de vous garde ce qui lui appartient. Je prends sur moi votre reconnaissance.

ÉDOUARD.

Ah ! mon papa, de quel plaisir voulez-vous me priver ?

CHARLES.

Vous me punissez, monsieur, comme je le méritais peut-être tout à l'heure ; mais vous êtes témoin de mon changement. Ah ! par pitié, daignez vous joindre à moi pour obtenir d'Alexis.....

ALEXIS, *à M. Dufresne.*

Non, non ; de grâce ne m'y contraignez point.

M. DUFRESNE.

Je l'exige de toi, mon ami. Il n'y aurait que de l'orgueil et de la dureté à lui dérober le plaisir de faire du bien, dont tu viens de lui faire goûter, peut-être pour la première fois, la douce jouissance. Prends cet argent, et donne-le à ta mère, qui t'a inspiré une si noble façon de penser.

ALEXIS.

Vous m'y forcez, monsieur; je vous obéis. Oh! quelle joie pour elle! Mais, au moins, qu'Édouard garde ses présens!

M. DUFRESNE, *tirant sa bourse.*

Eh bien! qu'il les reprenne pour les partager avec son ami. Je les rachète en son nom pour ces trois louis d'or.

ALEXIS.

Ah! mon cher M. Dufresne? arrêtez, arrêtez. Je ne sais, tant je suis pénétré de joie et de reconnaissance..... Ma pauvre mère! il y a bien long-temps qu'elle ne se sera vue si riche! O mes bons amis! (*Il embrasse Édouard et Charles, sans pouvoir leur parler.*)

M. DUFRESNE, *à Édouard.*

Mon fils, je te dois aussi une récompense pour ta docilité à suivre les nobles conseils d'Alexis.

ÉDOUARD.

Eh, mon papa! comment pouvez-vous me récompenser mieux, que par ce que vous faites envers lui?

M. DUFRESNE.

Ce n'est rien encore. Il n'a été jusqu'ici que le compagnon de tes plaisirs; je veux qu'il le soit de tes exercices et de tes études. Je ne mettrai point de différence dans votre éducation.

ÉDOUARD.

Oh! comme je vais profiter près de lui.

ALEXIS, *se jetant aux genoux de M. Dufresne.*

Voulez-vous me faire mourir de l'excès de vos bontés?

M. DUFRESNE, *le relevant.*

Non; je veux que tu vives pour aimer mon fils, comme j'aimais ton père.

CHARLES.

Laissez-moi aussi prendre part à votre amitié. Je commence à ne pas m'en croire tout-à-fait indigne, et je le dois à vos exemples.

M. DUFRESNE.

Oui, mes amis, tel est l'empire de la vertu, d'élever jusqu'à elle tout ce qui l'approche. Vivez toujours unis, pour vous fortifier dans la droiture et dans l'honneur ; et soyez hommes ce que vous êtes enfans.

CLÉMENTINE et MADELON.

Avant que le soleil s'élevât sur l'horizon pour éclairer la plus belle matinée de printemps, la jeune Clémentine était descendue dans le jardin de son père, afin de mieux goûter le plaisir de déjeûner, en parcourant ces longues allées. Tout ce qui peut ajouter au charme qu'on éprouve dans ses premières heures du jour se réunissait pour elle en ce moment. Le souffle pur du zéphir portait dans tous ses sens la fraîcheur et le calme. Son goût était flatté de la douceur des friandises qu'elle savourait ; son œil, du tendre éclat de la verdure renaissante ; son odorat, du parfum balsamique de mille fleurs : et pour que son oreille ne fût pas seule sans plaisirs, deux rossignols allèrent se percher près de là sur le sommet d'un berceau de verdure, pour la réjouir de leurs chansons de l'aurore. Clémentine était si transportée de toutes ces sensations délicieuses, que des larmes baignaient ses beaux yeux, sans s'échapper cependant de sa paupière. Son cœur, agité d'une douce émotion, était pénétré de sentimens de tendresse et de bienfaisance. Tout à coup elle fut interrompue dans son agréable rêverie par le bruit des pas d'une petite fille qui s'avançait vers la même allée, en mordant de grand appétit dans un morceau de pain bis.

Comme elle venait aussi dans le jardin pour se récréer, ses regards erraient sans fixer aucun objet autour d'elle, en sorte qu'elle arriva près de Clémentine sans l'avoir aperçue : dès qu'elle la reconnût, elle s'arrêta tout court un moment, baissa les yeux vers la terre; puis, comme une jeune biche effarouchée, et non moins légère, elle retourna précipitamment sur ses pas. Arrête, arrête, lui cria Clémentine, attends-moi donc, attends-moi; pourquoi te sauver? Ces paroles faisaient fuir encore plus vite la petite sauvage.

Clémentine se mit à la poursuivre; mais comme elle était moins exercée à la course, il ne lui fut pas possible de l'atteindre.

Heureusement la petite fille avait pris un détour; et l'allée où se trouvait Clémentine allait directement aboutir à la porte du jardin. Clémentine, aussi avisée que jolie, se glisse tout doucement le long de la charmille épaisse qui formait la bordure de l'allée; et elle arrive au dernier buisson à l'instant même où la petite fille était prête à le dépasser. Elle la saisit à l'improviste, en lui criant: Te voilà ma prisonnière! Oh! je te tiens! il n'y a plus moyen de te sauver.

La petite fille se débattait pour se débarrasser de ses mains. Ne fais donc pas la méchante, lui dit Clémentine : si tu savais le bien que je te veux, tu ne serais pas si farouche. Viens, ma chère enfant, viens un moment avec moi.

Ces paroles d'amitié, et plus encore le ton flatteur de la voix qui les prononçait, rassurèrent la petite fille; et elle suivit Clémentine dans un cabinet de verdure voisin.

As-tu encore ton père, lui dit Clémentine, en l'obligeant de s'asseoir auprès d'elle?

MADELON.

Oui, mamselle.

CLÉMENTINE.

Et que fait-il?

MADELON.

Toutes sortes de métiers pour gagner sa vie. Il vient aujourd'hui travailler à votre jardin, et il m'a menée avec lui.

CLÉMENTINE.

Ah! je le vois là-bas dans le carré de laitues. C'est le gros Thomas. Mais que manges-tu à ton déjeûner! Voyons que je goûte ton pain. Ah! mon Dieu, il me déchire le gosier. Pourquoi ton père ne t'en donne-t-il pas de meilleur?

MADELON.

C'est qu'il n'a pas autant d'argent que votre papa.

CLÉMENTINE.

Mais il en gagne par son travail; et il pourrait bien te donner du pain blanc, ou quelque chose pour faire passer celui-ci.

MADELON.

Oui, si j'étais sa seule enfant : mais nous sommes cinq, qui mangeons de bon appétit. Et puis l'un a besoin d'une camisole, l'autre d'une jaquette. Ça fait tourner la tête à mon père, qui dit quelquefois : J'aurais beau travailler, jamais je ne gagnerai assez pour nourrir et vêtir toute cette marmaille.

CLÉMENTINE.

Tu n'as-donc jamais mangé de confiture ?

MADELON.

Des confitures ! Qu'est-ce que c'est que ça ?

CLÉMENTINE.

Tiens, en voici sur mon pain.

MADELON.

Je n'en avais jamais vu de ma vie.

CLÉMENTINE.

Goûtes-en un peu. Ne crains rien ; tu vois que j'en mange.

MADELON, *avec transport.*

Ah ! mamselle, que c'est bon !

CLÉMENTINE.

Je le crois, ma chère enfant. Comment t'appelle-tu ?

MADELON, *se soulevant et lui faisant une révérence.*

Madelon, pour vous servir.

CLÉMENTINE.

Eh bien ! ma chère Madelon, attends-moi ici un moment. Je vais demander quelque chose pour toi à ma bonne, et je reviens aussitôt. Ne t'en va pas, au moins.

MADELON.

Oh ! je n'ai plus peur de vous.

Clémentine courut chez sa bonne, et la pria de lui donner encore des confitures, pour en faire goûter à une petite fille qui n'avait que du pain sec pour déjeûner. La bonne se réjouit de la bienfaisance de son aimable élève. Elle lui en donna dans une tasse, avec un petit pain mollet; et Clémentine se mit à courir de toutes ses jambes avec le déjeûner de Madelon.

Eh bien! lui dit-elle en arrivant, t'ai-je fait long-temps attendre? Tiens, ma chère enfant, prends donc. Laisse-là ton pain noir, tu en mangeras assez une autre fois.

MADELON, *goûtant la confiture et passant sa langue sur ses lèvres.*

C'est comme du sucre. Je n'avais jamais rien mangé de si doux.

CLÉMENTINE.

Je suis charmée que tu le trouves bon. J'étais bien sûre que cela te ferait plaisir.

MADELON.

Comment! vous en mangez tous les jours? Nous ne connaissons par ça, nous pauvres gens.

CLÉMENTINE.

J'en suis assez fâchée. Écoute, viens me voir de temps en temps; je t'en donnerai. Mais comme tu as l'air de te bien porter! N'es-tu jamais malade?

MADELON.

Malade? moi? jamais.

CLÉMENTINE.

N'as-tu jamais de rhume? N'es-tu jamais enchifrenée.

MADELON.

Qu'est-ce que c'est que ce mal?

CLÉMENTINE.

C'est lorsqu'il faut tousser et se moucher sans cesse.

MADELON.

Oh! ça m'arrive quelquefois! Mais ce ne sont pas des maladies.

CLÉMENTINE.

Et alors te fait-on rester au lit?

MADELON.

Ah! ah! ma mère ferait, je crois un beau train, si je m'avisais de faire la paresseuse.

CLÉMENTINE.

Mais qu'as-tu à faire? Tu es si petite?

MADELON.

Ne faut-il pas aller dans l'hiver ramasser du chardon pour notre âne, et du bois mort pour la marmite? Ne faut-il pas dans l'été sarcler les blés ou glaner? cueillir les pommes et les raisins dans l'automne? Ah! mamselle, ce n'est pas l'ouvrage qui nous manque.

CLÉMENTINE.

Et tes sœurs se portent-elles aussi bien que toi?

MADELON.

Nous sommes toutes éveillées comme des souris.

CLÉMENTINE.

Ah! j'en suis bien aise! j'étais d'abord fâchée que Dieu semblât ne s'être pas embarrassé de tant de pauvres enfans; mais, puisque vous avez la santé, je vois bien qu'il ne vous a pas oubliées. Je me porte bien aussi, quoique je ne sois pas sûrement aussi robuste que toi. Mais, ma chère enfant, tu vas nu-pieds; pourquoi ne mets-tu pas de chaussure?

MADELON.

C'est qu'il en coûterait trop d'argent à mon père, s'il fallait qu'il nous en donnât à tous; il n'en donne à aucun.

CLÉMENTINE.

Et ne crains-tu pas de te blesser?

MADELON.

Je n'y fais seulement pas attention. Le bon Dieu m'a cousu des semelles sous la plante des pieds.

CLÉMENTINE.

Je ne voudrais pas te prêter les miens. Mais d'où vient que tu ne manges plus?

MADELON.

Nous nous sommes amusées à babiller, et il faut que j'aille ramasser de l'herbe. Il est bientôt huit heures. Notre bourrique attend son déjeûner.

CLÉMENTINE.

Eh bien! emporte le reste de ton pain. attends un peu. Je vais ôter la mie, tu mettras la confiture dans le creux.

MADELON.

Je vais le porter à ma plus jeune sœur.

Oh! elle ne fera pas la petite bouche, celle-là! Elle n'en laissera pas une miette, quand elle aura commencé à le lécher.

CLÉMENTINE.

Je t'en aime davantage, d'avoir pensé à ta petite sœur.

MADELON.

Je n'ai rien de bon sans lui en donner. Adieu, mamselle.

CLÉMENTINE.

Adieu, Madelon. Mais souviens-toi de revenir ici demain à la même heure.

MADELON.

Pourvu que ma mère ne m'envoie pas ailleurs, je me garderai bien d'y manquer.

Clémentine avait goûté la douceur qu'on sent à faire le bien. Elle se promena quelque temps encore dans le jardin, en pensant au plaisir qu'elle avait donné à Madelon, à la reconnaissance que Madelon lui en avait témoignée, et à la joie qu'aurait sa petite sœur de manger des confitures.

Que sera-ce donc, se disait-elle, quand je lui donnerai des rubans, et un collier! Maman m'en a donné l'autre jour d'assez jolis; mais la fantaisie m'en est déjà passée. Je chercherai dans mon armoire quelques chiffons pour la parer. Nous sommes de même taille; mes robes lui iront à ravir. Oh! qu'il me tarde de la voir bien ajustée!

Le lendemain Madelon se glissa encore dans le jardin. Clémentine lui donna des gâteaux qu'elle avait achetés pour elle.

Madelon ne manqua pas d'y revenir tous les jours. Clémentine ne songeait qu'à lui donner de nouvelles friandises. Lorsque ses épargnes n'y suffisaient pas, elle priait sa maman de lui faire donner quelque chose de l'office, et sa mère y consentait avec plaisir.

Il arriva cependant un jour que Clémentine reçut une réponse affligeante. Elle priait sa mère de lui faire une petite avance sur ses pensions de la semaine, pour acheter des bas et des souliers à Madelon, afin qu'elle n'allât plus nu-pieds. Non, ma chère Clémentine, lui répondit sa mère.

CLÉMENTINE.

Et pourquoi donc, maman?

Mme D'ALENÇAY.

Je te dirai à table ce qui me fait désirer que tu sois un peu moins prodigue envers ta favorite.

Clémentine fut surprise de ce refus. Elle n'avait jamais tant soupiré que ce jour-là après l'heure du dîner. Enfin on se mit à table.

Le repas était déjà fort avancé, sans que sa mère lui eût dit la moindre chose qui eût trait à Madelon; enfin, un plat de chevrettes qu'on servit fournit à madame d'Alençay l'occasion d'entamer ainsi l'entretien.

Mme D'ALENÇAY.

Ah! voilà le mets favori de ma Clémentine, n'est-il pas vrai? Je suis bien aise qu'on nous en ait servi aujourd'hui.

CLÉMENTINE.

Oui, maman, j'aime beaucoup les chevrettes, et voici la saison où elles sont excellentes.

Mme D'ALENÇAY.

Je suis sûre que Madelon les trouverait encore meilleures que toi.

CLÉMENTINE.

Ah! ma chère Madelon! je crois qu'elle n'en a jamais vu. Si elle apercevait seulement ces longues moustaches, elle en aurait une peur, une peur! je la vois d'ici s'enfuir à toutes jambes. Maman, si vous vouliez me le permettre, je serais bien curieuse de voir la mine qu'elle ferait. Tenez, rien que deux pour elle, quand ce seraient les plus petites.

Mme D'ALENÇAY.

J'ai de la peine à t'accorder ce que tu me demandes.

CLÉMENTINE.

Et pourquoi donc, maman, vous qui faites du bien à tant de monde? Je vous ai aussi demandé ce matin un peu d'argent pour acheter des bas et des souliers à Madelon, et vous m'avez refusée. Il faut que Madelon, vous ait fâchée. Est-ce qu'elle aurait fait quelque dégât dans le jardin? Oh! je me charge de la gronder.

Mme D'ALENÇAY.

Non, ma chère Clémentine, Madelon ne m'a point fâchée. Mais veux-tu, par ta bienfaisance envers elle, faire son bonheur ou son malheur?

CLÉMENTINE.

Son bonheur, maman; Dieu me garde de vouloir la rendre malheureuse.

Mme D'ALENÇAY.

Je voudrais aussi de tout mon cœur la voir plus fortunée, puisqu'elle a su mériter ton attachement

Mais est-il bien vrai, Clémentine, qu'elle mange son pain tout sec à déjeûner?

CLÉMENTINE.

C'est bien vrai, maman. Je ne voudrais pas vous tromper.

Mme D'ALENÇAY.

Comment! elle s'en est contentée jusqu'à présent?

CLÉMENTINE.

Mon Dieu! oui. Et quand ce serait de la franchipane, je ne la mangerais pas avec plus de plaisir qu'elle ne mange son pain bis.

Mme D'ALENÇAY.

Il me paraît qu'elle a bon appétit. Mais je ne puis me persuader qu'elle aille nu-pieds.

CLÉMENTINE.

C'est toujours nu-pieds que je l'ai vue. Demandez au jardinier.

Mme D'ALENÇAY.

Elle se les met donc tout en sang, lorsqu'elle marche sur le sable et sur les cailloux?

CLÉMENTINE.

Point du tout. Elle court dans le jardin comme une biche; et elle dit en riant que le bon Dieu lui a cousu une paire de semelles sous la plante des pieds.

Mme D'ALENÇAY.

Je sais que tu n'es pas menteuse; mais je t'avoue que j'ai bien de la peine à croire ce que tu me dis. Je voudrais bien voir les grimaces que ferait ma

Clémentine en mangeant du pain bis tout sec, sans beurre ni confitures!

CLÉMENTINE.

Oh! je sens qu'il me resterait au gosier.

Mme D'ALENÇAY.

Je ne serais pas moins curieuse de voir comment elle s'y prendrait pour aller nu-pieds.

CLÉMENTINE.

Tenez, maman, ne vous fâchez pas; mais hier je voulus l'essayer. Étant seule dans le jardin, je tirai mes souliers et mes bas pour marcher pieds nus. Je les sentais tout meurtris, et cependant je continuais d'aller. Je rencontrai un tesson. Aye! cela me fit tant de mal, que je retournai tout doucement reprendre ma chaussure, et je me promis bien de ne plus marcher les pieds nus. Ma pauvre Madelon! Elle est cependant ainsi tout l'été.

Mme D'ALENÇAY.

Mais d'où vient donc que tu ne peux manger du pain sec, ni aller nu-pieds comme elle?

CLÉMENTINE.

C'est peut-être que je n'y suis pas accoutumée.

Mme D'ALENÇAY.

Mais si elle s'accoutume comme toi, à manger des friandises, et à être bien chaussée, et qu'ensuite le pain sec lui répugne, et qu'elle ne puisse plus aller nu-pieds sans se blesser, croirais-tu lui avoir rendu un grand service?

CLÉMENTINE.

Non, maman; mais je veux faire en sorte que,

de toute sa vie, elle ne soit plus réduite à cet état.

Mme D'ALENÇAY.

Voilà un sentiment très-généreux. Et tes épargnes te suffiront-elles pour cela?

CLÉMENTINE.

Oui bien, maman, si vous voulez y ajouter tant soit peu.

Mme D'ALENÇAY.

Tu sais que mon cœur ne se refuse jamais à secourir un malheureux lorsque l'occasion s'en présente. Mais Madelon est-elle la seule enfant que tu connaisses dans le besoin?

CLÉMENTINE.

J'en connais bien d'autres encore. Il y en a deux surtout ici près dans le village, qui n'ont ni père ni mère.

Mme D'ALENÇAY.

Et qui, sans doute, auraient besoin de secours?

CLÉMENTINE.

Oh! oui, maman.

Mme D'ALENÇAY.

Mais si tu donnes tout à Madelon, si tu la nourris de biscuits et de confitures, en laissant les autres mourir de faim, y aurait-il de la justice et de l'humanité dans cet arrangement?

CLÉMENTINE.

De temps en temps je pourrais leur donner quelque chose; mais j'aime Madelon par-dessus tout.

Mme D'ALENÇAY.

Si tu venais à mourir, et que Madelon se fût accoutumée à avoir toutes ses aises.....

CLÉMENTINE.

Je suis bien sûr qu'elle pleurerait ma mort.

Mme D'ALENÇAY.

J'en suis persuadée. Mais la voilà qui retomberait dans l'indigence; et il faudrait peut-être qu'elle fît des choses honteuses pour continuer de se bien nourrir et de se bien parer. Qui serait alors coupable de sa perte?

CLÉMENTINE, *tristement*.

Moi, maman. Ainsi donc il faut que je ne lui donne plus rien?

Mme D'ALENÇAY.

Ce n'est pas ma pensée. Je crois cependant que tu ferais bien de lui donner plus rarement de bons morceaux, et de lui faire plutôt le cadeau d'un bon vêtement.

CLÉMENTINE.

J'y avais pensé. Je lui donnerai, si vous voulez, quelqu'une de mes robes.

Mme D'ALENÇAY.

J'imagine que ton fourreau de satin rose lui siérait à merveille, surtout sans chaussure.

CLÉMENTINE.

Bon! tout le monde la montrerait au doigt. Comment donc faire?

Mme D'ALENÇAY.

Si j'étais à ta place, j'économiserais pendant quelque temps sur mes plaisirs ; et lorsque j'aurais amassé un peu d'argent, je l'emploierais à lui acheter ce qu'elle aurait de plus nécessaire : l'étoffe dont les enfans des pauvres s'habillent n'est pas bien coûteuse.

Clémentine suivit le conseil de sa mère. Madelon vint la trouver plus rarement à l'heure de son déjeûner ; mais Clémentine lui faisait d'autres cadeaux plus utiles. Tantôt elle lui donnait un tablier, tantôt un cotillon ; et elle payait ses mois d'école chez le magister du village, pour qu'elle achevât de se perfectionner dans la lecture.

Madelon fut si touchée de tous ces bienfaits, qu'elle s'attacha de jour en jour plus tendrement à Clémentine. Elle venait souvent la trouver, et lui disait : Auriez-vous quelque commission à me donner ? pourrais-je faire quelque ouvrage pour vous ? Et, lorsque Clémentine lui donnait l'occasion de lui rendre quelque léger service, il aurait fallu voir la joie avec laquelle Madelon s'empressait de l'obliger !

Elle s'était rendue un jour à la porte du jardin de Clémentine, pour attendre qu'elle y descendît ; mais Clémentine n'y descendit point. Madelon y revint une seconde fois ; mais elle ne vit point Clémentine. Elle y retourna deux jours de suite ; Clémentine ne paraissait point.

La pauvre Madelon était désolée de ne plus voir sa bienfaitrice.

Ah ! disait-elle, est-ce qu'elle ne m'aime plus ? Je l'aurai peut-être fâchée sans le vouloir. Au moins si je savais en quoi, je lui en demanderais pardon. Je ne pourrais pas vivre sans l'aimer.

La femme de chambre de madame d'Alençay sortit en ce moment. Madelon l'arrêta. Où est donc mamselle Clémentine, lui demanda-t-elle?

Mademoiselle Clémentine? répondit la femme de chambre. Elle n'a peut-être pas long-temps à vivre. Je la crois à toute extrémité. Elle a la petite-vérole.

O Dieu! s'écria Madelon, je ne veux pas qu'elle meurt!

Elle court aussitôt vers l'escalier, monte à la chambre de madame d'Alençay : Madame, lui dit-elle, par pitié, dites-moi où est mamselle Clémentine; je veux la voir. Madame d'Alençay voulut retenir Madelon; mais elle avait aperçu, par la porte entr'ouverte, le lit de Clémentine, et elle était déjà à son côté.

Clémentine était dans les agitations d'un fièvre violente. Elle était seule et bien triste; car toutes ses petites amies l'avaient abandonnée.

Madelon saisit sa main en pleurant, la serra dans les siennes, la baisa, et lui dit : Ah, bon Dieu! comme vous voilà! Ne mourez point, je vous en prie; que deviendrais-je si je vous perdais? Je resterai le jour et la nuit auprès de vous, je vous veillerai, je vous servirai : me le permettez-vous? Clémentine lui serra la main, et lui fit comprendre qu'elle lui ferait plaisir de demeurer auprès d'elle.

Voilà donc Madelon devenue, par le consentement de madame d'Alençay, la garde de Clémentine. Elle s'acquittait à merveille de son emploi. On lui avait dressé une couchette à côté du lit de la petite malade ; elle était sans cesse auprès d'elle. A la moindre plainte que laissait échapper Clémentine, Madelon se levait pour lui demander ce qu'elle avait. Elle lui présentait elle-même les remèdes prescrits par les médecins. Tantôt elle allait cueillir du jonc, pour faire sous ses yeux de petits paniers et de fort jolies corbeilles, tantôt elle bouleversait toute la bibliothèque de madame d'Alençay, pour lui trouver quelques estampes dans ses livres. Elle cherchait dans son imagination tout ce qui était capable d'amuser Clémentine, et de la distraire de ses souffrances. Clémentine eut les yeux fermés de boutons pendant près de huit jours. Ce temps lui paraissait bien long ; mais Madelon lui faisait des histoires de tout le village ; et comme elle avait bien su profiter de ses leçons, elle lui lisait tout ce qui pouvait la réjouir. Elle lui adressait aussi de temps en temps des consolations touchantes. Un peu de patience, lui disait-elle ; le bon Dieu aura pitié de vous, comme vous avez eu pitié de moi. Elle pleurait à ces mots ; puis séchant aussitôt ses larmes : Voulez-vous, pour vous réjouir, que je vous chante une jolie chanson ? Clémentine n'avait qu'à faire une signe, et Madelon lui chantait toutes les chansons qu'elle avait apprises des petits bergers d'alentour. Le temps se passait de la sorte, sans que Clémentime éprouvât trop d'ennui.

Enfin, sa santé se rétablit peu à peu ; ses yeux se

rouvrirent, son accablement se dissipa, ses boutons séchèrent, et l'appétit lui revint.

Elle avait le visage encore tout couvert de rougeurs. Madelon semblait ne la regarder qu'avec plus de plaisir, en songeant au danger qu'elle avait couru de la perdre. Clémentine, de son côté, s'attendrissait aussi en la regardant.

Comment pourrai-je, lui disait-elle, te payer, selon mon cœur, de tout ce que tu as fait pour moi? Elle demandait à sa maman de quelle manière elle pourrait récompenser sa tendre et fidèle gardienne. Madame d'Alençay qui ne se possédait pas de joie de voir sa chère enfant rendue à la vie après une maladie si dangereuse, lui répondit : Laisse-moi faire ; je me charge de nous acquitter l'une et l'autre envers elle.

Elle fit faire secrètement pour Madelon un habillement complet. Clémentine se chargea de lui essayer le premier jour où il lui serait permis de descendre dans le jardin. Ce fut un jour de fête dans toute la maison. Madame d'Alençay et tous ses gens étaient enivrés d'allégresse du rétablissement de Clémentine. Clémentine était transportée de plaisir de pouvoir récompenser Madelon ; et Madelon ne se possédait pas de joie de revoir Clémentine dans les lieux où avait commencé leur connaissance, et encore de se trouver tout habillée de neuf de la tête aux pieds.

PERSONNAGES.

M. DE BEAUVAL.
MARCELLIN, son fils.
HENRIETTE, sa fille.
Mme DE JOINVILLE.
ÉMILIE, sa fille.
HUBERT, garde-chasse.

Le Théâtre représente un champ de blé couvert de gerbes. D'un côté, le château seigneurial; de l'autre, des cabanes de paysans.

LA PETITE GLANEUSE.

Drame.

***

SCÈNE PREMIÈRE.

ÉMILIE, *tenant des deux mains, par les anses, une corbeille pleine d'épis. Elle va s'asseoir auprès d'une gerbe.*

Allons, voilà qui n'est pas mal commencé. Quelle joie pour ma pauvre mère! (*Elle pose sa corbeille à terre, et regarde dedans d'un air satisfait.*) Ce vieux moissonneur! avec quelle bonté il m'a rempli ma corbeille! j'aurais eu beau courir çà et là tout le jour, je n'en aurais jamais ramassé seulement la moitié. Que le bon Dieu l'en récompense! Voici encore quelques épis à terre : quand je n'en glanerais qu'une poignée ou deux... (*Elle enfonce des deux mains les épis dans la corbeille.*) Je les ferai bien entrer en les pressant un peu, et puis n'ai-je pas mon tablier! (*Elle se lève, prend d'une main les deux bouts de son tablier, et s'apprête de l'autre à y jeter les épis qu'elle ramasse lorsqu'elle entend du bruit.*) Mon Dieu! voici un homme qui vient à moi d'un air fâché; je ne crois pas avoir fait du mal, pourtant. (*Elle retourne à sa corbeille, la reprend, veut s'en aller.*)

SCÈNE II.

ÉMILIE, HUBERT.

HUBERT, *l'arrêtant par le bras.*
Ah! petite voleuse! je vous y prends.

ÉMILIE.
Que voulez-vous dire, monsieur? je ne suis pas une petite voleuse; je suis une honnête petite fille : entendez-vous!

HUBERT.
Une honnête petite fille? toi, une honnête petite fille! (*Il lui arrache la corbeille des mains.*) Que portez-vous donc là dedans, l'honnête petite fille?

ÉMILIE.
Des épis, comme vous voyez.

HUBERT.
Et ces épis sont apparemment poussés dans ta corbeille?

ÉMILIE.
Ah! s'ils poussaient dans ma corbeille, je n'aurais pas besoin de prendre tant de peine à les ramasser dans les champs.

HUBERT.

C'est donc volé?

ÉMILIE.

Monsieur, ne me traitez pas si vilainement, je vous prie; j'aimerais mieux mourir de faim avec ma mère, que de faire ce que vous me dites-là.

HUBERT.

Mais ils ne sont pas venus se jeter d'eux-mêmes dans ta corbeille, de par tous les diables!

ÉMILIE.

Mon Dieu! vous me faites peur avec vos juremens: écoutez-moi. J'étais allé glaner dans ce champ là-bas. Il y avait un bon vieillard qui me voyait faire. La pauvre enfant, a-t-il dit, qu'elle a de peine! je veux la secourir. Il y avait des gerbes couchées sur son champ; il en a tiré de pleines poignées d'épis qu'il a jetées dans ma corbeille. Ce que l'on donne au pauvre, disait-il, Dieu le rend, et...

HUBERT.

Ah! j'entends. Le vieillard de ce champ là-bas t'a donné plein ta corbeille d'épis que tu prends ici dans nos gerbes, n'est-il pas vrai?

ÉMILIE.

Allez plutôt lui demander à lui-même; il pourra vous le dire!

HUBERT.

Que j'aille courir là-bas; oh bien! tu n'as qu'à attendre: je t'ai prise ici: tout est dit.

ÉMILIE.

Mais quand je vous dis que je n'ai touché à aucune gerbe; le peu d'épis que j'ai dans mon tablier, je les ai ramassés à terre, parce que j'ai cru que cela était permis. Cependant, si vous y avez du regret; je suis prête à vous les rendre; tenez, voilà les vôtres.

HUBERT.

Non, non, ceux-ci resteront avec ceux-là; et où la corbeille restera, il faudra bien que tu restes aussi. Allons, suis-moi dans le chenil.

ÉMILIE, *avec effroi.*

Comment! que dites-vous, mon brave homme?

HUBERT.

Oui, oui, ton brave homme! je serais bien plus brave homme, si je te laissais échapper, n'est-ce pas? Dans le chenil, te dis-je, allons! allons.

ÉMILIE.

Ah! je vous supplie, pour l'amour de Dieu, je n'ai ramassé ici, je vous assure, que la poignée d'épis que je vous ai rendue. Que dirait ma pauvre mère, si je ne rentrais pas de la journée, si elle apprenait que l'on m'a mise en prison? elle est capable d'en mourir.

HUBERT.

Le grand malheur! la paroisse en serait débarrassée.

ÉMILIE, *se met à pleurer.*

Ah! si vous saviez quelle bonne mère c'est! combien nous sommes pauvres! vous auriez pitié de nous.

HUBERT.

Je ne suis pas ici pour avoir pitié des gens; j'y suis pour les arrêter lorsqu'ils entrent sur les terres de monseigneur, et pour les fourrer en prison.

ÉMILIE.

Mais lorsqu'on n'a rien fait, lorsqu'on est innocent comme moi...

HUBERT.

Oui, parle-moi de ton innocence! venir nous voler une pleine corbeille d'épis, et me faire ensuite mille menteries! Allons, qu'on me suive.

ÉMILIE, *tombant auprès d'une gerbe.*

Ah! mon cher monsieur! ayez pitié de moi. Prenez, si vous voulez, ma corbeille : hélas! ma petite provision ne vous rendra guère plus riche : mais laissez-moi aller, je vous en prie. Si ce n'est pas pour moi, que ce soit pour ma pauvre mère : je suis toute sa consolation, tout son secours.

HUBERT.

Si je te laisse aller, ce n'est point pour ta mère, au moins, je t'en avertis; je voudrais la voir à cent lieues : c'est pour toi seule, parce que tes pleurnicheries m'ont un peu remué le cœur. Mais n'attends pas que ta corbeille te suive : je la confisque pour la justice. Et puis, c'est vendredi jour d'audience; M. le bailli prononcera sur bonne amende : si on ne la paie pas, en prison, et chassée du village. (*Il charge la corbeille sur son épaule. Emilie pleure à chaudes larmes, et se jette à ses genoux.*) Allons, ne m'étourdis plus, ou tu verras ce qu'on y gage. (*Il s'é-*

loigne en gromelant.) Mais voyez donc, si on n'était pas toujours à les épier, si petits qu'ils soient, ils nous enlèveraient, je crois, jusqu'à la terre de nos champs.

SCÈNE III.

ÉMILIE, *seule.*

(*Elle s'assied à terre, et appuie sa tête sur une gerbe. Elle pleure quelques-momens ; et après s'être remise de sa frayeur, écoute en silence ; enfin elle se lève, et regarde autour d'elle.*)

Ah ! il est parti, ce méchant homme ! Il m'emporte toute ma joie ; je perds tout : mes épis, ma jolie corbeille. Eh ! qui sait encore ce qui nous arrivera à ma mère et à moi. (*Après une petite pause.*) Que ces petits oiseaux sont heureux ! il leur est permis de venir prendre quelques grains pour leur repas ; et moi... Mais qui sait si un méchant homme comme celui-ci n'est pas à les guetter pour les tuer avec son fusil ? Je vais les faire envoler ; et je m'en irai ; car peut-être me punirait-on encore d'avoir reposé ma tête sur cette gerbe... Mais qui sont ces deux enfans qui s'avancent ?

SCÈNE IV.

MARCELLIN, HENRIETTE, ÉMILIE, *essuyant ses larmes.*

MARCELLIN.

Ah! ah! c'est donc toi petite fille, que le garde-chasse vient de prendre à voler les épis de nos gerbes? (*Les sanglots empêchent Émilie de répondre.*)
HENRIETTE, *la regardant avec attention, et tirant à part son frère.*

Elle a l'air d'une bonne petite fille, Marcellin. Elle pleure; ne l'afflige pas davantage par tes reproches. Le peu d'épis qu'elle a ramassés ne vaut pas la peine... (*Elle va à elle.*) Ma pauvre enfant, qu'as-tu donc à pleurer?

ÉMILIE.

C'est de voir que l'on m'accuse sans sujet, et que vous me croyez peut-être coupable.

MARCELLIN.

Tu ne l'es donc pas?

ÉMILIE.

Non, vous pouvez m'en croire. J'étais allée glaner dans le champ là-bas. Un vieux moissonneur a eu pitié de ma peine, et m'a rempli ma corbeille d'épis. Je viens ici en ramasser quelques autres que je vois éparpillés çà et là. Votre méchant garde-chasse me trouve auprès de cette gerbe, et m'accuse de voler. Il me prend ma corbeille; et il m'aurait mise en prison, si, par mes prières et mes larmes pour ma mère, je n'avais tant fait qu'il m'a laissée aller.

HENRIETTE.

Ah! j'aurais bien voulu voir qu'il t'arrêtât! Nous avons un bon papa, qui ne souffre pas qu'on fasse du mal aux pauvres, et qui t'aurait fait bien vite relâcher.

MARCELLIN.

Oui, et qui te fera bientôt rendre ta corbeille, je t'en réponds.

ÉMILIE, *avec joie.*

Oh! le croyez-vous, mon cher petit monsieur?

HENRIETTE.

Marcellin et moi nous allons tant le prier.... Sois tranquille, il n'est jamais si content de nous que lorsque nous lui parlons en faveur des pauvres gens; et nous pourrions même te faire rendre ta corbeille sans lui en parler.

ÉMILIE.

Ah! que vous êtes heureuse, ma jolie petite demoiselle, de n'avoir besoin du secours de personne, et de pouvoir même secourir les autres!

MARCELLIN.

Tu es donc bien pauvre, ma chère enfant?

ÉMILIE.

Il faut bien l'être pour venir ramasser ici son pain avec tant de douleur.

HENRIETTE.

Quoi! c'est pour du pain que tu viens chercher

des épis? je croyais, moi, que c'était pour faire cuire les grains sur une pelle bien rouge, et les manger ensuite, comme nous le faisons quelquefois, mon frère et moi, quand personne ne nous regarde.

ÉMILIE.

Eh! mon Dieu, non! ma mère et moi nous voulions battre ces épis, et en donner les grains au meunier, pour avoir de la farine et en faire du pain.

HENRIETTE.

Mais, ma pauvre enfant, tu n'en auras pas grand chose; et cela ne vous durera pas long-temps.

ÉMILIE.

Eh! quand nous n'en aurions que pour un jour ou deux! c'est encore un ou deux jours de plus que ma mère et moi nous aurions à vivre.

MARCELLIN.

Eh bien! pour que tu aies encore un autre jour d'assuré, je vais te donner une pièce de douze sous que j'ai gardée la dernière, parce qu'elle est toute neuve.

ÉMILIE.

Ah! mon cher petit monsieur, tant d'argent! Non, non, je n'ose le prendre.

HENRIETTE, *en souriant*.

Tant d'argent! prends, prends, toujours. Si j'avais ma bourse sur moi, je t'en donnerais bien davantage. Mais je te le garde, et et tu n'y perdras rien.

MARCELLIN, *lui présentant encore la pièce.* (*Émilie rougit, reçoit la pièce, et lui serre la main sans lui répondre.*

Ce n'est pas assez. Je vais courir à toutes jambes après notre garde-chasse; et il faudra bien qu'il me rende la corbeille, ou autrement.....

ÉMILIE.

Ah! ne vous donnez pas cette peine. Vous me promettez de me secourir; c'est assez pour moi.

HENRIETTE.

Dis-moi, où loges-tu?

ÉMILIE.

Ici dans le village.

MARCELLIN.

Nous ne t'avons pas encore vu; et cependant nous venons ici tous les ans avec notre papa au temps de la moisson.

ÉMILIE.

Nous n'y sommes que depuis huit jours. C'est chez une bonne vieille qui s'appelle Marguerite et qui a montré bien de l'amitié à ma mère, oh! une bien grande amitié.

HENRIETTE.

Quoi! la vieille Marguerite!

MARCELLIN.

Nous la connaissons. C'est la veuve d'un pauvre tisserand qui n'avait pas d'ouvrage. Mon papa l'a fait venir quelquefois pour ratisser le jardin.

HENRIETTE.

Veux-tu me conduire chez ta mère?

ÉMILIE.

Ce serait pour elle trop d'honneur. Une noble demoiselle comme vous.....

HENRIETTE.

Va, va, notre papa ne veut pas que nous nous croyions plus nobles que les autres; et si tu n'as pas d'autres raisons.....

ÉMILIE.

Non, au contraire, vous pourrez m'aider à la consoler de la perte de ma corbeille et de mes épis. Et puis, ce méchant homme qui nous a encore menacées.....

MARCELLIN.

Ne crains rien de ses menaces. Tandis que ma sœur ira avec toi chez ta mère, je vais courir après lui; et sûrement..... Reviendras-tu ici?

ÉMILIE.

Si vous me l'ordonnez mon cher petit monsieur.

MARCELLIN.

Ta corbeille y sera avant que tu sois de retour.

ÉMILIE.

Peut-être que je vous amènerai ma mère pour vous faire ses remercîmens.

HENRIETTE.

Allons, allons, courons la trouver. (*Elle prend Émilie par la main, et sort avec elle.*)

SCÈNE V.

MARCELLIN, *seul.*

Que nous sommes heureux, ma sœur et moi, de n'être pas obligés comme cette pauvre enfant, d'aller ramasser de tous côtés des épis pour vivre! En vérité, cette petite parle comme si elle était née quelque chose : elle n'a point l'air malpropre et déguenillé de nos filles de paysans. Oh! j'obtiendrai sûrement de mon papa..... Mais le voici qui vient avec Hubert! Bon! la corbeille est aussi de la compagnie.

SCÈNE VI.

MARCELLIN, M. DE BEAUVAL, HUBERT.

MARCELLIN, *en courant à son père.*
Ah! que je suis aise, mon cher papa, de vous rencontrer. (*A Hubert.*) Rends-moi cette corbeille.

HUBERT.
Doucement, doucement, monsieur : vous allez m'arracher le cou.

M. DE BEAUVAL.
Que veux-tu faire de cette corbeille, Marcellin?

MARCELLIN.
Elle appartient à une pauvre petite fille, à qui ce vilain Hubert l'a prise, avec les épis qu'on lui avait données. Vous saurez tout, mon papa.

HUBERT.

Oh! oh! on est donc vilain pour faire son devoir, et pour ne pas aider les voleurs à faire leur coup? Pourquoi donc monsigneur me donne-t-il des gages?

M. DE BEAUVAL.

Je vous l'ai déjà dit plusieurs fois, Hubert; c'est pour empêcher les vagabons de courir sur mes terres et d'incommoder mes vassaux; mais non pour arrêter et traîner en prison les pauvres, et encore moins d'honnêtes nécessiteux, qui cherchent à se nourrir d'une miette de mon superflu, et de quelques épis échappés à une riche moisson.

HUBERT.

Premièrement, je ne les empêche point de glaner tant qu'ils veulent, lorsque la moisson et hors du champ; mais tant qu'il y reste une gerbe.....

MARCELLIN, *ironiquement.*

Que ne dis-tu aussi lorsque les champs sont en friche ou couverts de neige? Il y a grand'chose à ramasser, n'est-ce pas, lorsque la moisson est rentrée?

HUBERT.

Vous n'entendez rien du tout à cela, monsieur. Secondement, qui peut nous répondre que ce ne sont pas des voleurs?

MARCELLIN.

Des voleurs, grand Dieu! des voleurs! La petite fille m'a dit qu'elle n'avait pris ici aucun épi, et que c'était un vieux moissonneur du champ voisin qui lui avait rempli sa corbeille.

HUBERT.

Bon ! elle vous l'a dit. Comme s'il y avait un mot de vérité dans ce que ces gens-là vous disent ! Je l'ai surprise ici sur une gerbe.

M. DE BEAUVAL.

Qui détachait des épis ?

HUBERT.

Je ne dis pas tout-à-fait cela. Mais sais-je moi ce qu'elle avait fait avant mon arrivée ? Et puis, n'est-ce pas un mensonge que l'histoire de ce vieux moissonneur qui lui remplit sa corbeille ? Oh ! oh ! je reconnais bien là nos paysans, ce sont des messieurs si charitables !

MARCELLIN.

Et moi je soutiens que ces épis lui ont été donnés, car elle me l'a dit ; et une si bonne petite fille ne saurait mentir.

HUBERT.

Et vous, n'avez-vous jamais menti, monsieur ? Cependant nous vous regardons comme un brave gentilhomme.

MARCELLIN.

Entendez-vous, mon papa, comme ce vilain Hubert me traite (*A Hubert, en colère.*) Non, si je mentais, je serais un méchant garçon ; mais je ne mens pas, ni la bonne petite fille non plus. Et c'est vous qui êtes un......

M. DE BEAUVAL.

Doucement, Marcellin ; je suis content jusque-là de ta défense. On doit croire tous les hommes honnêtes gens jusqu'à ce que l'on soit bien convaincu du contraire : mais l'on ne doit pas s'emporter contre ceux qui sont d'une opinion différente ; et il faut chercher à les ramener avec douceur à des pensées plus consolantes et plus vraies.

HUBERT.

Non, non, monseigneur ; il vaut mieux croire tous les hommes méchans, jusqu'à ce que l'on voie, à n'en pouvoir douter, qu'ils sont honnêtes : c'est beaucoup plus sage. Lorsque je rencontre un bœuf sur ma route, je suppose toujours qu'il a la corne mauvaise, et je me tire de son chemin. Il peut se faire qu'il ne soit pas méchant ; mais je ne cours aucun risque à prendre mes précautions. Le plus sûr est toujours le meilleur.

M. DE BEAUVAL.

Si tous les hommes avaient ta façon de penser, Hubert, avec qui pourrions-nous vivre ? et qu'en serait-il résulté entre toi et moi, si, au lieu de te donner un service honnête dans ma terre, pour procurer du pain à un vieux soldat réformé, je t'avais livré à ma justice comme un vagabond, qui n'avait ni certificat ni passe-port ?

HUBERT.

Oui, cela est vrai ; mais il est vrai aussi que je suis un honnête homme.

M. DE BEAUVAL.

Je ne te garde auprès de moi que parce que j'en suis persuadé ; mais je ne pouvais le croire d'abord que sur ta parole et sur ta physionomie.

MARCELLIN.

Oh! mon cher papa! si vous vous en rapportez à la parole et à la physionomie, vous en croirez bien plus ma petite fille qu'Hubert.

HUBERT.

Oui-dà, monsieur, regardez-moi en face. Votre papa sera certainement bien content de la physionomie de votre petite fille, si elle lui revient autant que la mienne.

MARCELLIN.

Vraiment oui, il te sieds bien avec ta figure d'ours.....

M. DE BEAUVAL.

Fi donc, Marcellin! — Hubert; connais-tu la petite fille?

HUBERT.

Oui, je la connais, et je ne la connais pas. Je sais qu'elle est ici depuis dix ou douze jours, avec sa mère; mais comment et pourquoi elles y sont venues, il n'y a que M. le bailli qui puisse vous en instruire. Vous le dirai-je, monseigneur, c'est bien mal fait à lui de recevoir cette espèce de gens dans la paroisse, pour y être nourris aux dépens de la communauté.

MARCELLIN.

Eh bien! c'est moi qui les nourrirai; oui, moi.

HUBERT.

Vous avez donc quelque chose à vous, monsieur?

MARCELLIN.

Si je n'ai rien, mon papa en a assez.

HUBERT.

En attendant, toute la communauté murmure. Mais lorsqu'on graisse la pate aux gens en place (*il compte dans sa main*); car j'imagine que monsieur le bailli....

MARCELLIN.

Ne voilà-t-il pas qu'il dit aussi des injures à M. le bailli ? je lui dirai, va.

M. DE BEAUVAL.

Doucement, mon fils. — Je vois, Hubert qu'il est impossible de guérir ton esprit soupçonneux ; mais je conçois des soupçons à mon tour. Tu juges que cette petite fille à rempli ici sa corbeille, parce que tu l'as trouvée dans mon champ auprès d'une gerbe ? tu juges que M. le bailli s'est laissé corrompre pour de l'argent, parce qu'il a reçu une pauvre famille dans le village. Eh bien ! je juge aussi que tu n'as retenu la corbeille de la petite fille que parce qu'elle n'a pas eu de l'argent ou quelques prises de tabac à te donner, et qu'à ce prix tu l'aurais volontiers relâchée.

HUBERT.

Quoi, monseigneur ! vous pourriez croire.....

M. DE BEAUVAL.

Pourquoi ne veux-tu pas que je pense sur ton compte ce que tu te permets de penser sur le compte des autres ?

HUBERT.

Tenez, monseigneur, il vaut mieux que je me taise. Et quand je verrais ces mendians charger sur leurs

épaules vos champs, vos bois et vos prairies.....
Faut-il porter la corbeille chez M. le bailli?

MARCELLIN.

Oh! non, non, mon cher papa; je vous en supplie.

M. DE BEAUVAL.

Hubert, vous la rapporterez chez la pauvre femme, et vous ferez vos excuses à la petite fille.

HUBERT.

Des excuses, monseigneur, des excuses! y pensez-vous? Moi lui aller faire des excuses; et pourquoi?

MARCELLIN.

Pourquoi? pour l'avoir affligée sans sujet, et pour lui avoir fait l'affront de l'accuser d'une bassesse.

HUBERT.

Si elles n'ont pas d'autres excuses, ni d'autres corbeilles.....

M. DE BEAUVAL.

Hubert, si j'avais commis une injustice envers vous, je ne balancerais pas à la réparer. Et pour vous en convaincre, j'irai moi-même, je rapporterai la corbeille, et je ferai des excuses en votre nom.

HUBERT.

Chargez-vous-en plutôt, M. Marcellin.

MARCELLIN.

Oh! de tout mon cœur. Mon cher papa, la petite fille doit revenir à l'instant avec Henriette, qui est allée consoler sa mère : il faut l'attendre.

HUBERT.

En ce cas-là, je n'ai plus rien à faire ici. (*Il s'éloigne en gromelant.*) Je vois que nous allons avoir tant de mendians dans ce village, qu'il nous faudra bientôt mendier nous-mêmes.

SCÈNE VII.

M. DE BEAUVAL, MARCELLIN.

MARCELLIN.

Mon papa, entendez-vous ce qu'il dit ?

M. DE BEAUVAL.

Oui, mon fils ; et je lui pardonne volontiers son humeur.

MARCELLIN.

Mais comment pouvez-vous garder ce méchant homme ?

M. DE BEAUVAL.

Il n'est pas méchant, mon ami. C'est un zèle outré pour nos intérêts qui l'égare. Il m'est très-attaché, et il remplit exactement ses devoirs.

MARCELLIN.

Mais s'il est injuste ?

M. DE BEAUVAL.

Tu viens d'entendre qu'il ne croit pas l'être. Son unique défaut est de suivre trop littéralement ce qui lui a été prescrit, et de n'avoir pas assez d'intelligence pour faire de justes distinctions entre les personnes et les circonstances.

MARCELLIN.

Expliquez-moi cela mon papa, je vous prie.

M. DE BEAUVAL.

Très-volontiers, mon ami. En l'installant dans sa place, je lui ai ordonné d'écarter les vagabonds, et d'amener devant le juge ceux qu'il y surprendrait. Cet ordre ne pouvait regarder que ces malheureux qui se nourrissent de vols et de brigandages, et qui viendraient piller ou assasiner mes vasseaux.

MARCELLIN.

Ah! je comprends. Et lui, il regarde comme des scélérats ceux qui n'ont pour subsiter que les secours des autres; et il ne s'informe point si c'est la vieillesse, des maladies ou des malheurs inévitables qui les ont réduits à cet état.

M. DE BEAUVAL.

Très-bien, mon fils; car les circonstances changent bien la nature des choses. Par exemple, tu as mis trop peu de réflexion dans la querelle que tu as eue avec lui. Sais-tu si la mère de cette petite fille n'est pas une personne vicieuse; si la petite fille elle-même n'a pas fait un mensonge, et n'a pas effectivement dérobé ses épis à mes gerbes?

MARCELLIN.

Non, mon cher papa; c'est impossible.

M. DE BEAUVAL.

Pourquoi cele serait-il impossible? As-tu pris des éclaircissemens? sais-tu qui elle est, quelle est sa mère, et dans quel dessein elles sont venues ici?

MARCELLIN.

Ah! si vous l'aviez seulement vue! si vous l'aviez seulement entendu! son langage, sa figure, ses larmes !... Elle est si pauvre, qu'elle a besoin d'une poignée d'épis pour se procurer du pain. A-t-on besoin d'en savoir davantage? Dois-je laisser mourir un pauvre de faim, parce que je ne sais pas encore s'il mérite mon assistance?

M. DE BEAUVAL.

Embrasse-moi, mon fils : conserve toujours ces généreuses dispositions envers les pauvres; et Dieu te bénira comme il ma béni moi-même pour de pareils sentimens, en les faisant naître dans ton cœur. La clémence est toujours préférable à la sévérité. L'insensibilité ne peut conduire qu'à l'injustice ; et si celui qui sollicite notre pitié ne la mérite pas, c'est sa faute et non pas la nôtre.

MARCELLIN.

Mais, mon cher papa, il n'est guère prudent de confier à des personnes comme Hubert un emploi où l'on peut commettre des injustices.

M. DE BEAUVAL.

Tu aurais raison, mon fils, si je lui avais laissé le pouvoir de condamner ou d'absoudre lui-même. Il ne peut, tout au plus, commettre qu'une injustice passagère, à laquelle il est facile de remédier ; et cet inconvénient est inévitable. Pour juger les choses suivant les principes de l'équité, j'ai dans mon bailli un homme plein de lumières, de droiture et de noblesse dans les sentimens. Il m'a rendu un témoignage favorable de la petite et de sa mère, lorsqu'il les a reçues dans le village; et il m'a appris qu'elles demeurent chez la vieille Marguerite, qui est une très-honnête femme.

MARCELLIN.

Mais si Hubert avait battu la petite fille, comme il l'en a menacée?

M. DE BEAUVAL.

Il ne se serait jamais porté à cet excès. Je lui ai défendu, sous peine de perdre son emploi, de frapper qui que ce soit, même les personnes qu'il prendrait en faute; et il suit à la rigueur les ordres que je lui donne.

MARCELLIN.

Ah! mon cher papa, voici ma sœur qui revient avec la petite fille.

SCÈNE VIII.

M. DE BEAUVAL, MARCELLIN, HENRIETTE, ÉMILIE.

MARCELLIN, *courant avec la corbeille vers Emilie.*

Tiens, mon enfant, voilà ta corbeille; il n'y manque pas un seul épi.

ÉMILIE.

O ma chère corbeille! Que je vous ai d'obligations, mon petit monsieur! (*Elle aperçoit M. de Beauval.*) Qui est ce monsieur-là?

HENRIETTE, *courant vers son père, et lui sautant au cou.*

C'est notre bon papa.

MARCELLIN, à *Emilie.*

Oh! c'est un bon père, je t'assure! tu n'as rien à craindre. Viens, je veux te présenter à lui. (*En s'avançant.*) Il a bien rabroué le vieux Hubert, pour t'avoir maltraitée.

ÉMILIE s'avance timidement vers M. de Beauval, et lui baise la main.

Monsieur, me pardonnerez-vous cette liberté?... Oh! que vous avez de braves enfans!

M. DE BEAUVAL.

Marcellin a raison; en la voyant on ne peut douter de son innocence. Cet air décent, ce langage, n'annoncent pas une éducation commune.

ÉMILIE, *bas à Marcellin et à Henriette.*

Est-ce que j'aurais fâché votre papa? il parle tout seul.

M. DE BEAUVAL, *qui l'a entendue.*

Non, ma chère fille. Si mes enfans en ont bien agi envers toi, ils n'ont rien fait que tu ne paraisses mériter.

HENRIETTE.

Et qu'elle ne mérite aussi, mon papa. Ah! si vous aviez vu sa mère!

M. DE BEAUVAL.

Qui est ta mère, mon enfant? qui vous a engagées à venir dans ma terre, et quelles ressources avez-vous pour vivre?

ÉMILIE.

Nous vivons... ah! grand Dieu! je ne sais pas de quoi; nous vivons de peu ou de rien. Nous passons le jour, et quelquefois la nuit, à coudre et à filer pour avoir du pain. La vieille Marguerite donne le couvert à ma mère : elles m'ont envoyée aujourd'hui aux champs pour glaner. Hélas! mon apprentissage ne m'a pas trop bien réussi.

MARCELLIN, *à Emilie.*

Pas si mal que tu penses. Ma sœur et moi, nous voulons obtenir de mon papa qu'il te fasse donner des épis sans glaner.

M. DE BEAUVAL.

Mais où demeuriez-vous auparavant?

ÉMILIE.

Dans le village de Nanterre, qui est à quelques lieues d'ici. La vie y était trop chère : la vieille Marguerite engagea ma mère à venir chez elle, et lui offrit un logement pour rien.

M. DE BEAUVAL, *à part.*

Si des gens aussi pauvres exercent la bienfaisance, quels devoirs nous avons à remplir! (*A Emilie.*) Ton père vit-il encore? quel est son état?

MARCELLIN.

Je gagerais bien que ce n'est pas un paysan.

HENRIETTE.

Je le parierais aussi, surtout depuis que j'ai vu sa mère.

ÉMILIE, *embarrassée.*

Mon père?... Je n'en ai plus. Je ne l'ai même jamais vu. Il était mort quand je suis née. Ah! s'il vivait encore!

M. DE BEAUVAL.

Et tu ne sais pas qui il était? comment il s'appelait?

ÉMILIE.

Ma mère vous en instruira mieux que moi.

M. DE BEAUVAL.

Ne pourrais-je pas lui parler?

HENRIETTE.

Oh! oui, mon papa. Elle va venir elle-même; elle ne m'a demandé qu'un moment pour s'arranger un peu.

M. DE BEAUVAL.

Et qui t'a élevée?

ÉMILIE.

Elle seule, monsieur. Elle m'a appris à lire et à écrire. Elle m'instruit dans ma religion, et me donne quelques leçons de dessin.

M. DE BEAUVAL.

De dessin? je n'en doute plus; c'est un rejeton de quelque famille distinguée que des malheurs ont réduite à l'indigence.

HENRIETTE.

Ah! la voici qui vient.

MARCELLIN.

Est-ce elle?

M. DE BEAUVAL, *à part*.

Je brûle d'éclaircir ce mystère. Cet enfant me rappelle des traits connus, mais que je ne sais encore démêler.

SCÈNE IX.

M. DE BEAUVAL, Mme DE JOINVILLE, MARCELLIN, HENRIETTE, ÉMILIE.

ÉMILIE, *courant au-devant de sa mère, qui paraît embarrassée en voyant M. de Beauval.*

Venez, maman, ne craignez rien. C'est le père de ces deux aimables enfans qui nous montrent tant d'amitié; et il est bon, aussi bon que ses enfans. (*Madame de Joinville s'avance timidement. Henriette lui prend la main avec vivacité, et l'entraîne vers son père.*)

HENRIETTE.

Oh! notre bon papa est instruit de tout.

Mme DE JOINVILLE.

J'ose me flatter, monsieur; que vous n'avez pas soupçonné mon Emilie...

M. DE BEAUVAL.

On n'a besoin, madame, que de vous voir, vous et votre fille, pour prendre de vous l'opinion la plus avantageuse.

MARCELLIN.

Elle s'appelle Émilie? Oh! mon papa! on voit bien qu'elle n'était pas née pour glaner.

Mme DE JOINVILLE.

La nécessité impose quelquefois des lois cruelles; et pourvu qu'on ne fasse rien de déshonorant.....

C'est le père de ces deux aimables enfans qui nous montrent tant d'amitié.

M. DE BEAUVAL.

On ne doit point rougir de la pauvreté : elle peut s'allier avec toutes les vertus. Mais oserais-je vous demander, madame, qui vous êtes ?

HENRIETTE.

Elle s'appelle madame Laborie.

Mme DE JOINVILLE.

Je ne crois pas, monsieur, devoir vous déguiser mon vrai nom. Je me vois même dans la nécessité de vous le découvrir, pour me justifier dans votre esprit de l'état dans lequel vous me voyez descendre. Cependant je voudrais (*Elle regarde les enfans.*) vous faire cet aveu sans témoins. Ce n'est pas que je rougisse de mon abaissement. Mais si mon nom était connu, je craindrais de trouver parmi les gens du peuple des âmes peu généreuses, qui se feraient peut-être un plaisir de m'humilier, parce qu'il nous arrive souvent de ne pas agir plus noblement à leur égard, lorsque nous sommes dans la prospérité.

MARCELLIN.

Eh bien ! je n'écouterai point.

HENRIETTE.

Et moi, je n'en dirai pas un mot, je vous assure ; et, qui que vous soyez, Émilie sera toujours ma bonne amie.

M. DE BEAUVAL.

Croyez, madame, que je ne vous aurais pas demandé ces particularités sans un intérêt pressant, et si je n'étais dans la résolution de réparer les injustices du sort.

Mme DE JOINVILLE.

Je suis née d'une famille noble, mais peu favorisée de la fortune. J'ai passé ma jeunesse à Paris, auprès d'une dame de condition, en qualité de demoiselle de compagnie. Il y a huit ans que je fis connaissance avec M. de Joinville, lieutenant-colonel de cavalerie, qui était venu passer quelques mois dans la capitale.

M. DE BEAUVAL, *avec transport.*

Joinville! Joinville!

Mme DE JOINVILLE.

Il prit de l'inclination pour moi: ses vertus m'avaient prévenue en sa faveur: je lui donnai ma main; et quelques jours après notre mariage, nous nous retirâmes dans une terre qu'il possédait en Provence.

M. DE BEAUVAL.

Oh! c'est lui, c'est lui! Je retrouve tous ses traits sur la figure de cet enfant.

Mme DE JOINVILLE.

Que dites-vous, monsieur?

M. DE BEAUVAL.

Poursuivez, madame, je vous en conjure.

Mme DE JOINVILLE.

J'abrégerai autant qu'il sera possible. Nous commençions à goûter, dans une paisible retraite, les douceurs de la plus tendre union. Mais, hélas! les fatigues de la guerre avaient altéré la santé de mon époux; et une maladie cruelle termina sa vie en peu de jours. (*Elle laisse couler des larmes.*)

HENRIETTE, à *Emilie*.

Pauvre enfant! tu as été orpheline bien jeune.

ÉMILIE.

Hélas! même avant que d'être née.

Mme DE JOINVILLE.

Il me laissa enceinte de cet enfant que vous voyez. Je lui donnai la naissance dans la douleur. Aussitôt que les frères de mon mari, gens durs et intéressés, virent qu'il n'y avait point d'héritier mâle, ils se mirent en possession de ses fiefs; et, comme nous avions de jour en jour différé de faire revêtir nos articles de mariage de toutes les formalités essentielles, je fus obligée de me contenter de ce qu'ils voulurent bien me laisser pour ma fille et pour moi.

M. DE BEAUVAL.

Leur indigne avarice me fait juger que la somme fut modique, et ne put vous suffire long-temps.

Mme DE JOINVILLE.

Elle me servit à vivre encore quelques années en Provence, dans l'attente d'un léger douaire que je me flattais d'obtenir. Enfin, lorsque je vis mes espérances déçues, je pris la résolution de retourner à Paris auprès de mon ancienne bienfaitrice. J'appris à mon arrivée que cette dame venait de mourir. Je n'eus, pour lors, d'autres ressources que de vendre ce qui me restait de mes bijoux et de mes habits, et de subsister du travail de mes mains. Je me retirai à Nanterre, pour y vivre inconnue. Il y a quelque temps que j'y rencontrai par hasard une femme que j'avais connue autrefois, et qui demeure dans ce village.

HENRIETTE.

Mon papa, c'est la vieille Marguerite.

Mme DE JOINVILLE.

Elle avait servi chez la dame dont je vous ai parlé. Je lui avais donné, dans une cruelle maladie, des soins qui me valurent son attachement. Je lui exposai ma situation : elle me proposa de vivre ici, où je pourrais vivre dans une obscurité plus profonde. C'est à elle que je dois l'hospitalité; et, comme elle n'a personne pour lui fermer les yeux, elle m'a fait entendre que j'hériterais à sa mort de sa petite chaumière. Vous voyez.....

M. DE BEAUVAL.

C'en est assez, madame. Cette généreuse femme ne me surpassera point en reconnaissance. J'ai une joie inexprimable de pouvoir enfin acquitter une dette que j'ai contractée envers votre digne époux.

Mme DE JOINVILLE.

Comment, monsieur, est-ce que vous l'auriez connu ?

MARCELLIN.

Le père de cette bonne Émilie ?

HENRIETTE.

O ma chère Émilie ! je vois que nous allons te garder avec nous. Mais quoi ! tu pleures ?

ÉMILIE.

Ne me plaignez pas, je ne pleure que de plaisir.

M. DE BEAUVAL.

C'est à lui que je dois la vie : quel bonheur pour moi de pouvoir reconnaître ce bienfait envers son épouse et son enfant! J'ai servi sous lui pendant la dernière guerre d'Allemagne. Dans une affaire malheureuse, où j'étais épuisé de fatigue, un cavalier ennemi avait le sabre levé sur ma tête. C'en était fait de moi, si mon digne lieutenant-colonel ne m'eût sauvé, en se précipitant sur lui.

Mme DE JOINVILLE.

Je le reconnais bien à ces traits; il était aussi brave que généreux.

M. DE BEAUVAL.

Quelques jours après je fus commandé en détachement pour une expédition périlleuse. Nous fûmes enveloppés, et forcés de nous rendre après une longue résistance. Mes équipages avaient été pillés : j'étais dénué d'habits et d'argent. M. de Joinville fut instruit de mon sort, et me fit recommander au général ennemi. J'obtins, grâce à lui, tous les secours dont j'avais besoin dans le traitement d'une blessure profonde que j'avais reçue. Je fus plus de deux ans à me rétablir; et, lorsque je revins dans ma patrie, je n'eus que le temps de l'embrasser à mon passage, étant obligé de m'embarquer aussitôt pour les Indes. Un mariage avantageux que j'y ai fait m'a ramené, il y a six ans, en France. Je me disposais à voler dans ses bras, lorsque j'appris qu'il ne vivait plus. Que j'étais loin de penser que son épouse et sa fille fussent dans la situation où j'ai la douleur de vous trouver!

Mme DE JOINVILLE.

Grand Dieu! grand Dieu! par quelles voies miraculeuse m'as-tu conduite ici!

MARCELLIN.

Quoi! ton père a sauvé la vie au nôtre?

HENRIETTE.

Combien nous devons t'aimer!

M. DE BEAUVAL.

Viens, mon Émilie; tu retrouveras en moi le père que tu as perdu. Mes enfans ont aussi besoin d'une seconde mère qui remplace celle qui leur a été enlevée. L'éducation que vous avez donnée à votre aimable fille (*Emilie s'avance vers lui, et lui baise la main.*) me fait voir, madame, combien vous êtes digne de remplir un emploi si délicat. Je vais prendre toutes les précautions nécessaires pour que vous n'ayez plus à craindre une seconde fois les coups imprévus de la fortune. (*A Emilie, qui lui tient encore la main.*) Oui, ma chère fille, je ne mettrai plus de différence entre toi et mes enfans. Tu es la vivante image de ton généreux père, et tu es aussi digne de ma tendresse qu'il l'était de ma reconnaissance.

Mme DE JOINVILLE, *saisissant avant transport la main de M. de Beauval.*

Comment pourrais-je répondre à tant de bienfaits, monsieur? je n'ai que des larmes pour exprimer ce que je sens.

HENRIETTE, *l'embrassant.*

O ma nouvelle maman! vous serez donc toujours auprès de nous avec Émilie? vous verrez comme nous serons empressés à vous obéir.

MARCELLIN.

Oui, Emilie sera ma seconde sœur. Elle n'ira certainement plus glaner. Ah! méchant Hubert, comme je vais me moquer de toi!

Mme DE JOINVILLE.

Mon cher petit troupeau! de quelle joie vous remplissez mon âme! au lieu d'un enfant j'en ai donc trois. Non, aucune mère ne m'égalera pour les soins et pour la tendresse. (*A M. de Beauval.*) Permettez-vous, monsieur, que j'aille apprendre cette heureuse nouvelle à ma bonne Marguerite. Je crains qu'elle n'en meurt de plaisir.

M. DE BEAUVAL.

Rien de plus juste, madame; et moi je vais faire préparer votre appartement au château.

HENRIETTE.

Mon papa, me permettrez-vous de suivre Émilie et ma nouvelle maman?

MARCELLIN.

Et moi aussi, je voudrais bien aller avec elles.

M. DE BEAUVAL.

Je le veux, mes enfans. Vous ramènerez ensuite au château madame de Joinville et sa fille; sans oublier la bonne Marguerite, que j'invite aussi à venir avec nous.

MARCELLIN, *d'Emilie, qui veut emporter la corbeille.*

Non, Émilie, cela n'est plus fait pour toi. La corbeille restera ici.

ÉMILIE.

Ah! monsieur, pour rien au monde je ne donnerais cette corbeille. Je lui dois mon bonheur, celui de ma mère, celui de vous avoir connu, notre vie et notre bien-être. Non, ma chère petite corbeille, je ne rougirai jamais de toi. (*Elle la relève, et s'en charge avec beaucoup de peine.*

HENRIETTE.

Du moins, ôtes-en les épis; elle sera plus légère.

ÉMILIE.

Non, non. Ces épis sont à moi; car le bon vieillard me les a bien donnés, quoi qu'en ait pu dire Hubert. Je veux en faire présent à notre vieille Marguerite.

M. DE BEAUVAL.

Elle ne sera pas oubliée à la prochaine moisson : et dès ce moment, elle a du pain assurée pour toute sa vie.

Mme DE JOINVILLE.

Que le ciel vous récompense de votre générosité dans vos enfans!

PERSONNAGES.

M. DE VALENCE.
Mme DE VALENCE.
VALENTIN, leur fils.
M. DE REVEL,
M. DE NANCÉ, } amis de M. de Valence.
MATHIEU, petit paysan.
MATHURIN, jardinier.

La scène est tour-à-tour dans un appartement du château, sur la terrasse du jardin, et dans une forêt contiguë.

LA VANITÉ PUNIE.

Drame.

SCÈNE PREMIÈRE.

M. et Mme DE VALENCE.

M. DE VALENCE.

Voila notre Valentin qui se promène dans l'allée avec un livre à la main. Je crains bien que ce ne soit par vanité plutôt que par un véritable désir de s'instruire, qu'il ait toujours l'air occupé de quelque lecture.

Mme DE VALENCE.

D'où vient cette pensée, mon ami?

M. DE VALENCE.

Ne remarques-tu pas qu'il jette la vue en dessous, tantôt d'un côté, tantôt de l'autre, pour voir si personne ne fait attention à lui?

Mme DE VALENCE.

Cependant ses maîtres rendent un témoignage très-flatteur de son application, et ils conviennent tous qu'il est fort avancé pour son âge.

M. DE VALENCE.

Cela est vrai. Mais si je ne me suis pas trompé dans mes soupçons, si les petites connaissances qu'il peut avoir acquises lui ont donné de la vanité j'aimerais cent fois mieux qu'il ne sût rien, et qu'il fût modeste.

Mme DE VALENCE.

Quoi! rien, mon ami?

M. DE VALENCE.

Oui, ma femme. Un homme sans connaissances bien relevées, mais honnête, modeste et laborieux, est un membre de la société beaucoup plus digne de considération, qu'un savant à qui ses études ont tourné la tête et enflé le cœur.

Mme DE VALENCE.

Je ne peux croire que mon fils soit encore dans ce cas.

M. DE VALENCE.

Que le ciel nous en préserve! Mais nous voici arrivés à la campagne : j'aurai plus d'occasions de l'observer moi-même ; et je suis résolu de profiter de la première qui se présentera, pour éclaircir mes conjectures. Je le vois qui s'avance vers nous. Laisse-moi un moment seul avec lui.

SCÈNE II.

M. DE VALENCE, VALENTIN.

VALENTIN, *à Mathieu qu'il repousse.*

Non, laisse-moi. Mon papa, c'est ce petit sot de paysan qui vient toujours m'interrompre dans ma lecture.

M. DE VALENCE.

Pourquoi traiter de petit sot cet honnête garçon?

VALENTIN.

C'est qu'il ne sait rien.

M. DE VALENCE.

De ce que tu as appris, à la bonne heure : mais il sait aussi bien des choses que tu ignores; et vous pourriez vous instruire tous les deux, en vous communiquant vos connaissances.

VALENTIN.

Il peut apprendre beaucoup de moi; mais que puis-je apprendre de lui?

M. DE VALENCE.

Si tu dois posséder quelque jour une terre, crois-tu qu'il te soit inutile de prendre de bonne heure une idée des travaux de la campagne, d'apprendre à distinguer les arbres et les plantes, de connaître le temps des semences et des récoltes, d'étudier les merveilles de la végétation? Mathieu possède déjà toutes ces connaissances, et ne demande qu'à les partager avec toi : elles te seront un jour de la plus grande utilité. Celles, au contraire, que tu pourrais lui communiquer, ne lui serviraient à rien. Ainsi tu vois que, dans ce commerce, tout l'avantage est de ton côté.

VALENTIN.

Mais, mon papa, me siérait-il bien d'apprendre quelque chose d'un petit paysan?

M. DE VALENCE.

Pourquoi non, s'il est en état de t'instruire? Je

ne connais de véritable distinction entre les hommes, que celle des talens utiles et de l'honnêteté; et tu conviendras que, sur ces deux points, il l'emporte également sur toi.

VALENTIN.

Comment donc? sur l'honnêteté aussi?

M. DE VALENCE.

Elle consiste, dans tous les états, à remplir ses devoirs. Il remplit les siens envers toi, en te montrant de l'attachement et de la complaisance. Remplis-tu de même les tiens envers lui, en lui témoignant de la bienveillance et de la douceur? Il paraît cependant les mériter. Il est actif et intelligent. Je lui crois de la bonté dans le caractère, de l'élévation dans le cœur et de la finesse dans l'esprit. Tu devrais t'estimer fort heureux d'avoir un compagnon aussi aimable, et avec qui tu peux profiter en t'amusant. Son père est mon frère de lait, et m'a toujours aimé avec tendresse. Je suis sûr que Mathieu n'en a pas moins pour toi. Tiens, le voilà qui rôde sur la terrasse pour te chercher. Songe à le traiter avec affabilité. Il y a plus d'honneur et de probité dans sa chaumière que dans beaucoup de palais. Sa famille cultive nos terres de père en fils; et je serais bien aise que cette liaison se perpétuât entre nos enfans. (*Il sort.*)

SCÈNE III.

VALENTIN, seul.

Oui, la belle liaison à former! Mon papa se moque, je crois. Ce petit paysan aurait-il quelque chose à m'apprendre? Oh! je vais si bien l'étonner de mon savoir, qu'il ne s'avisera pas de me parler du sien.

SCÈNE IV.

VALENTIN, MATHIEU.

MATHIEU.

Vous ne voulez donc pas de mon petit bouquet, M. Valentin?

VALENTIN.

Fi de ton bouquet! il n'y a ni renoncule, ni tulipe.

MATHIEU.

Il est vrai, ce ne sont que des fleurs des champs, mais elles sont jolies; et je pensais que vous n'auriez pas été fâché de les connaître par leur nom.

VALENTIN.

C'est une chose bien intéressante à savoir que le nom de tes herbes. Tu peux les reporter où tu les a prises.

MATHIEU.

Si j'avais su, je n'aurais pas pris tant de peine à

les cueillir. Je ne voulais pas rentrer hier au soir sans vous apporter quelque chose, et comme je revenais un peu tard du travail, quoique j'eusse grande envie de souper, je m'arrêtai dans la prairie pour les ramasser au clair de la lune.

VALENTIN.

Tu me parles de la lune; sais-tu combien elle est grande?

MATHIEU.

Eh, morguienne! comme un fromage.

VALENTIN.

Oh! l'ignorant petit rustre. (*Mathieu le regarde fixement avec de grands yeux, et demeure immobile. Valentin se promène devant lui d'un air important.*)

VALENTIN, *lui montrant son livre.*

Tiens, voilà Télémaque. As-tu lu cet ouvrage?

MATHIEU.

Il n'est pas dans notre catéchisme; et monsieur le curé ne m'en a jamais parlé.

VALENTIN.

Bon! comme si c'était un livre de paysan!

MATHIEU.

Pourquoi voulez-vous donc que je le connaisse? Oh! laissez-moi le voir.

VALENTIN.

Ne t'avise pas d'y toucher, avec tes vilaines mains. (*Il lui en saisit une.*) Où as-tu donc pris ces gants de peau de buffle?

MATHIEU.

Sous votre bon plaisir, ce sont mes mains, monsieur.

VALENTIN.

La peau en est si épaisse qu'on pourrait la tailler en semelles.

MATHIEU.

Ce n'est pas de paresse qu'elles se sont épaissies. Vous savez très-bien parler, à ce que je crois, et cependant je ne voudrais pas me changer avec vous. Travailler bravement, et laisser les autres en paix, voilà ce que je sais faire, et ce que vous devriez apprendre. Adieu, monsieur.

SCÈNE V.

VALENTIN, *seul.*

Je crois que ce petit drôle voudrait se moquer de moi. Mais voici la compagnie qui vient sur la terrasse. Je veux me donner devant elle un air de savant. (*Il s'assied, en affectant une grande attention à lire dans son livre.*)

SCÈNE VI.

M. et Mme DE VALENCE, M. DE REVEL, M. DE NANCÉ, VALENTIN, *assis sur un banc à l'écart.*

M. DE VALENCE.

La belle soirée! Voudriez-vous, mes chers amis,

monter sur cette colline pour voir le coucher du soleil?

M. DE REVEL.

J'allais vous le proposer : ce moment doit être délicieux. Le ciel est de la sérénité la plus pure à l'occident.

M. DE NANCÉ.

J'aurai du regret de m'éloigner du rossignol. Madame, entendez-vous ses cadences harmonieuses?

Mme DE VALENCE.

J'étais dans la rêverie. Mon cœur se fondait de plaisir.

M. DE REVEL.

Comment peut-on habiter les villes dans cette charmante saison?

M. DE VALENCE.

Valentin, veux-tu monter avec nous sur la colline, pour voir le coucher du soleil?

VALENTIN.

Non, mon papa, je vous remercie ; je lis ici quelque chose qui me fait plus de plaisir.

M. DE VALENCE.

Si tu dis vrai, je te plains; et si tu ne le dis pas... Messieurs, il n'y a pas un moment à perdre, pour y jouir de ce spectacle ravissant. (*Ils s'avancent vers la colline.*)

SCÈNE VII.

VALENTIN, *les voyant s'éloigner.*

Bon! les voilà bien loin; je n'ai plus besoin de

me contraindre. (*Il met le livre dans sa poche.*) Que vont penser ces messieurs de mon application? Je voudrais bien être un oiseau, et voler après eux, pour entendre les louanges qu'ils me donnent. (*Il se promène en bâillant sur la terrasse, pendant un quart d'heure.*) Je m'ennuie cependant à rester seul ici. Je puis faire mieux. Voilà le soleil qui est couché, et j'entends la compagnie qui revient; je vais me glisser dans le bois, et m'y enfoncer de manière qu'on ait de la peine à me trouver. Maman enverra tous les domestiques me chercher avec des flambeaux. On ne parlera que de moi toute la soirée, et on me comparera à ces grands philosophes qu'on a vus se perdre dans les forêts, égarés par leurs savantes rêveries. Mon aventure fera un beau bruit! Allons, allons. (*Il se jette dans le bois.*)

SCÈNE VIII.

M. et Mme DE VALENCE, M. DE REVEL, M. DE NANCÉ, MATHIEU.

M. DE REVEL.

Je n'ai jamais goûté de plaisir plus pur et plus touchant.

M. DE VALENCE.

Le mien a doublé de charme, en le partageant avec vous, mes chers amis.

M. DE NANCÉ.

Le rossignol n'a pas interrompu ses chansons : sa

voix semble même avoir pris, dans le crépuscule, un accent plus voluptueux et plus tendre. Je suis fâchée que madame de Valence ne paraisse plus avoir autant de plaisir à l'écouter.

Mme DE VALENCE.

C'est que je suis inquiète de mon fils; je ne l'aperçois pas sur la terrasse. (*Elle l'appelle.*) Valentin! Il ne répond pas. (*Elle aperçoit le jardinier, et l'appelle.*) Mathurin, as-tu vu mon fils?

MATHURIN.

Oui, madame : il y a un petit quart d'heure que je l'ai vu tourner vers la forêt.

Mme DE VALENCE.

Vers la forêt? S'il allait s'y égarer! Mon ami, cours après lui, et ramène-le-moi.

MATHURIN.

Oui, madame, j'y vais. (*Il s'éloigne.*)

Mme DE VALENCE.

Monsieur de Valence, n'allez-vous pas avec lui?

M. DE VALENCE.

Non, madame; je n'ai pas d'inquiétude, moi; Mathurin saura bien le trouver.

Mme DE VALENCE.

Mais s'il allait prendre un côté opposé! Je suis dans des transes!...

M. DE NANCÉ.

Tranquillisez-vous, madame : M. de Revel et moi, nous allons nous partager les deux côtés de la forêt, tandis que le jardinier prendra le milieu; nous ne pouvons manquer de le joindre.

Mme DE VALENCE.

Ah! messieurs, je n'osais vous en prier; mais vous connaissez le cœur d'une mère.

M. DE VALENCE.

Ne vous donnez pas tant de peine, messieurs vous me désobligeriez.

M. DE REVEL.

Vous ne trouverez pas mauvais, mon ami, que nous cédions aux instances de madame, plutôt qu'aux vôtres.

M. DE VALENCE.

Je ne puis vous dissimuler que c'est contre mon gré.

M. DE NANCÉ.

Nous recevrons vos reproches à notre retour. (*Ils marchent vers la forêt.*)

SCÈNE IX.

M. et Mme DE VALENCE.

Mme DE VALENCE

Comment donc, mon ami? d'où te vient cette indifférence sur le sort de ton fils?

M. DE VALENCE.

Crois-tu, ma femme, que je l'aime moins que toi? C'est que je sais mieux l'aimer.

Mme DE VALENCE.

Et si on ne le trouvait pas?

M. DE VALENCE.

Je le voudrais.

Mme DE VALENCE.

Qu'il passât la nuit dans la forêt ténébreuse ? Que deviendrait ce pauvre enfant ? Que deviendrais-je moi-même ?

M. DE VALENCE.

Vous guérirez l'un et l'autre, lui de sa vanité, toi de ton fol aveuglement qui la nourrit.

Mme DE VALENCE.

Que veux-tu dire, mon ami ?

M. DE VALENCE.

Je viens de me convaincre de ce que je ne faisais que conjecturer ce matin. Ce petit garçon a la tête pleine d'une vanité désordonnée. Toutes ses lectures ne sont que d'ostentation. Il ne s'est perdu que pour se faire chercher, et pour se donner un air de distraction savante dans l'opinion de nos amis. Cette erreur de son âme me fait plus de peine, que si ses pas s'étaient réellement égarés. Il sera malheureux toute sa vie, s'il n'en guérit de bonne heure ; et il n'y a que de salutaires humiliations qui puissent le sauver.

Mme DE VALENCE.

Mais considères-tu bien....

M. DE VALENCE.

Tout est considéré : il a près de onze ans : s'il sait tirer parti de son intelligence, aidé par la clarté de la lune et par la direcion du vent du soir, il s'orientera assez bien pour regagner le château.

Mme DE VALENCE.

Mais s'il n'a pas cet avisement.

M. DE VALENCE.

Il en sentira mieux le besoin de profiter des leçons que je lui ai données à ce sujet. D'ailleurs, nous devons l'envoyer au service l'année prochaine; à ce métier il y a bien des nuits à passer en pleine campagne. Il en aura fait l'expérience, et il n'arrivera pas tout neuf dans un camp pour servir de risée à ses camarades. L'air n'est pas bien froid dans cette saison; et pour une nuit il ne mourra pas de faim. Puisque par sa folie il s'est jeté dans l'embarras, qu'il s'en tire de lui-même, ou qu'il en essuie tous les désagrémens.

Mme DE VALENCE.

Non, je n'y puis consentir; et j'y vais moi-même, si tu n'envoies du monde après lui.

M. DE VALENCE.

Eh bien! ma chère femme, je veux te tranquilliser, quoiqu'il m'en coûte de ne pas suivre mon projet dans toute son étendue. Je vais ordonner au petit Mathieu de l'aller rejoindre comme par hasard. Colas se tiendra aussi à une petite distance pour courir à eux en cas d'accident. Du reste, ne m'en demande pas davantage : mon parti est pris; et je ne veux pas, pour une aveugle faiblesse, priver mon fils d'une épreuve importante. Voici mes amis qui reviennent avec Mathurin.

Mme DE VALENCE.

Dieu! je le vois; ils ne l'ont pas trouvé.

M. DE VALENCE.

Je m'en réjouis.

SCÈNE X.

M. et Mme DE VALENCE, M. DE REVEL, M. DE NANCÉ.

M. DE REVEL.

Nos recherches ont été inutiles; mais si M. de de Valence veut nous donner des flambeaux et des domestiques....

M. DE VALENCE.

Non, messieurs, vous avez cédé aux prières de ma femme; vous écouterez les miennes à leur tour. Je suis père, et je sais mon devoir. Entrons dans le salon, et je vous rendrai compte de mes projets.

SCÈNE XI.

(Au milieu de la forêt.)

VALENTIN, seul.

Qu'ai-je fait, malheureux! Il est déjà nuit, et je ne sais de quel côté me tourner. (*Il crie.*) Papa! mon papa! Personne ne répond. Pauvre enfant que je suis! que vais-je devenir? (*Il pleure.*) O maman, où êtes-vous? répondez donc encore à votre fils. O ciel! qui court à travers le bois? Si c'était un loup! Au secours! au secours!

SCÈNE XII.

VALENTIN, MATHIEU, *accourant au cri.*

MATHIEU.

Qui est là? qui est-ce qui crie de la sorte? Quoi! c'est vous, monsieur! Par quel hasard vous trouvez-vous ici à l'heure qu'il est?

VALENTIN.

O mon cher Mathieu! mon cher ami! je me suis égaré.

MATHIEU, *le regardant d'abord d'un air étonné, et poussant ensuite un grand éclat de rire.*

Y pensez-vous, monsieur? Moi, votre cher Mathieu? votre cher ami? Vous vous trompez, je ne suis qu'un vilain petit paysan. Est-ce que vous ne vous en souvenez plus? Laissez donc ma main, dont la peau n'est bonne qu'à tailler en semelles.

VALENTIN.

Mon cher ami, pardonne-moi mes outrages; et, par pitié, reconduis-moi au château : tu auras une bonne récompense de maman.

MATHIEU, *le regardant du haut en bas.*

Avez-vous achevé de lire votre Télémaque?

VALENTIN, *baissant les yeux d'un air confus.*

Ah!

MATHIEU, *mettant son doigt contre le nez et regardant le ciel.*

Dites-moi, mon petit savant, combien la lune peut-elle être grande en ce moment-ci?

VALENTIN.

Épargne-moi, de grâce ; et tire-moi, je t'en supplie, de cette forêt.

MATHIEU.

Vous voyez donc, monsieur, qu'on peut être un vilain petit paysan, et cependant être bon à quelque chose ? Que ne donneriez-vous pas à présent pour savoir votre chemin, au lieu de savoir la grandeur de la lune ?

VALENTIN.

Je reconnais mon injustice, et je te promets de ne plus faire le fier à l'avenir.

MATHIEU.

Voilà qui est à merveille, mais ce repentir de nécessité pourrait bien ne tenir qu'à un fil. Il n'est pas mal qu'un petit monsieur sente un peu plus long-temps ce que c'est que de regarder le fils d'un honnête homme comme un chien, dont on peut se jouer à sa fantaisie. Mais afin que vous sachiez aussi qu'un brave paysan n'a pas de rancune, je veux passer cette nuit auprès de vous, comme j'en ai passé tant d'autres auprès de mes moutons, en les faisant parquer. Demain, de bonne heure, je vous ramènerai à votre papa. Approchez; je veux partager ma chambre à coucher avec vous.

VALENTIN.

O mon cher Mathieu !

MATHIEU, *s'étendant sous un arbre.*

Allons, monsieur, arrangez-vous à votre aise.

VALENTIN.
Où donc est ta chambre à coucher?

MATHIEU.
Nous y sommes. (*En frappant sur la terre.*) Voici mon lit, prenez place. Il est assez large pour nous deux.

VALENTIN.
Quoi! nous coucherions ici à la belle étoile?

MATHIEU.
Je vous assure, monsieur, que le roi lui-même n'est pas mieux couché. Voyez sur votre tête quel beau pavillon; de combien de gros diamans il est enrichi! et puis notre belle lampe d'argent. (*En montrant la lune.*) Eh bien! que vous en semble?

VALENTIN.
Ah! mon cher Mathieu, je meurs de faim.

MATHIEU.
Je peux encore vous tirer d'affaire. Tenez, voici des pommes-de-terre que vous accommoderez comme vous savez.

VALENTIN.
Elles sont crues.

MATHIEU.
Il n'y a qu'à les faire cuire. Faites du feu.

VALENTIN.
Il en faut pour allumer. Et puis, où trouver du charbon et du bois?

MATHIEU, *en souriant.*
Est-ce que vous ne trouveriez pas de tout cela dans vos livres?

VALENTIN.

Mon Dieu! non, mon cher Mathieu.

MATHIEU.

Eh bien! je vais vous montrer que j'en sais plus que vous et tous vos Télémaque. (*Il tire de sa poche un briquet, une pierre à fusil et de l'amadou.*) Pinck! voici déjà du feu, et vous allez voir. (*Il ramasse une poignée de feuilles sèches qu'il met autour de l'amadou, et il fait le moulinet de son bras, jusqu'à ce que le feu prenne.*) Le foyer sera bientôt bâti. (*Il met des morceaux de bois mort sur les feuilles allumées.*) Voyez-vous? (*Il met les pommes-de-terre à côté du feu, et les saupoudre de terre, qu'il pulvérisa entre ses mains.*) Voici qui fera la cendre pour les empêcher de brûler. (*Lorsqu'elles sont bien proprement arrangées et recouvertes de terre, il renverse sur elles les feuilles allumées et les charbons de branchages. Il ajoute encore du bois sec, et souffle de toute son haleine.*) Avez-vous un plus beau feu dans votre cuisine? Allons, voilà qui sera bientôt cuit.

VALENTIN.

O mon cher ami! comment pourrai-je te récompenser de ce que tu fais pour moi?

MATHIEU.

Fi de vos récompenses! n'est-on pas assez payé lorsqu'on fait du bien? Mais attendez un peu. Pendant que les pommes-de-terre cuisent, je vais vous chercher du foin qui est encore en meule dans la prairie. Vous dormirez là-dessus comme un prince.

Prenez garde à bien gouverner le rôti. (*Il s'éloigne en chantant.*)

SCÈNE XIII.

VALENTIN, *seul.*

Insensé que j'étais! Comment ai-je pu être assez injuste pour mépriser cet enfant? Que suis-je auprès de lui? Combien je suis petit à mes propres yeux, lorsque je compare sa conduite avec la mienne! Mais cela ne m'arrivera plus. Désormais je ne mépriserai personne d'une condition inférieure, et je ne serai plus si orgueilleux, ni si vain. (*Il va çà et là, en ramassant, à la lueur du brasier, quelques branches sèches qu'il porte à son feu.*)

SCÈNE XIV.

VALENTIN, MATHIEU, *traînant deux bottes de foin.*

MATHIEU.

Voici votre lit de plume, vos matelas et votre couverture. Je vais vous en faire un lit tout neuf et bien douillet.

VALENTIN.

Je te remercie, mon ami. Je voudrais bien t'aider, mais je ne sais comment m'y prendre.

MATHIEU.

Je n'ai pas besoin de vous; je saurai faire tout

seul. Allez vous chauffer. (*Il dénoue la botte de foin, en étend une partie sur la terre, et réserve l'autre pour servir de couverture.*) Voilà qui est fait; songeons maintenant au souper. (*Il retire une pomme-de-terre de dessous le feu, et la tâte.*) Les voilà cuites. Mangez-les, tandis qu'elles sont chaudes; elles ont meilleur goût.

VALENTIN.

Est-ce que tu n'en mangeras pas avec moi?

MATHIEU.

Pour cela non. Il n'y a tout juste que ce qu'il vous faut.

VALENTIN.

Comment, tu veux...

MATHIEU.

Vous avez trop de bonté. Je n'y toucherai pas; je n'ai pas faim. Et puis, j'ai tant de plaisir à vous les voir manger! Sont-elles bonnes?

VALENTIN.

Excellentes, mon cher Mathieu.

MATHIEU.

Je parie que vous les trouverez meilleures ici qu'à votre table?

VALENTIN.

Oh! je t'en réponds.

MATHIEU.

Vous avez fini. Allons, voilà votre lit qui vous attend. (*Valentin se couche; Mathieu étend sur lui le reste du foin; puis ôtant sa camisole:*) Les nuits sont fraîches. Tenez, couvrez-vous encore avec cela. Si vous avez froid, vous reviendrez près du feu ; je vais prendre garde qu'il ne s'éteigne. Bonne nuit.

VALENTIN.

Mon cher Mathieu, je pleurerais de regret de t'avoir maltraité.

MATHIEU.

N'y pensez pas plus que moi. Nous serons réveillés demain au jour naissant par l'alouette. (*Valentin s'endort, et Mathieu veille assis auprès de lui pour entretenir le feu.*)

SCÈNE XV.

(*Vers le point du jour.*)

VALENTIN, *dormant encore*, **MATHIEU**.

MATHIEU, *l'éveillant*.

Allons, mon camarade, c'est assez dormir. L'alouette s'est déjà égosillée, et le soleil va bientôt paraître derrière la montagne. Nous allons nous mettre en marche pour retourner chez vous.

VALENTIN, *se frottant les yeux*.

Quoi ! déjà ! déjà ! Bonjour, mon cher Mathieu.

MATHIEU.

Bonjour, monsieur Valentin. Comment avez-vous dormi ?

VALENTIN, *se levant*.

Tout d'un somme. Voici ta camisole ; je te remercie mille et mille fois. Je ne t'oublierai de ma vie.

MATHIEU.

Ne parlons plus de remercîmens. Je suis plus content que vous. Allons, suivez-moi; je vais vous conduire. (*Ils partent.*)

SCÈNE XVI.

(*Au château.*)

M. et Mme DE VALENCE.

Mme DE VALENCE.

Dans quelle agitation j'ai passé toute cette nuit ! Je crains, mon ami, qu'il ne lui soit arrivé quelque accident. Il faut envoyer du monde pour le chercher.

M. DE VALENCE.

Tranquillise-toi, ma chère amie : j'y vais moi-même. Mais qui frappe? (*La porte s'ouvre.*) Tiens, le voici.

SCÈNE XVII.

M. et Mme DE VALENCE, VALENTIN, MATHIEU.

Mme DE VALENCE, *courant à son fils.*
Ah! je te vois donc enfin, mon cher fils!

MATHIEU.

Oui, madame, le voilà, un peu meilleur, peut-être, que vous ne l'avez perdu.

M. DE VALENCE.

Est-il vrai ?

VALENTIN.

Oui, mon papa; j'ai été bien puni de mon orgueil. Que donneriez-vous à celui qui m'aurait corrigé ?

M. DE VALENCE.

Une bonne récompense, et de grand cœur.

VALENTIN, *lui présentant Mathieu.*

Eh bien ! voilà celui à qui vous la devez. Je lui dois aussi mon amitié, et il l'aura pour la vie.

M. DE VALENCE.

Si cela est ainsi, je lui fais tous les ans une petite pension de deux louis d'or, pour t'avoir délivré d'un défaut si insupportable.

Mme DE VALENCE.

Et moi, je lui en fais une de la même somme, pour m'avoir conservé mon fils.

MATHIEU.

Si vous me payez pour le plaisir que vous avez, il faudrait donc que je vous payasse aussi de mon côté pour celui que j'ai eu. Ainsi, quitte à quitte.

M. DE VALENCE.

Non, mon petit ami; nous ne reviendrons pas sur notre parole. Mais allons déjeûner tous les quatre ensemble. Valentin nous racontera ses aventures nocturnes.

VALENTIN.

Oui, mon papa; je ne m'épargnerai point sur le

ridicule que je mérite. J'en veux rougir encore aujourd'hui, pour n'avoir jamais plus à en rougir.

M. DE VALENCE.

Oh! mon fils, combien tu nous rendras heureux, ta mère et moi, en nous prouvant que ton changement est sincère, et qu'il sera sans retour. (*Valentin prend Mathieu par la main. M. de Valence présente la sienne à sa femme, et ils passent tous ensemble dans le salon voisin.*)

FIN DU PREMIER VOLUME.

TABLE

ET

MORALITÉS

DU PREMIER VOLUME.

Nota. Après avoir développé, dans une action intéressante ou animée par le sentiment, une foule de vérités usuelles dont le premier âge et l'adolescence peuvent retirer autant d'agrément que de profit, serait-il superflu, en les réduisant en maximes générales, de les représenter sous la forme populaire de sentences et de proverbes ? Outre qu'une telle méthode indique aux jeunes esprits le moyen de dépouiller tout ouvrage de son appareil littéraire pour y découvrir le but moral, elle leur offre l'avantage d'appliquer a mille circonstances de la vie des réflexions religieuses et philosophiques, toujours salutaires pour s'y conduire sagement.

Ces motifs ont décidé le nouvel éditeur de cette Collection, à extraire de chacune des pièces qui la composent, la moralité qui en résulte. Si dans les premiers temps cette moralité, trop substantielle si elle était isolée, semble mal en mesure avec la légèreté des enfans, du moins ne sera-t-elle pas au-dessus de l'intelligence des maîtres. C'est à ces derniers qu'on recommande de la faire goûter à leurs élèves ; et, à la faveur de l'opuscule qui l'aura fournie, de la faire avaler, l'on ose dire, à peu près comme une pilule purgative enveloppée de confitures.

L'HOMME EST BIEN COMME IL EST........ *Page* 25

Chacun a la prétention de diriger l'univers ; celui-ci selon son intérêt ; celui-là par ses caprices. Dieu a tout co-ordonné à l'utilité générale. *L'homme est bien comme il est.*

LE PETIT JOUEUR DE VIOLON................ 47

Un caractère méchant recueille le mépris public, excite la haine universelle, et, par de lâches actions, se rend digne d'opprobres et de châtimens. Lorsque la bonté du cœur, si louable dans tout individu, se rencontre sous les haillons, et se manifeste par la délicatesse et la piété filiale, elle mérite et obtient des éloges et une juste récompense.

LE FOURREAU DE SOIE.................... 86

Une mise simple, et qui relève les grâces de la nature, vaut mieux que la magnificence artificielle qui les cache : souvent la parure n'est qu'une chaîne qui effarouche les plaisirs ; et la liberté sans atours est préférable à la pompeuse contrainte de l'étiquette.

L'ÉPÉE. 95

La véritable noblesse est dans la vertu. Celle de la naissance ne vaut que parce qu'on est convenu qu'elle valait ; l'autre mérite la vénération des hommes et obtient les récompenses célestes.

L'OISEAU DU BON DIEU.................. 118

Ce n'est pas assez de faire le bien, il faut le bien faire.

LE NID DE FAUVETTE................... 122

Ne bornez pas le sentiment de l'humanité aux hommes seulement ; étendez-le à tout ce qui respire. Soulager un pauvre chien souffrant, c'est, en contentant sa sensibilité, rendre hommage au Dieu créateur et conservateur.

LES TROIS GATEAUX.................... 126

1°. L'intempérance porte avec soi son opinion.

2°. L'avarice est un vice si odieux, que l'on ne plaint même pas ceux qui, s'y étant livrés, en deviennent victimes.

3°. Après le plaisir que procure une bonne action, l'un de ses bons effets, et peut-être le meilleur, est le désir qu'elle donne d'en faire de semblables.

FI! LE VILAIN CHARMANT. 135

Sans la bonté du cœur, les agrémens de l'esprit sont des qualités dangereuses, et la beauté du corps n'est qu'un appât funeste.

PAPILLON! JOLI PAPILLON! 138

Admirons, respectons et gardons-nous de détruire, parmi les productions de la nature, celles même qui nous paraissent les plus médiocres : la puissance et la majesté de Dieu se réfléchissent dans l'humble brin de fougère, comme dans le cèdre impérieux ; sur les ailes bigarrées du papillon, comme dans la miraculeuse organisation de l'homme.

LE SOLEIL ET LA LUNE. 139

— Jamais l'existence et la puissance souveraine de Dieu ne se sont manifestées avec plus de pompes à nos faibles regards que dans la création, la marche imposante et toujours régulière, les influences salutaires et périodiques des corps célestes. Mais si leur nombre, leur immensité, leur éclat confondent notre intelligence, elle ne doit pas moins être émerveillée par le spectacle des productions de la nature. Homme, qui, fixant le soleil et mesurant les cieux, prouves ton audace et développes ta science, humilie-toi sous la main de leur auteur, qui a couvert d'un voile impénétrable pour toi, les mystères de la végétation, et prouve encore mieux ainsi ton ignorance et ta faiblesse!

LE ROSIER A CENT FEUILLES. 144

Un petit service amène souvent une grande reconnaissance.

LES BOUQUETS. 146

LE CADEAU. 149

Un présent est quelquefois peu par lui-même : la grâce

qu'on met à le faire y attache souvent tout le prix, et la générosité consiste moins à beaucoup donner, qu'à donner avec franchise, délicatesse et discernement.

LE RAMONEUR. 152

Les erreurs et les faux jugemens sont presque toujours le résultat des premières impressions: de quelle importance n'est-il donc pas de montrer à l'enfance la vérité sans déguisement, puisque c'est de la sensation primitive qu'elle leur fera éprouver que dépend leur conduite dans toute la vie.

LES CERISES. 154

L'aveu d'une faute en suppose le repentir, et semble en mériter le pardon.

LA PETITE BABILLARDE. 157

Ésope a dit fort ingénieusement que la meilleure, comme la pire chose du monde, était la langue. Nous ajouterons qu'on se repent rarement de n'avoir pas parlé, et que l'intempérance des paroles fait souvent détester, et quelquefois déshonore ceux qui, d'ailleurs, auraient mérité l'estime universelle par leurs autres excellentes qualités.

MAIN CHAUDE. 163

L'ÉCOLE DES MARATRES. 165

Heureuse la belle-mère qui fait oublier ce titre, en rappelant à ses nouveaux enfans les vertus de celle à qui elle succède sans toutefois pouvoir la remplacer!

LE PETIT FRÈRE. 199

La nature prévoyante ne développe nos sens qu'en proportion de nos besoins. De quelle utilité eussent été les dents à un nouveau-né, dont les gencives molles, destinées à former une sorte de suçoir, doive presser le bouton délicat du sein maternel? La marche graduée des choses proclame la prescience de Dieu, autant que nos réflexions, nos conjectures, nos critiques et nos projets prouvent notre fragilité, notre ignorance et notre orgueil.

LES QUATRE SAISONS. 208

Toute la nature ensevelie sous un linceul de frimas, s'engourdit, durant l'hiver, dans un repos qui semble mortel : cependant, avec les tourbillons de neige et les torrens de pluie, le ciel verse sur nos sillons le germe de la fécondité. La terre les a recueillis en silence ; la chaleur de son sein leur a communiqué une fermentation génératrice : partout s'élaborent, déjà partout s'amassent les sucs nourriciers de la sève. La première haleine du zéphir fond le dernier nuage glacé qui voilait le soleil ; il s'élance plein de jeunesse et de gloire ; il répand sur l'univers qui s'éveille, l'amour, l'existence et le bonheur ! La nature, comme une épouse triomphante, déploie sa robe nuptiale de verdure sur laquelle Flore a symétrisé ses guirlandes ; les oiseaux chantent l'hymen de l'Hyménée ; et, pendant trois mois de jours sereins, le printemps a réjoui nos yeux. A la douce chaleur, à la splendeur tempérée du ciel, succèdent tout-à-coup les ardeurs de l'été. L'atmosphère, pleine de vapeurs enflammées, offre l'image d'une fournaise d'airain, où, au centre d'un épouvantable foyer, flamboie une affreuse lumière, un soleil dévorant. Les fleuves bouillonnent, les ruisseaux tarissent, la fleur expire desséchée sur sa tige. Mais les épis commencent à rouler les vagues jaunissantes ; suspendue à la branche dépouillée de son feuillage, la poire, parfumée de sucs ambrés, se revêt de corail ; la grappe se bronze et mûrit ; Vertumne et toutes les divinités de l'automne ont préparé leurs paniers. Ainsi, dans un cercle varié de désirs, d'espérances et de jouissances, les saisons embrassent toute l'année : toujours constantes, sans être jamais les mêmes ; mesurant leur cours à notre faiblesse ; amies de l'habitude, et s'accommodant à notre légèreté, amie du changement. Le vieil hiver laisse flotter sa barbe glacée sur le sein vermeil du printemps : celui-ci pare d'une couronne de fleurs le front brûlant de l'été ; tandis que Bacchus, souriant à l'automne, exprime sur sa bouche purpurine le nectar qu'il a mûri pour elle.

LA NEIGE. 212

AMAND. 219

COLLIN-MAILLARD. 225

Comme on se sert de poison pour guérir certaines maladies, il faut quelquefois employer des moyens extraordinaires pour corriger certains défauts, mais, dans l'un et l'autre cas, sans tirer à conséquence.

LE COMPLIMENT DE NOUVELLE ANNÉE. 268

Toutes les heures d'un voyage sont comptées et ont leur destination : qu'on en intervertisse l'ordre, ou qu'on les emploie autrement, le voyage est retardé, et quelquefois il devient malheureux. C'est l'image de la vie : rien de plus difficile que d'en bien user. Heureux qui marque ses jours par des actions louables! il arrive tranquillement à une douce mort, et s'endort dans le sein de Dieu, but suprême du grand voyage!

LES ÉTRENNES. 279

Qu'il est beau, souvent aussi qu'il est utile de rendre le bien pour le mal! Quelques législateurs ont conseillé le pardon des injures ; Jésus seul a ordonné de les payer par les bienfaits. Si ce précepte était suivi, l'univers respirerait dans une paix héroïque, et l'âge d'or de la fable deviendrait le sujet de la plus touchante histoire.

CLÉMENTINE ET MADELON. 332

L'harmonie de la société exige que chacun reste dans son état. Il ne faut pas tenter d'en sortir, mais de le rendre heureux selon les vues de la Providence, les intérêts généraux, et l'amour bien entendu de soi-même. L'oubli de cette vérité a couvert le monde de désordres. Tel qui, modeste artisan, vivait tranquille, a perdu le repos en voulant devenir davantage. Les malheurs, les crimes de la révolution du dix-huitième siècle sont dus au désir que chacun a éprouvé de changer d'état. Restons dans le nôtre, et répétons que le mieux est souvent voisin du pire.

LA PETITE GLANEUSE. 341

On se fait pardonner sa fortune en usant bien, comme on ennoblit le malheur en le supportant avec constance. Souvent même un petit malheur amène une grande fortune ; et tout le monde y applaudit lorsqu'elle couronne ceux qui, sous des habits communs, ont montré une âme élevée.

LA VANITÉ PUNIE. 377

Les connaissances usuelles sont plus utiles que l'ambitieux appareil des sciences sublimes, dont on a besoin de se servir ; et le gros bon sens d'un laboureur vaut souvent mieux que la subtilité. Rien de plus insupportable, dans la société, que ceux qui, sans avoir des lumières, en étalent le ridicule. Pour les corriger, il ne suffit pas toujours d'employer le raisonnement qui éclaire, ou la satire qui humilie ; il faut quelquefois user de la force qui réprime et punit. C'est une maladie que les anodins entretiendraient, mais que les causques parviennent à extirper.

FIN DE LA TABLE DU PREMIER VOLUME.

www.ingramcontent.com/pod-product-compliance
Lightning Source LLC
Chambersburg PA
CBHW071857230426
43671CB00010B/1373